神々は
地球外生命だった

ハーモニー宇宙艦隊が出現した！

9.8 マリア誕生祭

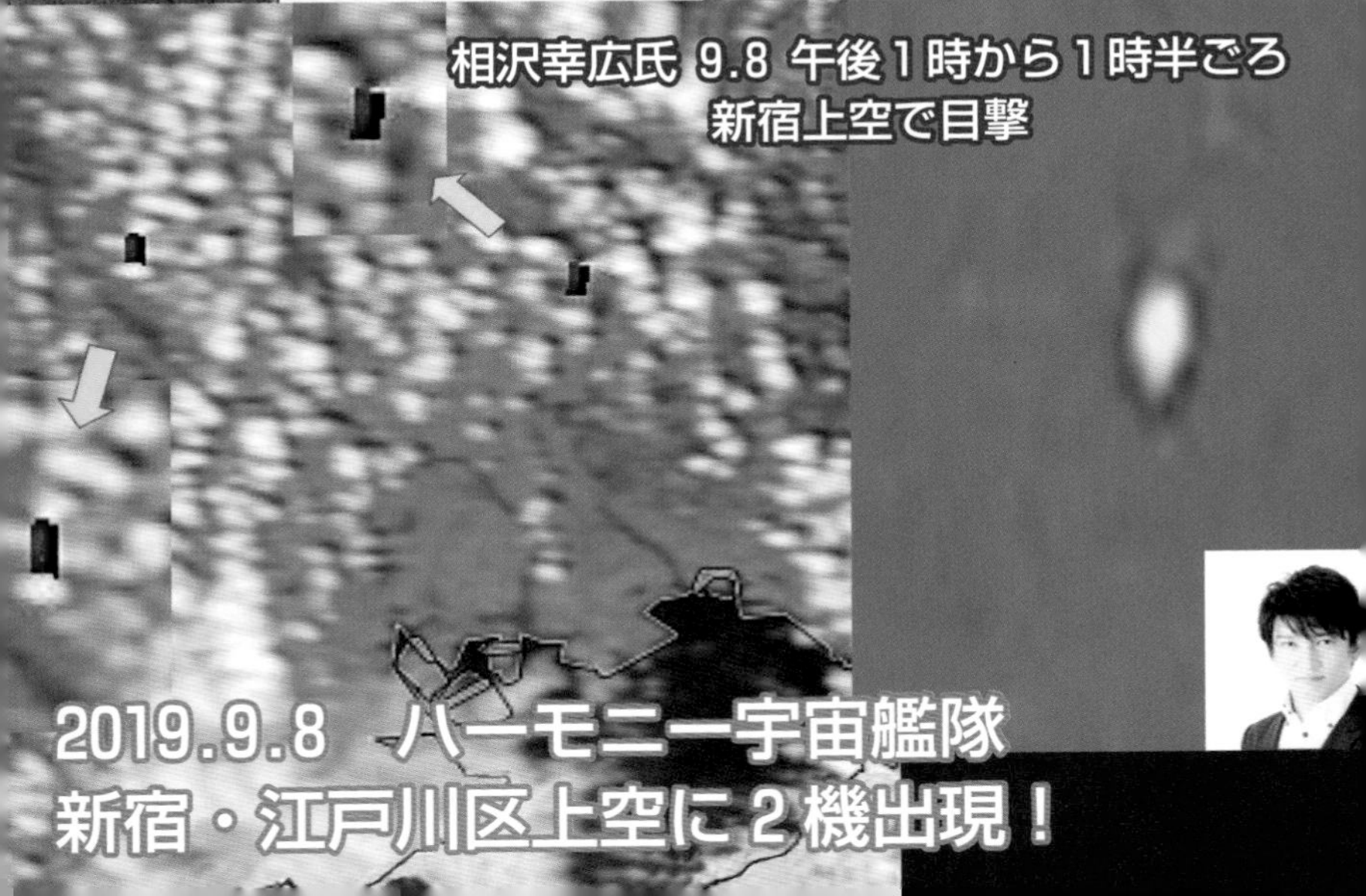

相沢幸広氏 9.8 午後1時から1時半ごろ
新宿上空で目撃

2019.9.8 ハーモニー宇宙艦隊
新宿・江戸川区上空に2機出現！

台風15号が接近した9.8

2019.9.8 am 0：30 江戸川区

撮影／矢部っち（ここに来てとお願い）

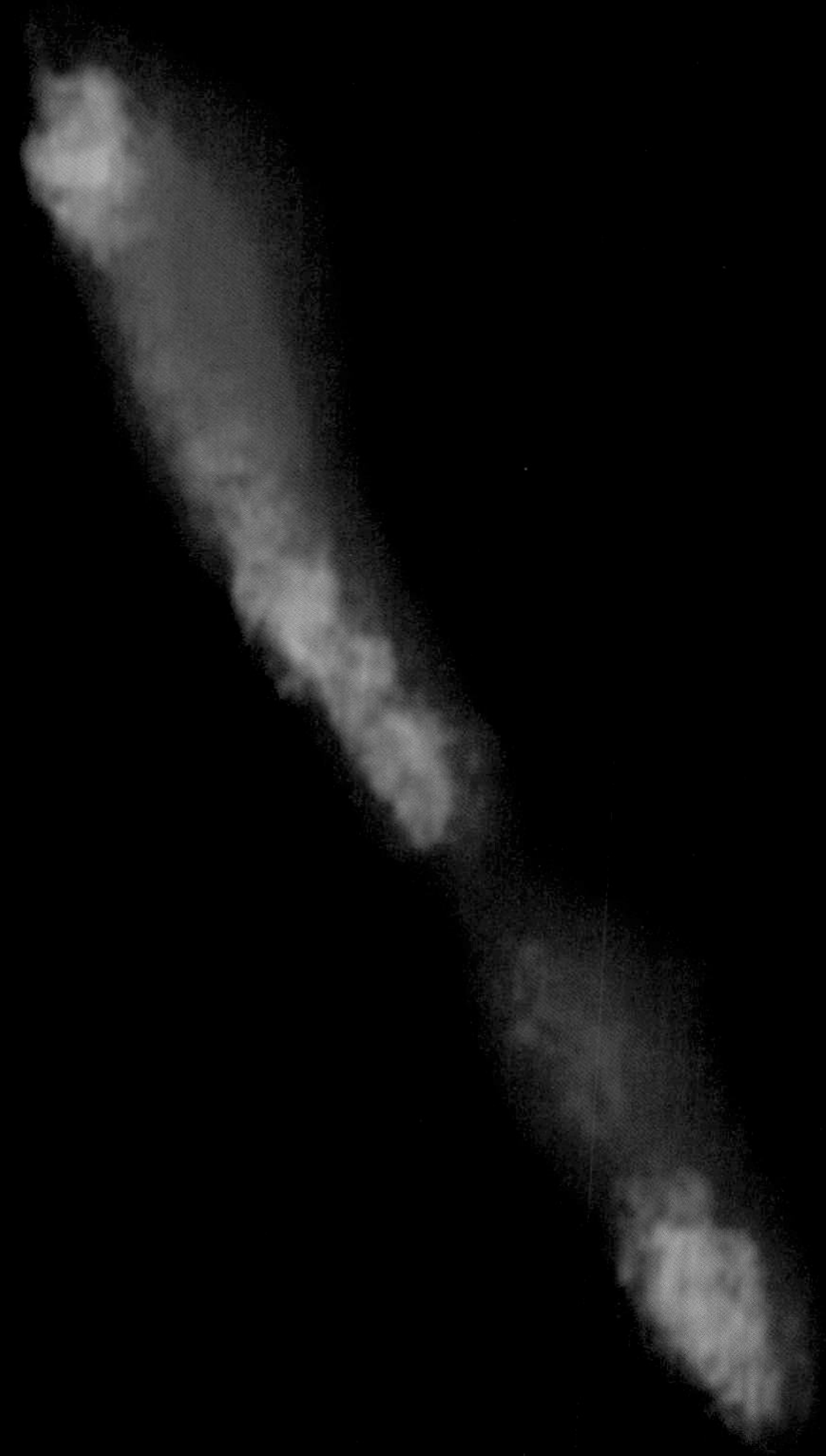

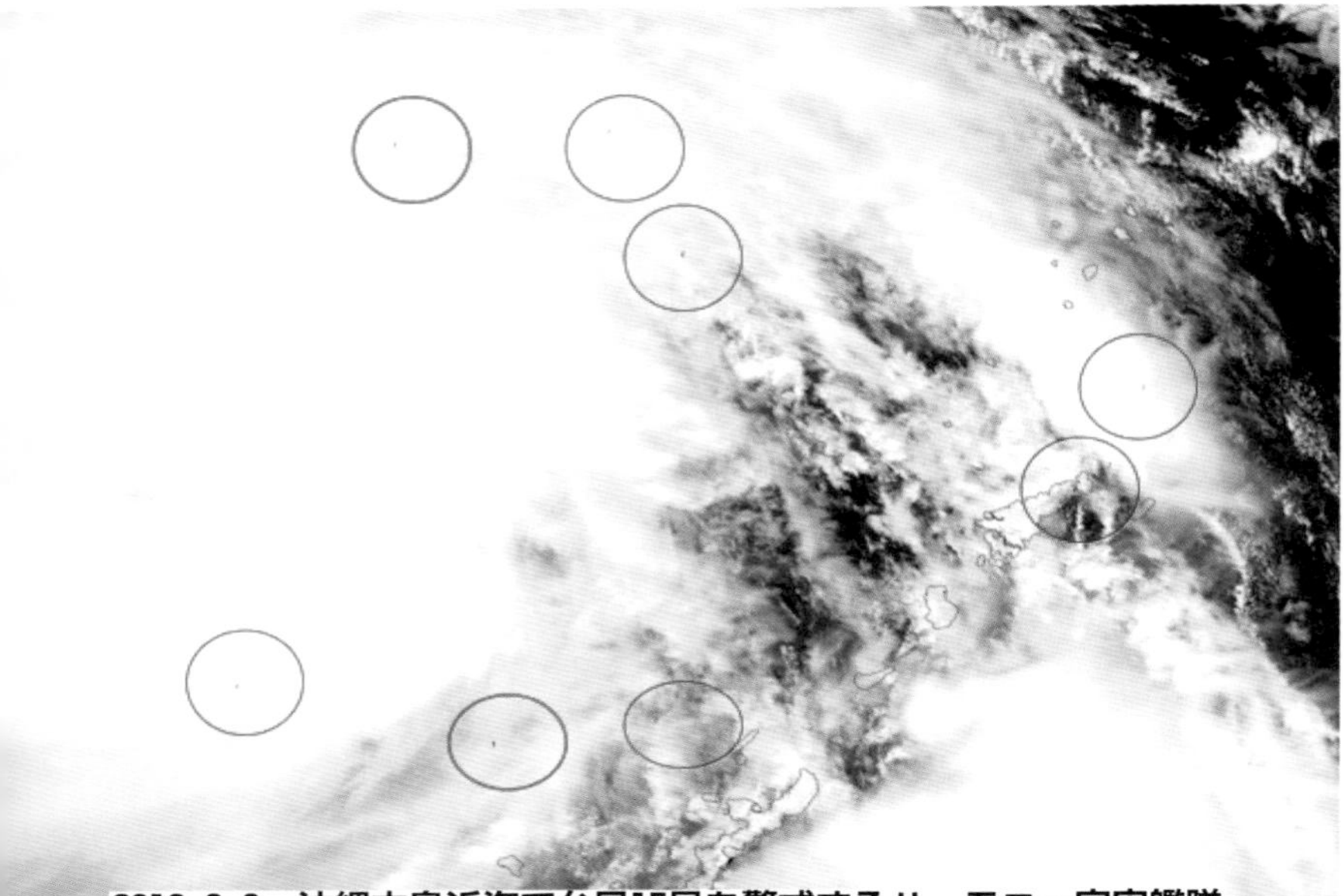

2019.9.6　沖縄本島近海で台風15号を警戒するハーモニー宇宙艦隊

人工台風18号をめぐる 南海の大攻防戦

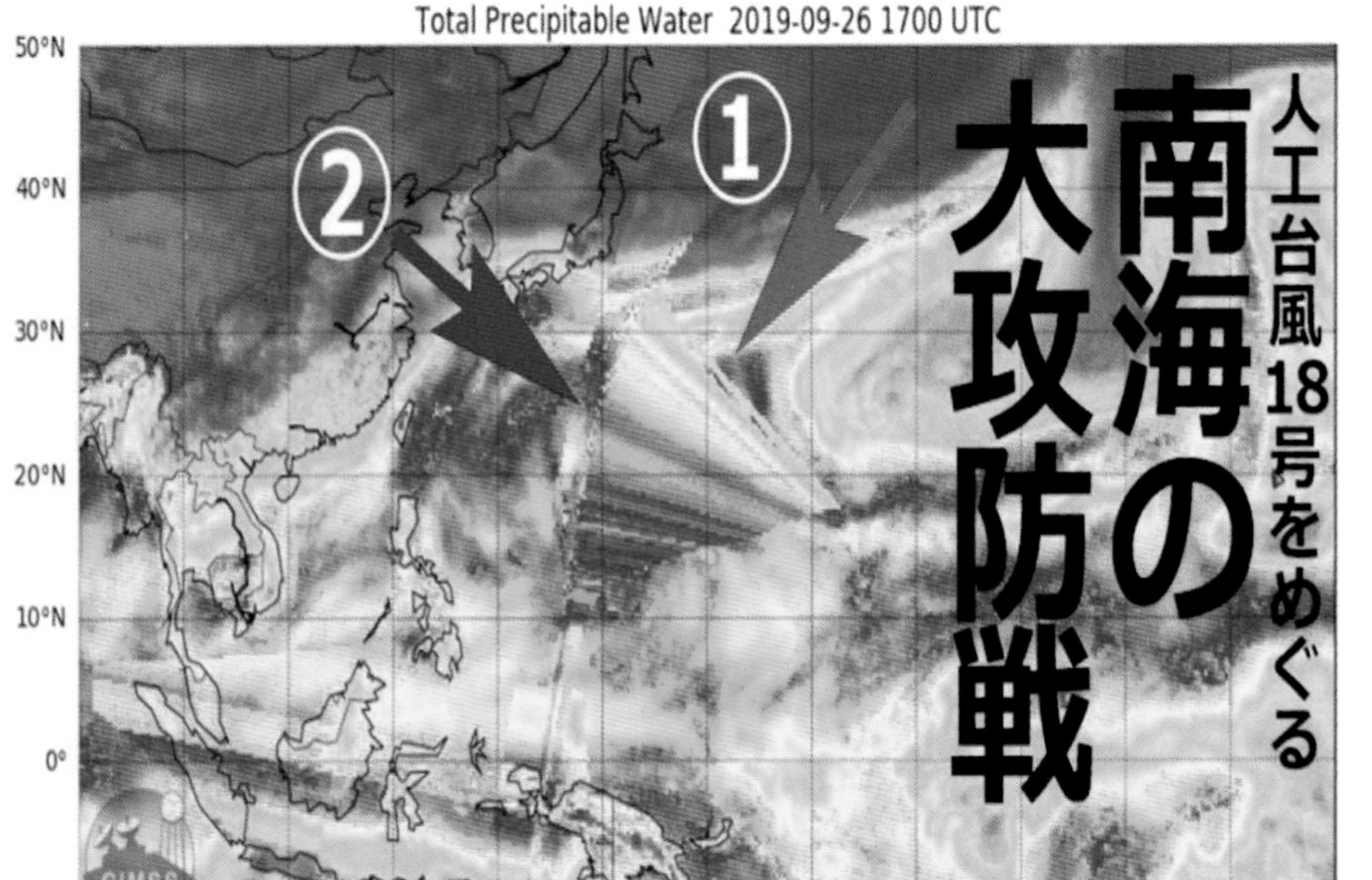

台風18号（6.6.6）の消滅作戦が実行された

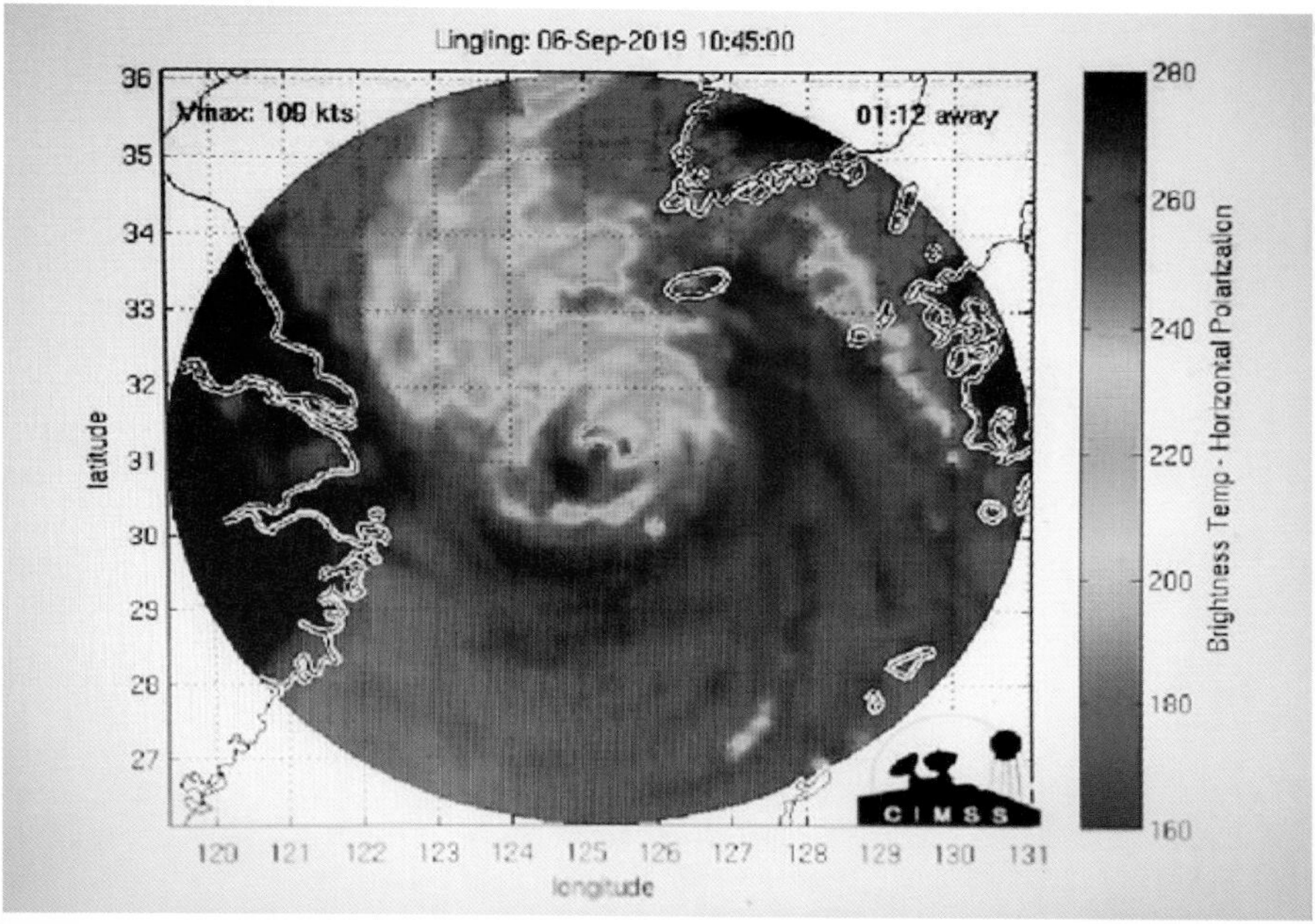
Lingling: 06-Sep-2019 10:45:00
Vmax: 109 kts
01:12 away
latitude
longitude
Brightness Temp - Horizontal Polarization
CIMSS

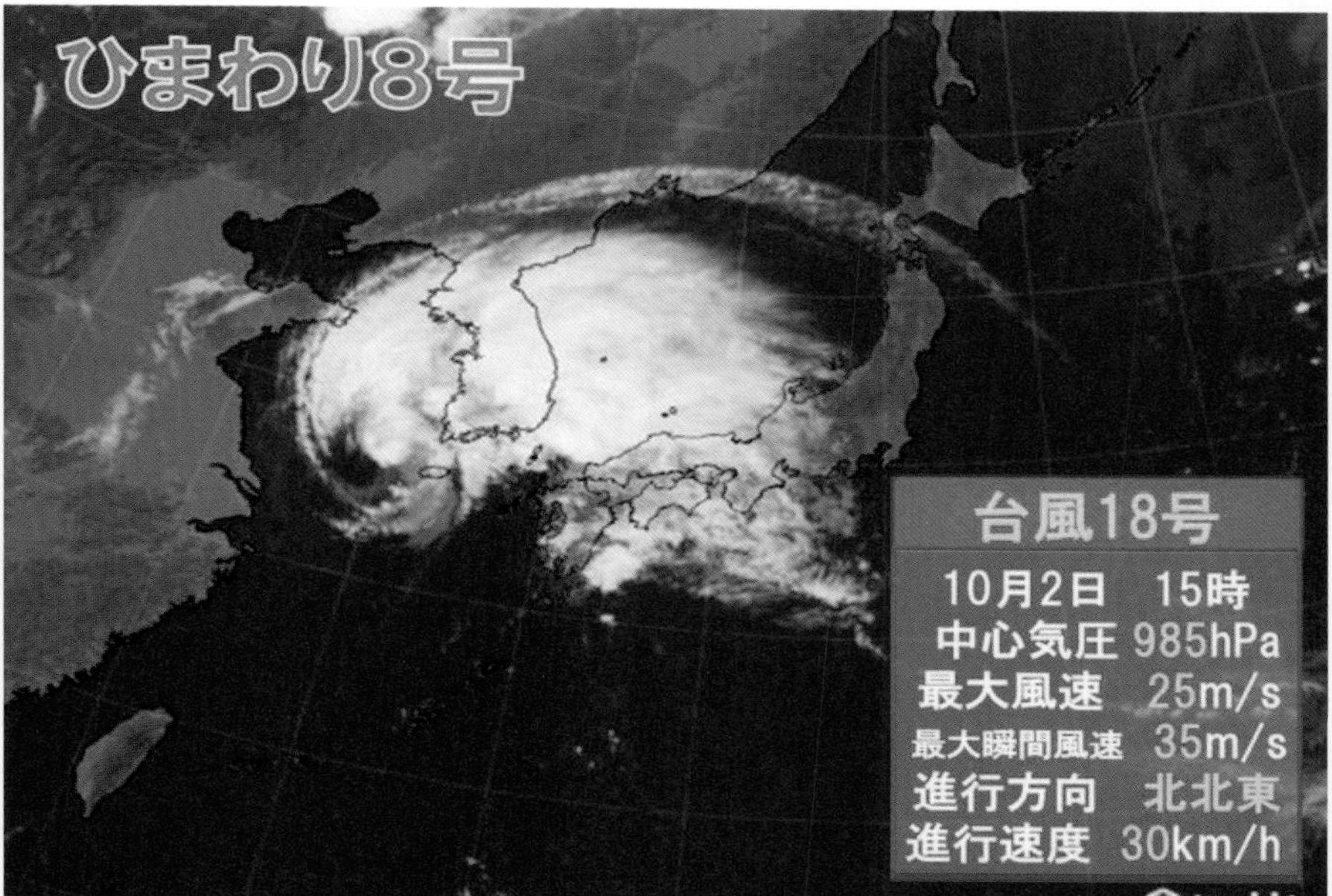
ひまわり8号
台風18号
10月2日　15時
中心気圧 985hPa
最大風速 25m/s
最大瞬間風速 35m/s
進行方向 北北東
進行速度 30km/h
tenki.jp

18号はハーモニーズと遠隔セラピーチームで撃退したが……

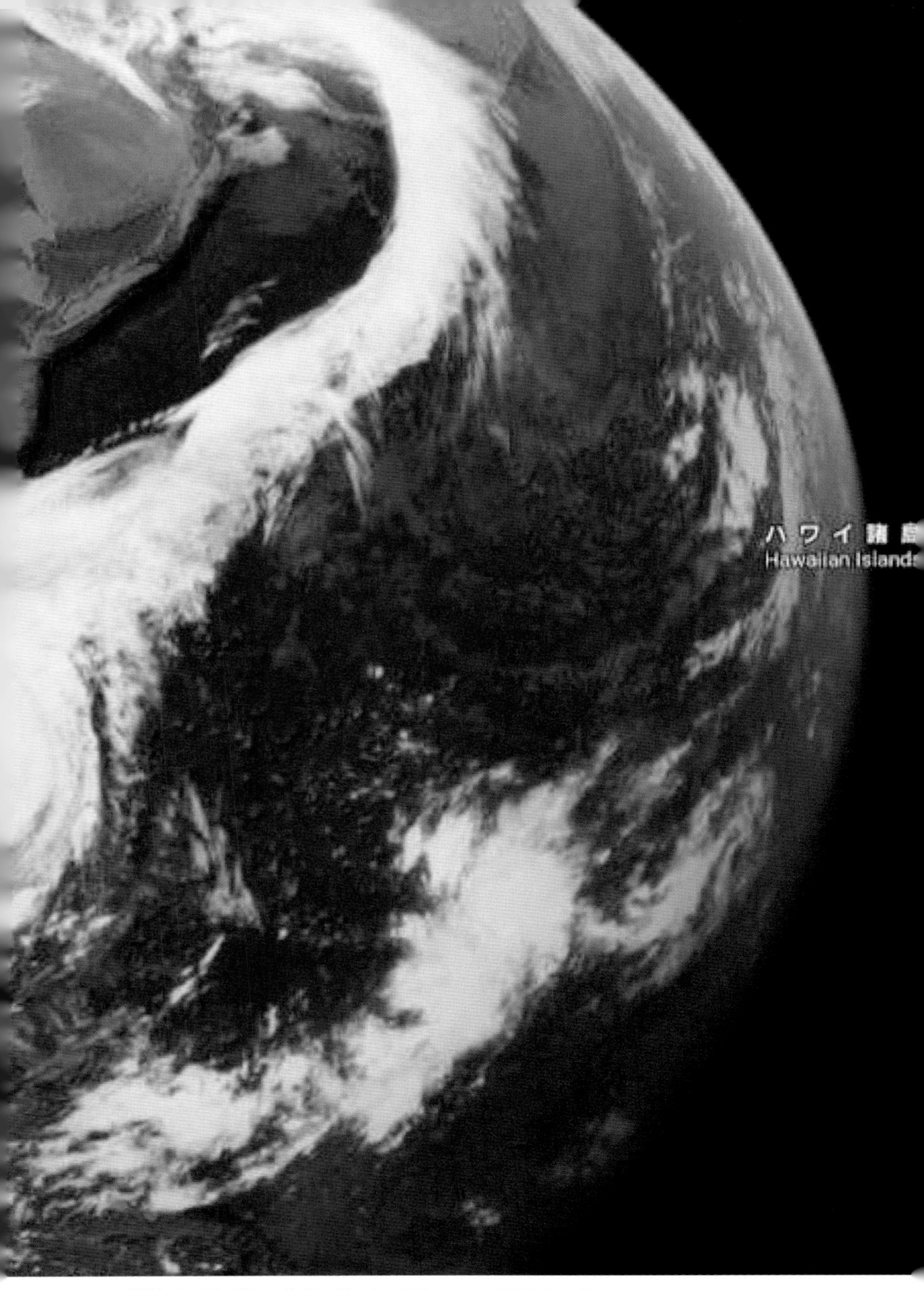
ハワイ諸島
Hawaiian Islands

龍の化身だろうか⁉　引用／Google Earth

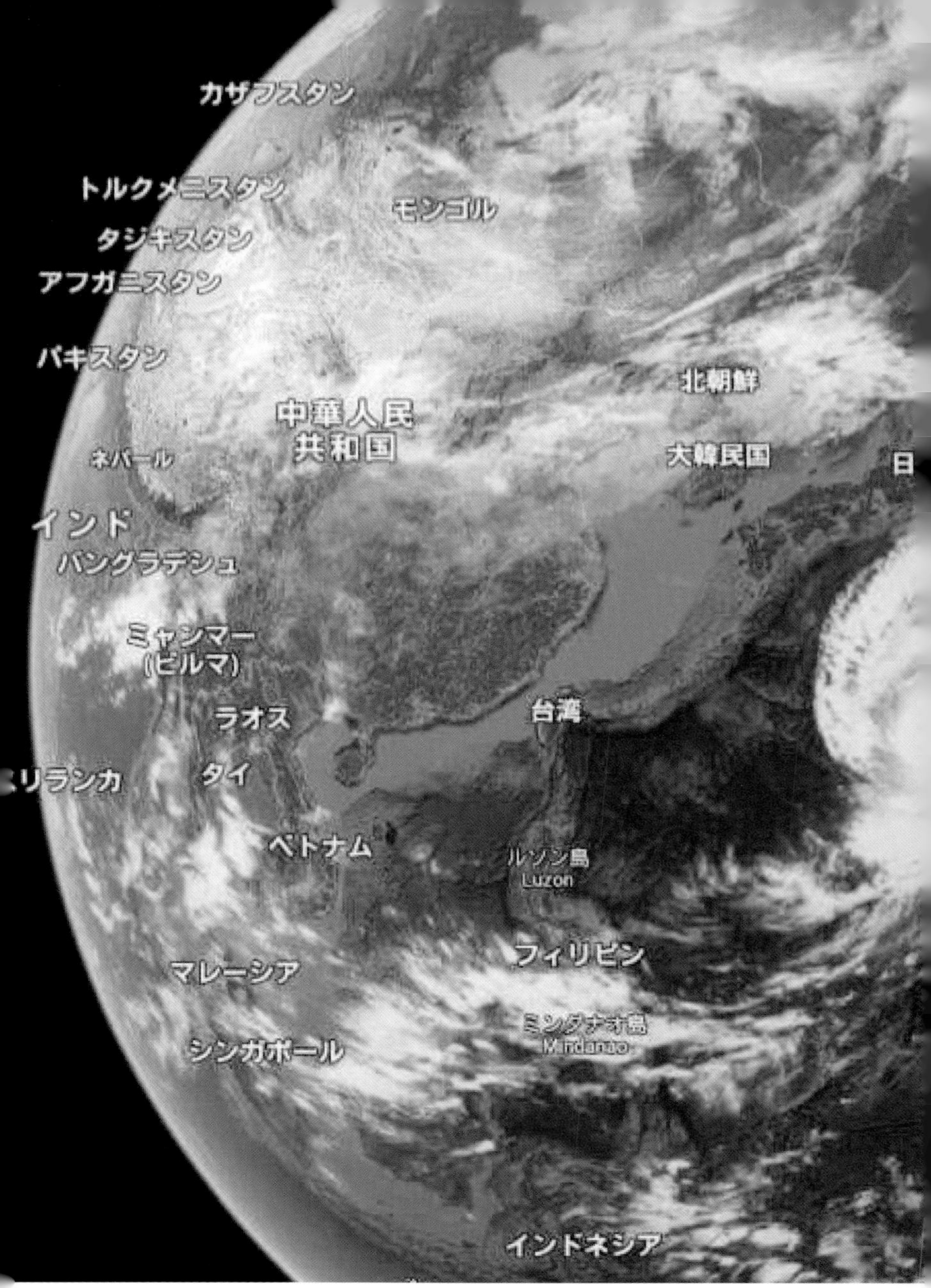
カザフスタン
トルクメニスタン
モンゴル
タジキスタン
アフガニスタン
パキスタン
北朝鮮
中華人民
共和国
ネパール
大韓民国
日
インド
バングラデシュ
ミャンマー
(ビルマ)
台湾
ラオス
タイ
リランカ
ベトナム
ルソン島
Luzon
フィリピン
マレーシア
ミンダナオ島
Mindanao
シンガポール
インドネシア

2019.10.11　巨大台風19号が日本を襲おうとしている。

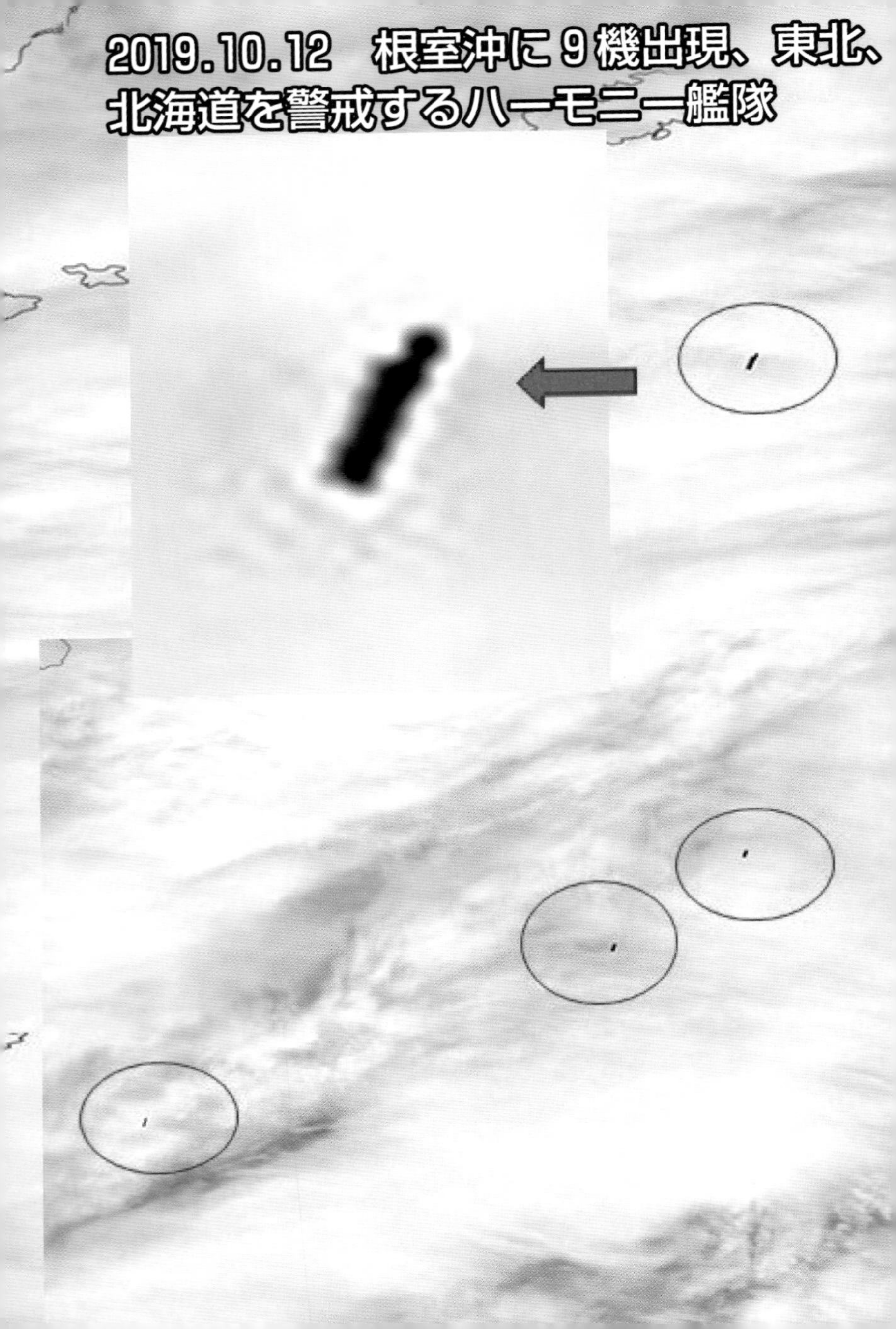
2019.10.12　根室沖に9機出現、東北、
北海道を警戒するハーモニー艦隊

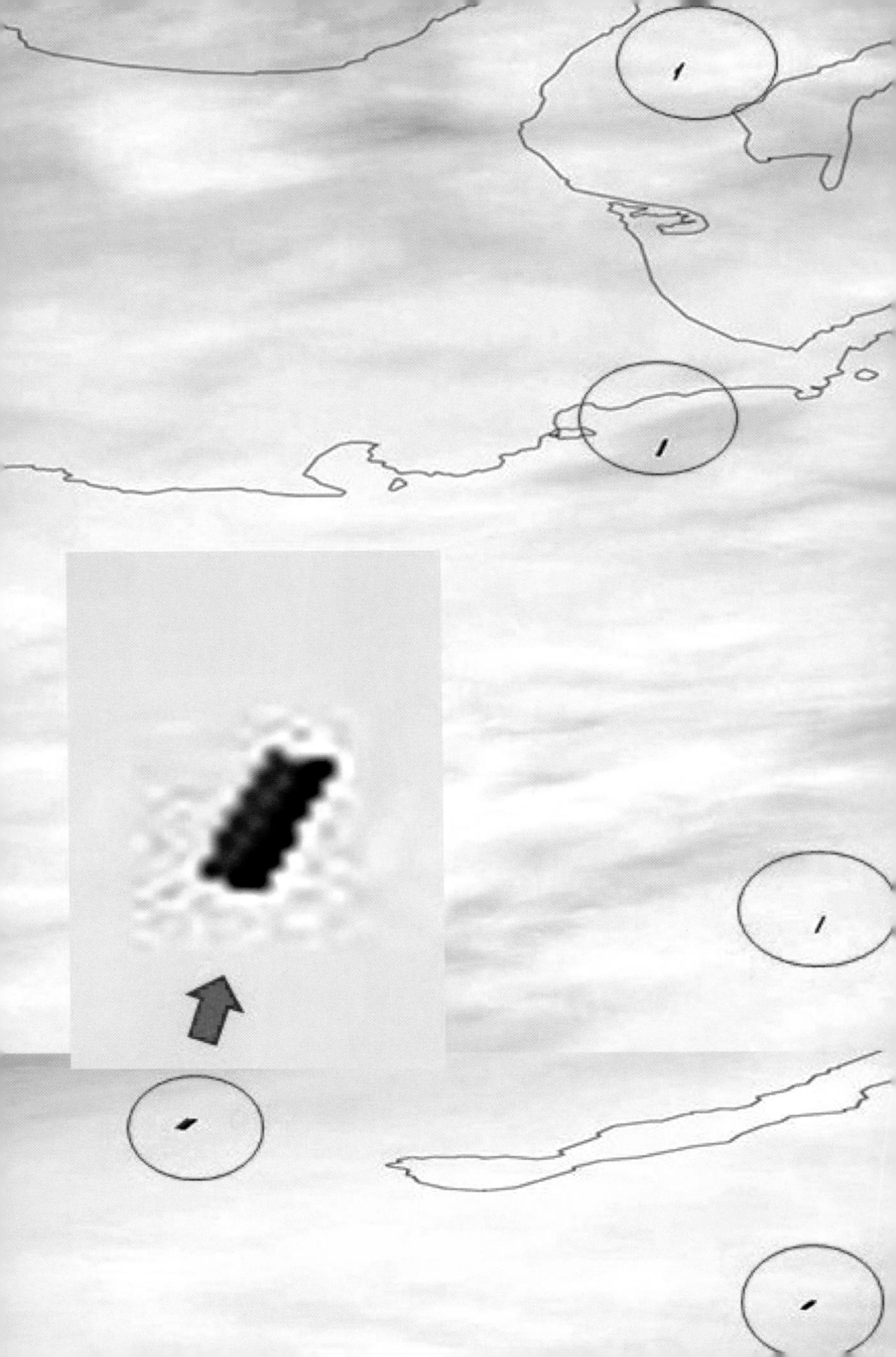

ハーモニー宇宙艦隊

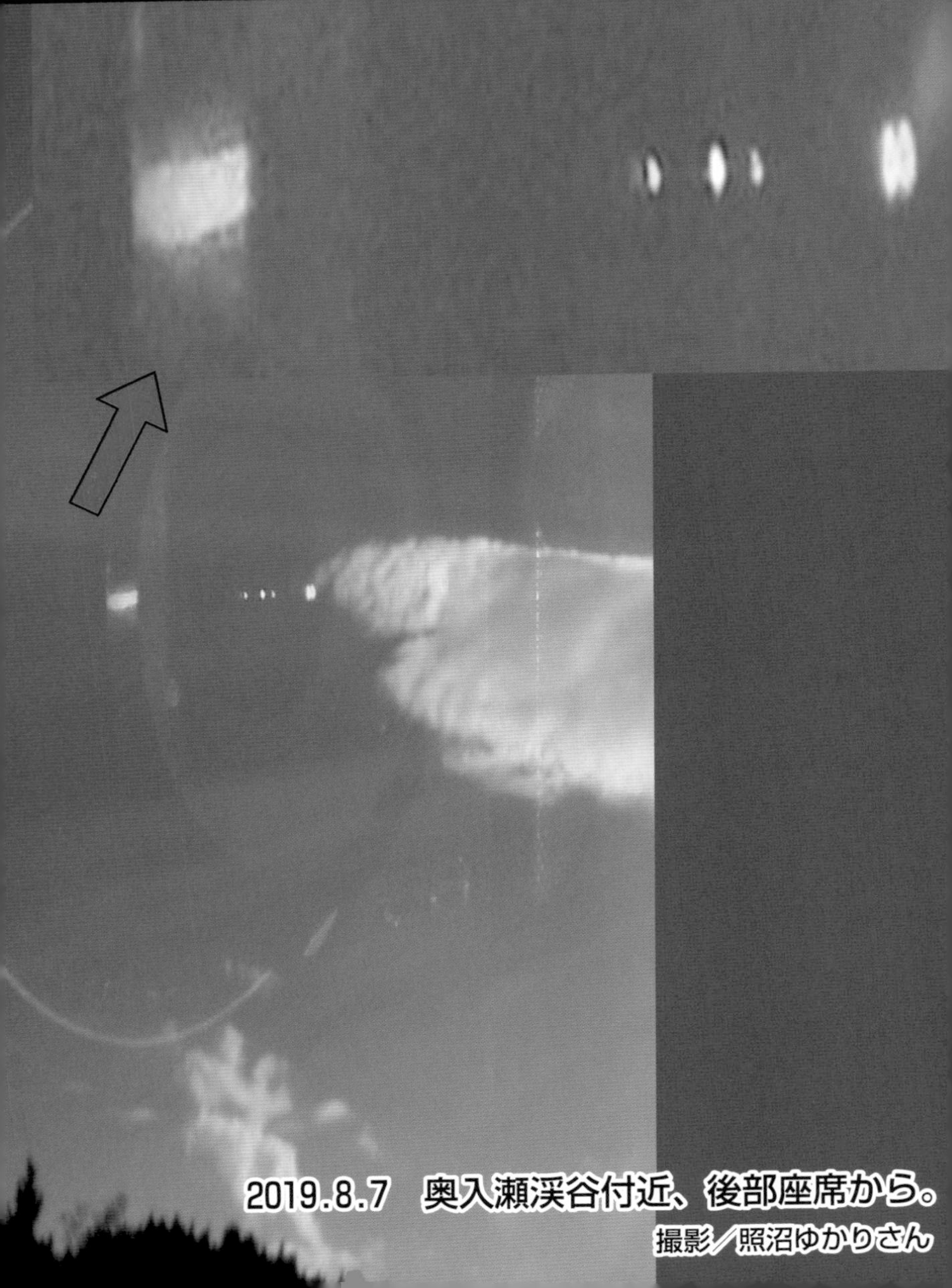

2019.8.7　奥入瀬渓谷付近、後部座席から。

撮影／照沼ゆかりさん

全国に出現する

2019.9.15　群馬、コンサート後、姿見せてねと祈った！
右）UFO 周辺に磁力線のようなのが見える。撮影／ピアニスト・Liyura さん

2019.9.9　15：05　福岡県春日市
リクエスト想念を読み取って、瞬時に出現してくれた？
撮影／レインボーバードさん

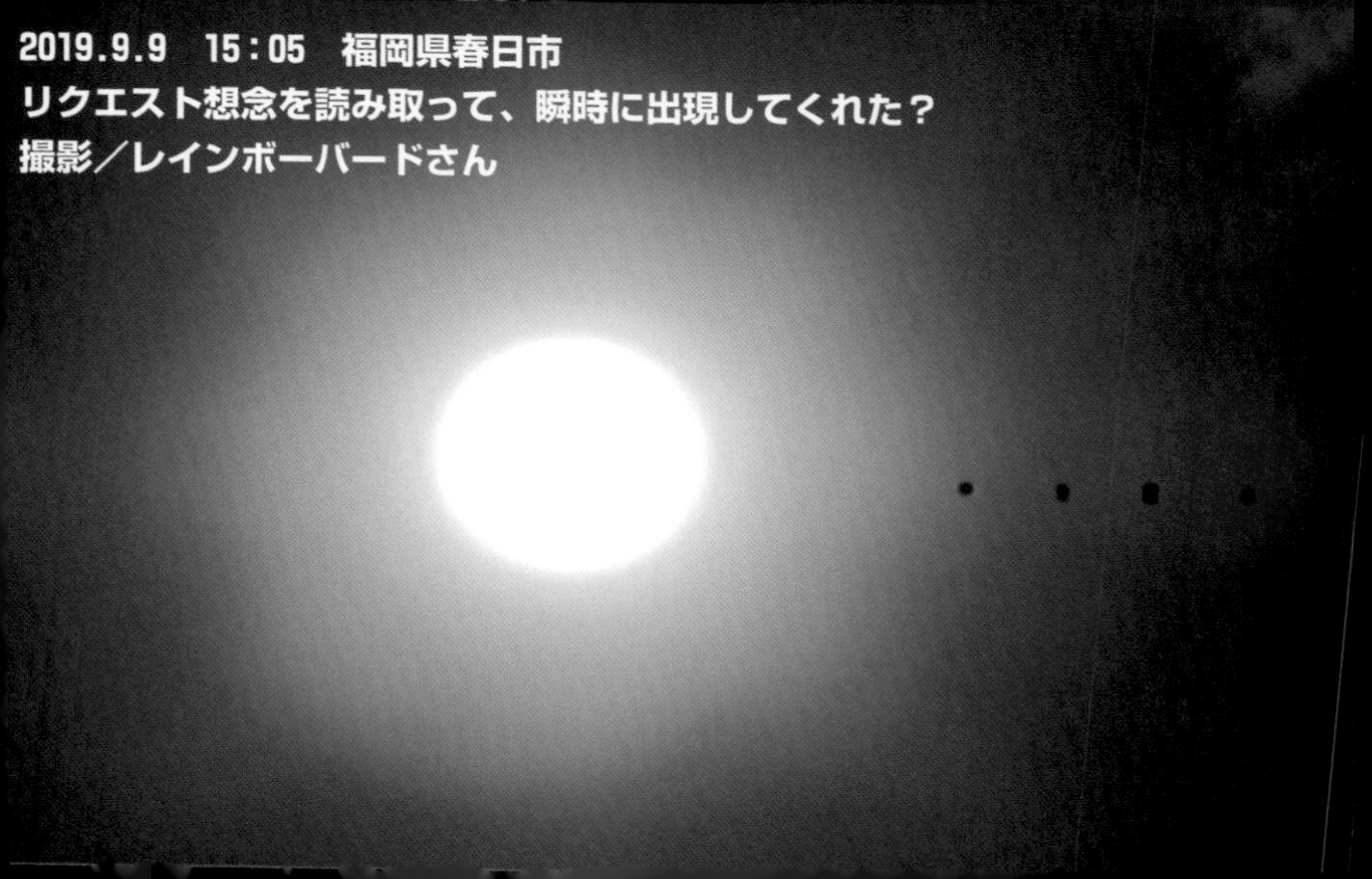

急増するのはなぜか？

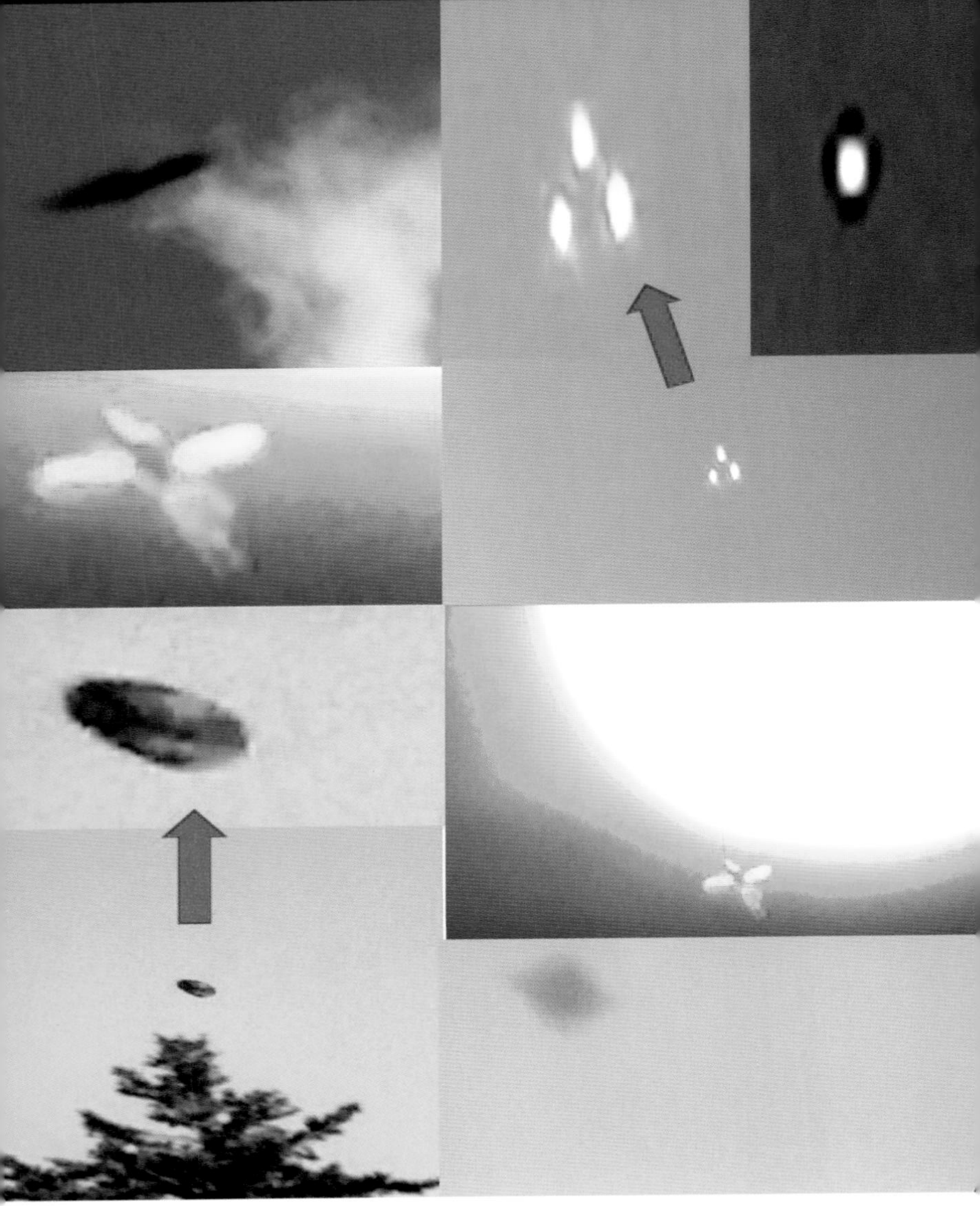

コンタクティ川又淳一氏が撮影したプレアデスからやって来る UFO

UFOコンタクティか

台風19号が去った10月13日午後５時、１分間９枚の撮影でハーモニー艦隊が移動しているのが写った。　撮影／照沼ゆかりさん

Gina Maria Colvin Hill 9月〜

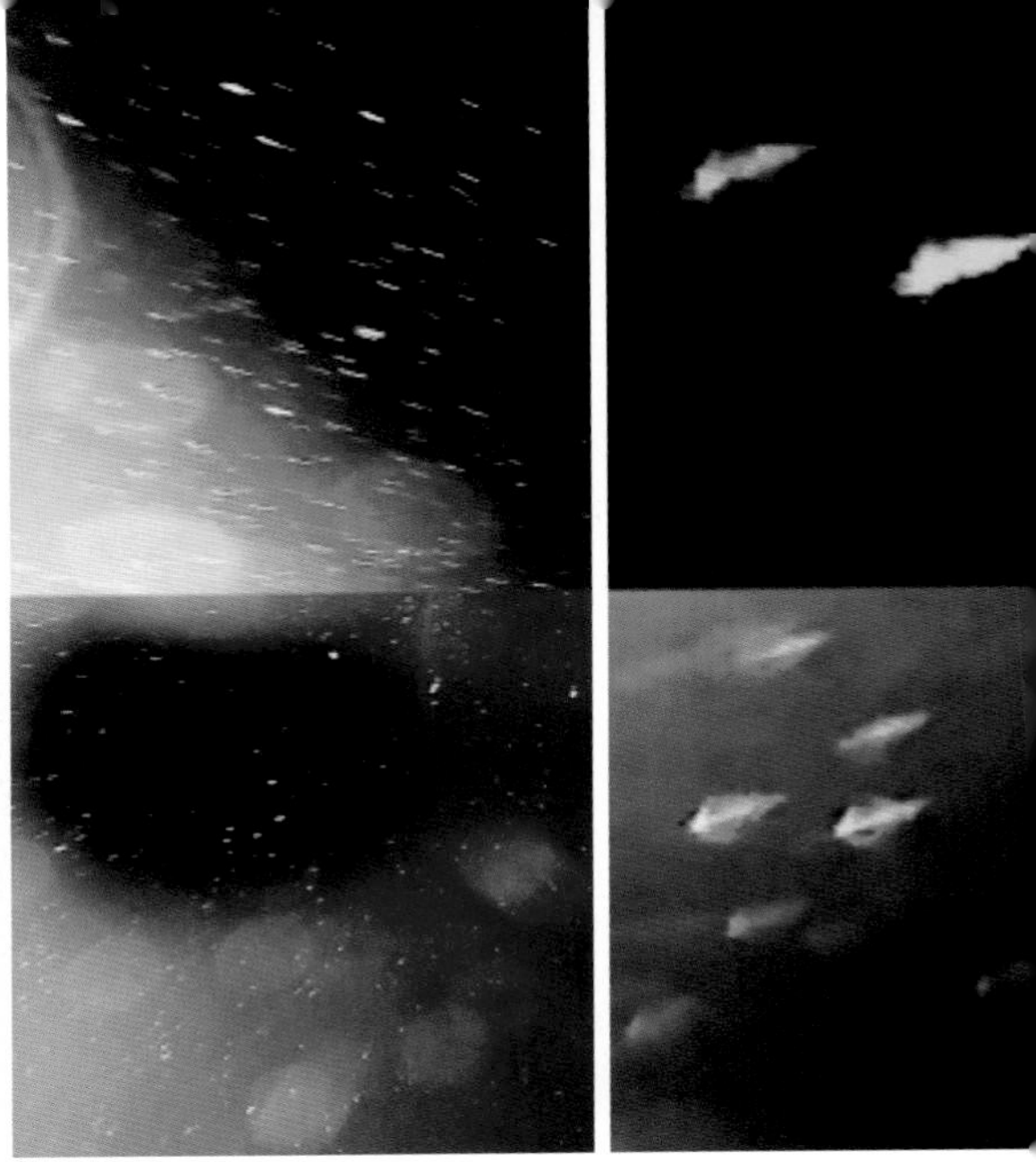

iPhone に望遠ユニットをつけ、撮影に成功、世界に公開された

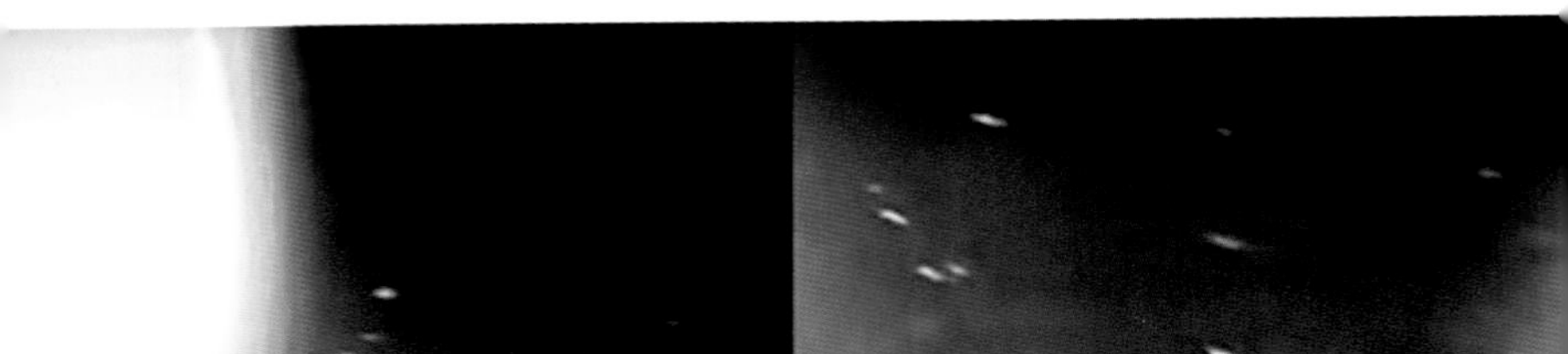

太陽観測施設「アメリカ国立太陽観測所」が、理由不明のまま突然の謎の閉鎖に。同時に周辺地域に FBI から「退避命令」も発令。それに対して広がる様々な憶測

投稿／2018年 9 月12日　アメリカのインディアナ州に住む、ジーナ・マリア・コルヴィン・ヒル

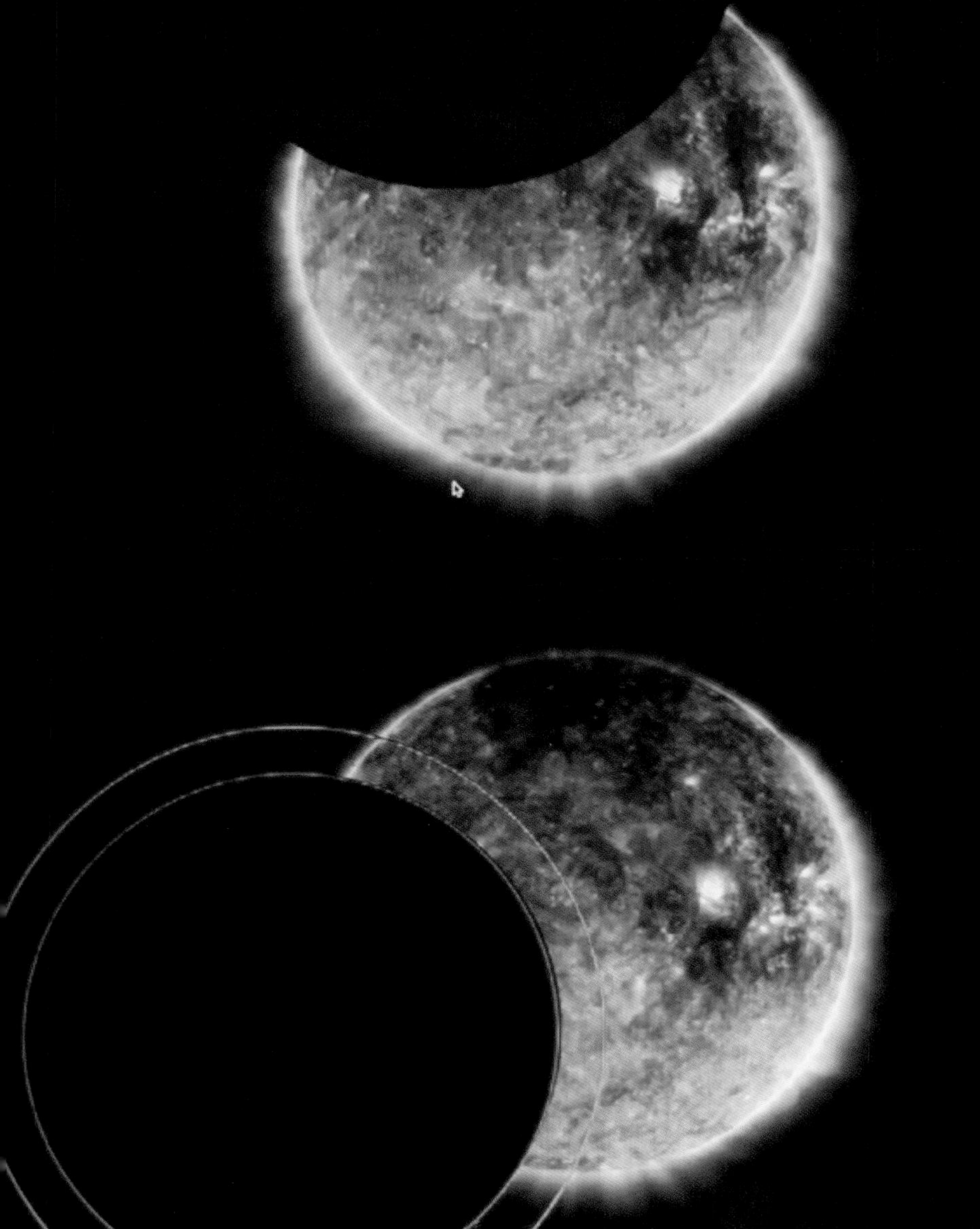

太陽を人工球体が2度も横切った

2018年11月下旬　鵠沼海岸駅上空
撮影／田所伸子さん

プロローグ
ハーモニー宇宙艦隊が日本を防衛してくれるのだが……

2億年前の地層から革靴跡の化石が見つかった

本書では、人類永遠の課題と言える、「人類はどこから来たのか」というテーマに迫った。世界の定説では20万～10万年前、現生人類はアフリカで誕生、それが中近東、ユーラシア大陸を東へ移動、日本には3万年から4万年前にやって来たという。

しかし、これを完璧に覆すのが最近、中国ウルムチ市の奥地で発見された革靴跡の化石だ。同じ地層で見つかった化石から、2億年以上前のものであることが推定された。

こうした靴跡の化石はこれだけではない。三葉虫を踏み潰《つぶ》した靴跡らしき化石まで見つかっている。三葉虫と言えば、恐竜が闊歩《かっぽ》する前の古生代の生物である。

さあ、これを履いていたのは誰か？

これを無視、スルーする考古学者も存在するに違いない。

筆者は、『ハーモニー宇宙艦隊』シリーズで、「2億5000万年前、火星で核戦争が起きていた」とする米プラズマ理論物理学の権威ジョン・ブランデンバーグ博士の学会発表を述べてきた。

今やようやく、米国海軍がUFOを確認、UAP（未確認航空現象）と公式に呼ぶことを決定したことを日本のTV局が報道した。

とは言え、圧倒的にUFOを否定する人たちが多いはずだ。これまでCIAおよびNASAが暗躍、UFO情報を隠蔽《いんぺい》してきた経緯があるからだ。

ブルーエビアンズがレプテリアンを地球から追放した⁉

〝真実は小説よりも奇なり〟現実はそんな、「信じる」「信じない」レベルではない。

もはや異星人は、秘密裡に大国に潜入、人類より数万年も進化した彼らの技術を提供、これをもって地球征服を企でんいる闇の組織が存在する。ハーモニー宇宙艦隊および銀河連盟は、これを阻止すべく、悪しき異星人を追放中なのだ。

カナダの元国防大臣ポール・ヘリヤー氏は、「数千年前から5種類の異星人が米国政府に関与している」ことを述べていたが、**最近では、80種類に上ることを公表した。**

驚くべきことに米国在住のジーナ・マリア・コルヴィン・ヒルという女性がiPhoneに望遠レンズをつけ、太陽周辺から飛来する無数のUFOの撮影に成功、世界に公表した。また、太陽を横切る巨大人工球体がYouTubeで公開されているのだ。

米国で『秘密宇宙プロジェクト』に参加し、この計画を世界に公表しているコーリー・グッド氏が述べる、青い鳥族・ブルーエビアンズが悪しき異星人レプテリアンを地球から追放、太陽系に降り注ぐエネルギーを調整している人工球体が捉えられたようだ。

安倍自公維政権が君臨する日本だけがおかしい

世界はこれから大きく変貌《へんぼう》するはずだ。これまで世界を戦争に導いてきた闇の組織ディープステートおよびイルミナティは、米大統領トランプとロシア大統領プーチンによって、殲滅《せんめつ》されるからだ。

しかし、**日本だけがおかしい。『日本会議』と『統一教会』に操られる安倍自公維政権は、次から次と日本が自滅、日本人が病死する政令、および法令を決議し、2019年にスタートさせている**からだ。

種子法を廃止し、遺伝子組み換え作物を奨励、水道事業の民営化、悪魔の除草剤の成分グリホサートの400倍規制緩和、福島原発の汚染土を全国搬入、農地転用する法令など、挙げればきりがない。

日本人が幸せになる法令などは皆無。本書にこのことをしっかり書いたので、よくお読みいただきたい。日本が自滅するのを看過していいはずがない。

とは言え、安倍自公維政権を支持するのは、前述した日本会議と統一教会、そして偏狭的なナショナリズムと国粋主義に走る『ネトウヨ』と呼ばれる人たちだ。

台風15号から19号は気象兵器の疑いが濃厚だ!?

本書最終稿を編集中に台風19号が東日本を通過、3・11東日本震災と同等な大洪水を起こし、壊滅的な打撃を与えた。

実は、日本にやって来る台風はマイクロ波を使った人工台風が疑われる。千葉県に大損害を与えた15号、そして、16号、17号、18号、19号は気象兵器を使った可能性が濃厚だ。この証拠をウイスコンシン大学のＭＩＭＩＣ画像とtenki.jp、衛星ひまわり画像、Worldview画像などで追跡したものを、ハーモニーズを組織する横石集氏がブログにアップしている。

19号では、風速50ｍ以上の風台風を意識し、これの減衰を呼びかけた。伊豆上陸時にはこれが奏功、中心気圧955ｈＰａ風速30ｍの減衰に成功したかに思えた。

しかし、今度は関東に設置された気象観測所からのXバンドレーダーが起動、豪雨を伴うとともに、各地のダムが放水されるという事態が起こったというのだ。

ハーモニー宇宙艦隊は、15号の千葉県通過の際には、東京上空に2機出現、19号上陸時には根室沖に9機出現してくれた。これまで彼らの動向を追跡してきたが、犯人が日本人、自作自演のケースでは彼らは出現しないことが多い。

台風19号のどさくさで自民党は日米FTAを了承した

怪しいのは、東日本で70以上の河川が氾濫、被災した人々が困難に陥っている最中、毎日新聞10月12日付によれば、**【11日、自民党は野党の反対する日米FTA協定の了承を決議した】**という。さらに「10月15日、自家菜園で自家製の種子をまいて野菜や果物などを収穫すると、1千万円以下の罰金を科すという法令を強行採決される予定になっている」とする情報を入手した。

なんだろう。このタイミングは。この被害で農産物が不足すれば、米国は大量の遺伝子組み換えによる農産物を日本に輸出できるではないか。

犯罪捜査のイロハのイは、誰が得するかだ。こうなると、気象兵器となっているXバンドレーダーを使い大災害を指示したのは誰かという特定が課題となる。

もはや、日本の闇は深い。地震および台風攻撃といい、日米貿易交渉といい、このままでは日本は自滅の道を辿《たど》るのは必至だ。

総理官邸を忖度《そんたく》する大マスコミは、すでにジャーナリズムを放棄、国民は何も知らない危険状況に陥っている。懸念されるのは戦前の大政翼賛会の誕生と同様になることだ。

こうした状況はハーモニー宇宙艦隊および銀河連盟の望むことではない。

1人1人が真実を共有し、決起する必要がある。目覚めよ、NIPPON！

作家・ジャーナリスト／上部一馬

2019年10月

目次

第3章　ブルーエビアンズが日本に出現した⁉

第4章 ハーモニー宇宙艦隊とディープステートの攻防

カバーデザイン　ムシカゴグラフィクス
校正　麦秋アートセンター
本文仮名書体　文麗仮名（キャップス）

第1章

異星人が地球人の祖先だった！

I. 異星人が南極に移住、人類の祖先になった

2億年前の地層から革靴跡の化石が見つかった！

人類は神によって創造されたのだろうか？　それともダーウィンが述べるように類人猿が進化したのだろうか？　あるいは、多くのメッセンジャーが告げるように異星人が地球に降臨、人類の祖先となったのか？　または、異星人が遺伝子操作で人類を創造したのだろうか？

これは人類史上最大の謎かもしれない。巷間《こうかん》、世界を賑わしたのは、「ニビル星のアヌンナキが45万年前、アフリカで遺伝子操作によって人類を創造した」という、考古学者ゼカリア・シッチン博士の『古代宇宙人飛行士説』だ。

しかし、**最近、中国ウルムチ市で2億年前の地層から、革靴跡の化石が見つかったニュースをキャッチした。**このことで考古学界がパニックに陥ってるらしい。

現生人類の起源は20万〜10万年前、アフリカで発祥、それが中近東、ユーラシア大陸、そして日本列島には3万〜4万年前、渡ってきたというのが定説だ。

2億年前と言えば、恐竜が闊歩していた中生代だ。見つかった革靴の大きさは26㎝、底に1・1㎜間隔の2本の糸でしっかり縫われているというのだ。

いったい、この革靴を履いていたのはどこの誰だったのか？

これは中国だけでなく、50年ほど前、米ユタ州でも三葉虫を踏み潰した26㎝ほどの靴跡の化石が見つかっている。三葉虫は古生代の生き物なので、年代が2億5000万年から6億年前と推定されているのだ。この頃、人類はまだ誕生していなかったはずだ。

実に困ったものだ。きっと、考古学者は、「そんな変なもの発掘しないでくれよ」と頭を抱えたに違いない。

中国奥地で26㎝の革靴跡の化石が見つかった

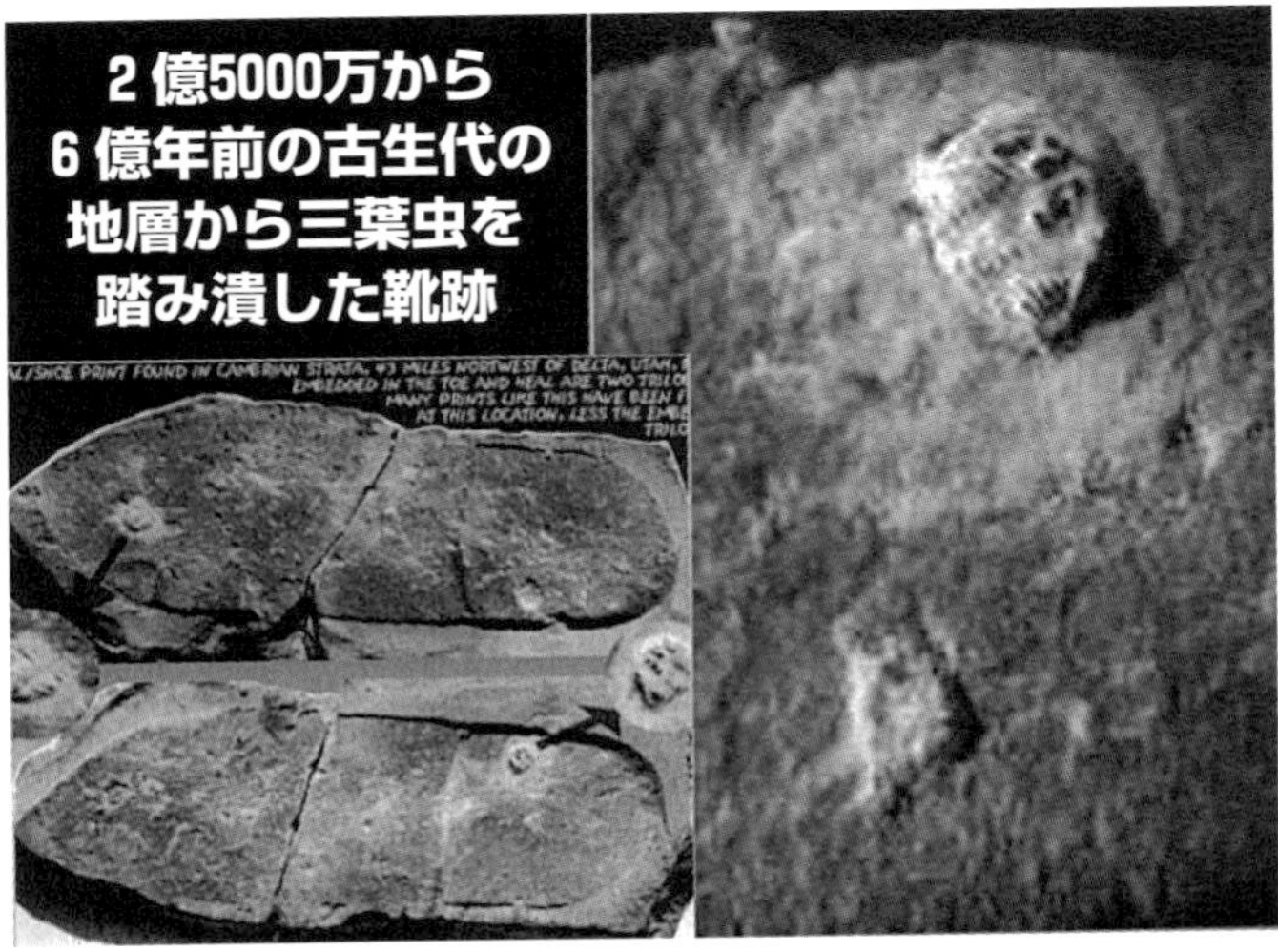

三葉虫を踏み潰した靴跡の化石

この謎を解く鍵の１つは、米国プラズマ理論物理学の権威ジョン・ブランデンバーグ博士が、２０１６年秋、物理学会で公表した論文データだ。

それは、「火星で２億５０００万年前、知的文明人による核戦争が起きていた」という、驚愕《きょうがく》的なものだ。同博士は、**惑星探査機が送信してきたデータを解析した結果、核反応物質であるキセノンという同位体が太陽系惑星の中で、火星が異常に突出していたことをその主な根拠に挙げた。**しかも、空中で熱爆発していたことがわかった。

これをもって、高度な知性体によるものであることが推論できるのだ。

次にキセノンが多かったのは、地球だ。むろんのこと、１９４５年、広島と長崎を襲った原爆のほか、世界各地で行われた核実験によるものだ。

場内は凍りついた。誰一人異論をはさむ者はいなかった。１人だけ質問があった。

「それは人類が起こしたものですか？」

その頃、人類など存在するわけもない。答えは「ＮＯ」だ。

しかも、元ＮＡＳＡの上級顧問であるリチャード・ホーグランド博士は、ＮＡＳＡの惑星衛星の公開写真データを巡る裁判で、ＮＡＳＡの公表した衛星写真は捏造《ねつぞう》であるとし、組織した科学者チームとともにＮＡＳＡを告訴していた。

長年の裁判の結果、ＮＡＳＡに勝訴、「火星だけでなく、水星、金星、木星の衛星など、太陽系の惑星のほとんどに建造物が認められる」との結論を公表した。

先に世界に公表された〝火星の人面岩〟をＮＡＳＡは科学者を使い、〝光と影の悪《いた》戯《ずら》である〟とし、うやむやにした。これについてもホーグランド博士は真相を暴き、

DEATH ON MARS
2億5000万年前、
火星で
核戦争が起こった!!

米国物理学会の権威・ブラデンバーグ博士が火星で核戦争が起こったことを公表

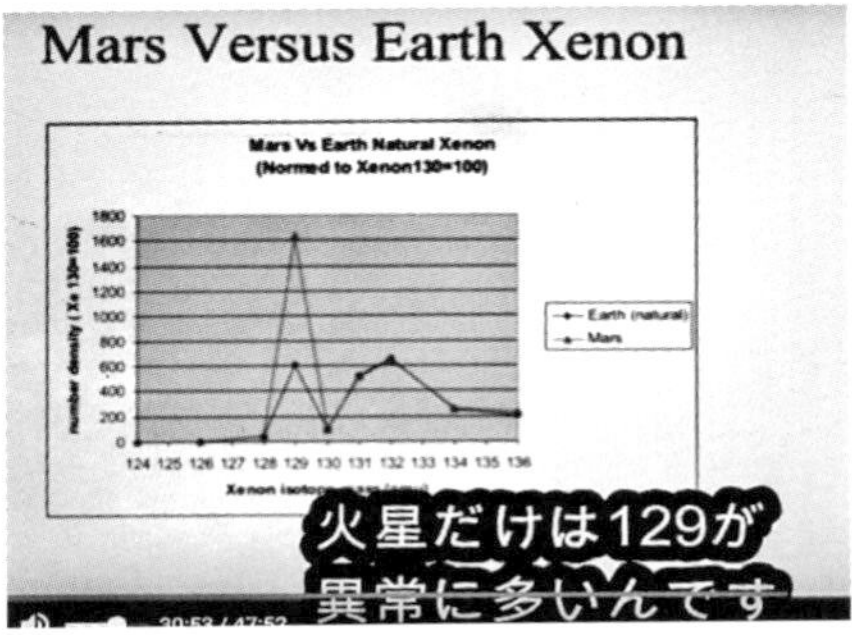

Mars Versus Earth Xenon
Mars Vs Earth Natural Xenon
(Normed to Xenon130=100)
Earth (natural)
Mars
火星だけは129が
異常に多いんです

太陽系の中で火星だけに核反応物質キセノンが突出していた（引用／YouTube『地球外生命体の可能性と火星の秘密』）

〝人面岩〟は火星のシドニア地区に明らかに存在することを世界に公表した。

この訴訟に負けたNASAは、これまでの惑星探査機が撮影した映像を公表せざるを得なくなったわけだ。

ホーグランド博士と言えば、当代きっての科学者、しかもCBSの科学ニュースの担当者である。その人物が世界に衝撃の真実を公表した矢先だったのだ。

20万年、30万年前、日本で高度な文明が発達していた!?

さらに**ホーグランド博士は、火星のシドニア地区にはギザのピラミッドと同じオリオン座の三ツ星配列のピラミッドが存在すると世界に公表していた。**実に底辺が300m、高さ1000m、ギザのピラミッドよりも10倍ほども大きい。
さあ、なぜ、火星と同じ配列のピラミッドがエジプトにあるのか？　さらにこの謎に追い打ちをかけるニュースを2016年11月22日付『Daily Mail』が配信した。それは、南極にギザのピラミッド配列と酷似する3基の氷山が見つかったというものだ。

これらのことから、筆者はこう推論した。

「2億年以上前、火星が破壊され、次に異星人が選んだ惑星は地球、しかも南極大陸だったのではないか。ピラミッド文明は火星からもたらされた」

むろんのこと、当時南極は温暖だったが、地球には放射線や紫外線が強く、地下に都市を建造、ここに集団移住したのではないだろうか。その証拠に南極には不思議なドーム状の痕跡や人工建造物のような遺跡が見出されている。


中国ウルムチ市や米ユタ州で見つかった靴跡の化石は、彼らが地球を探索するとき、降りたった、その痕跡と考えれば、年代的には整合性がとれる。

彼らがピラミッド文明を地球に持ち込んだと考えられる物的証拠は、ハーモニーズを組織する横石集氏が太平洋の海底から発見したピラミッド群だ。

同氏は2012年10月19日、東日本から太平洋沖、オホーツク海、そして北極上空にかけ、巨大葉巻型UFOが数千機布陣しているのを発見、これをブログで公表した人物だ。以来、筆者は同氏からの情報を受け、『ハーモニー宇宙艦隊』シリーズを上

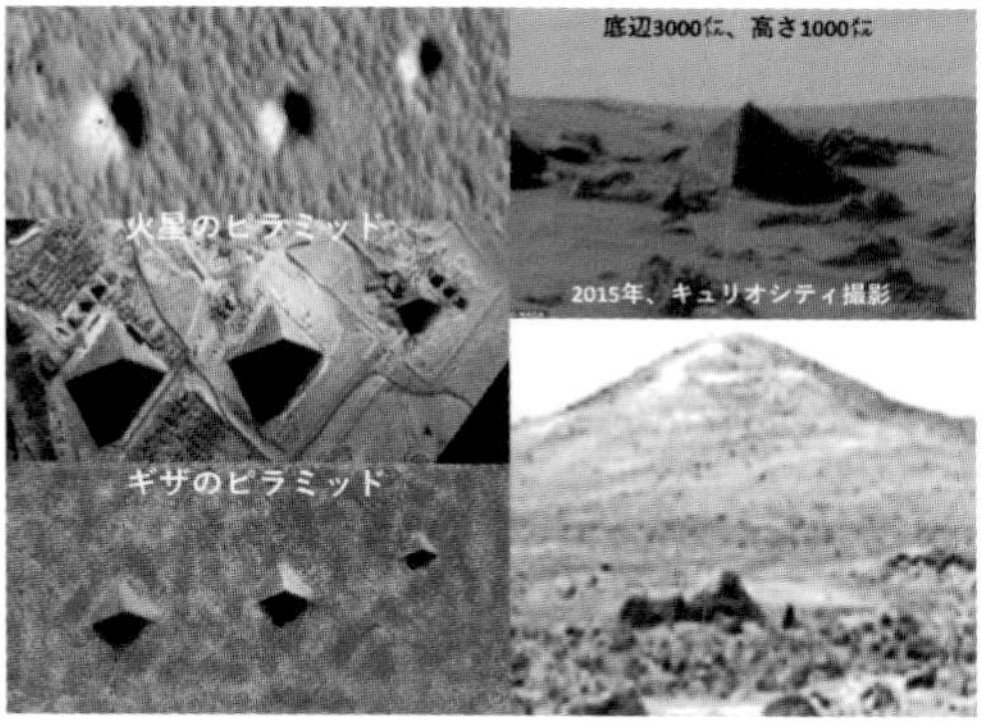

火星のピラミッドもギザのピラミッドもオリオン座の三ツ星配列だ

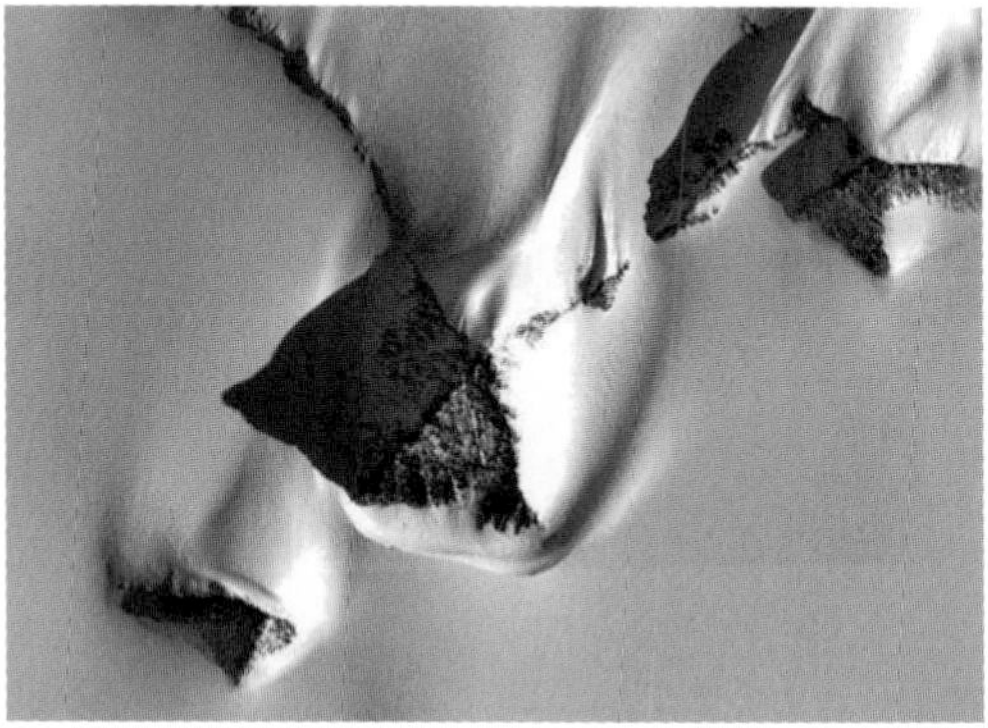

新たに発見された南極の氷山もオリオン座の三ツ星配列だ（引用／Google Earth）

米欧合同探隊が南極のピラミッドを発見していた

梓、その実在を世に問うた。

すでに熊本地震をはじめ、２０１８年7月の西日本豪雨災害、同年9月の北海道胆《い》振《ぶり》東部地震、そして２０１９年6月、冷夏の原因となった千島列島火山の噴火の際にも彼らは2日間連続で数機出現し、警戒を怠ることはなかった。これについては別章で述べる。

ハーモニー宇宙艦隊の情報も拡散され、日本の先端科学学会であるサトルエネルギー学界の分科会の1つ、ＵＦＯシンポジウムで筆者が講演したYouTubeの視聴者は6万人を超え、別なサイトでは60万人を超えた。１００万人に達した場合、国民の意識に大きな変革が起こる可能性が高い。それは地球意識から宇宙意識への大きな変革だ。

それにともない〝地球は一つ〟という、大きな共有感が生まれる。そうなれば、人類どうしで愚かな殺し合いをすることが無意味であることに気がつくはずだ。

横石氏はその連絡網をもとにハーモニーズという組織を結成、〝地球は一つ〟の意識改革を目的に情報サービスを開始したのだ。その賛同者は全国数千人規模を超えた。

海底ピラミッドはGoogle Earth上から偶然発見したもので、東京から南東に２００㎞ほどの海底に見つかった。**４基の巨大ピラミッドらしき建造物が宮崎県日向市に向かって一直線のライン上に見つかった**のだ。

底辺が推定５００ｍほどで火星のピラミッドよりは小さいものの、最大水深が５００ｍもあるので、海底探査するには、壮大なプロジェクトと巨額な資金が必要だ。

一方、琉球大学の木村正昭名誉教授らが海底探査船『しんかい２０００』を使って、屋久島と奄美大島の間のトカラ列島と慶良間諸島の海底から人工建造物や陸上動物の死骸を大量に発見した。このことが、かつてこれら島々は陸続きであったことを裏付けるのは明らかだ。

地元の〝その昔、海底に大宮殿が建造されていた〟との伝承は、浦島太郎の竜宮伝説になった可能性もある。

さらに与那国島の海底から神殿のような建造物が無数に発見されており、沖縄県は『海底遺跡』と認定はしていないが、明らかに都市跡の建造物と考えて間違ってはい

小笠原列島沖の海底で見つかったピラミッドは宮崎県に向かって一直線のライン上に並ぶ

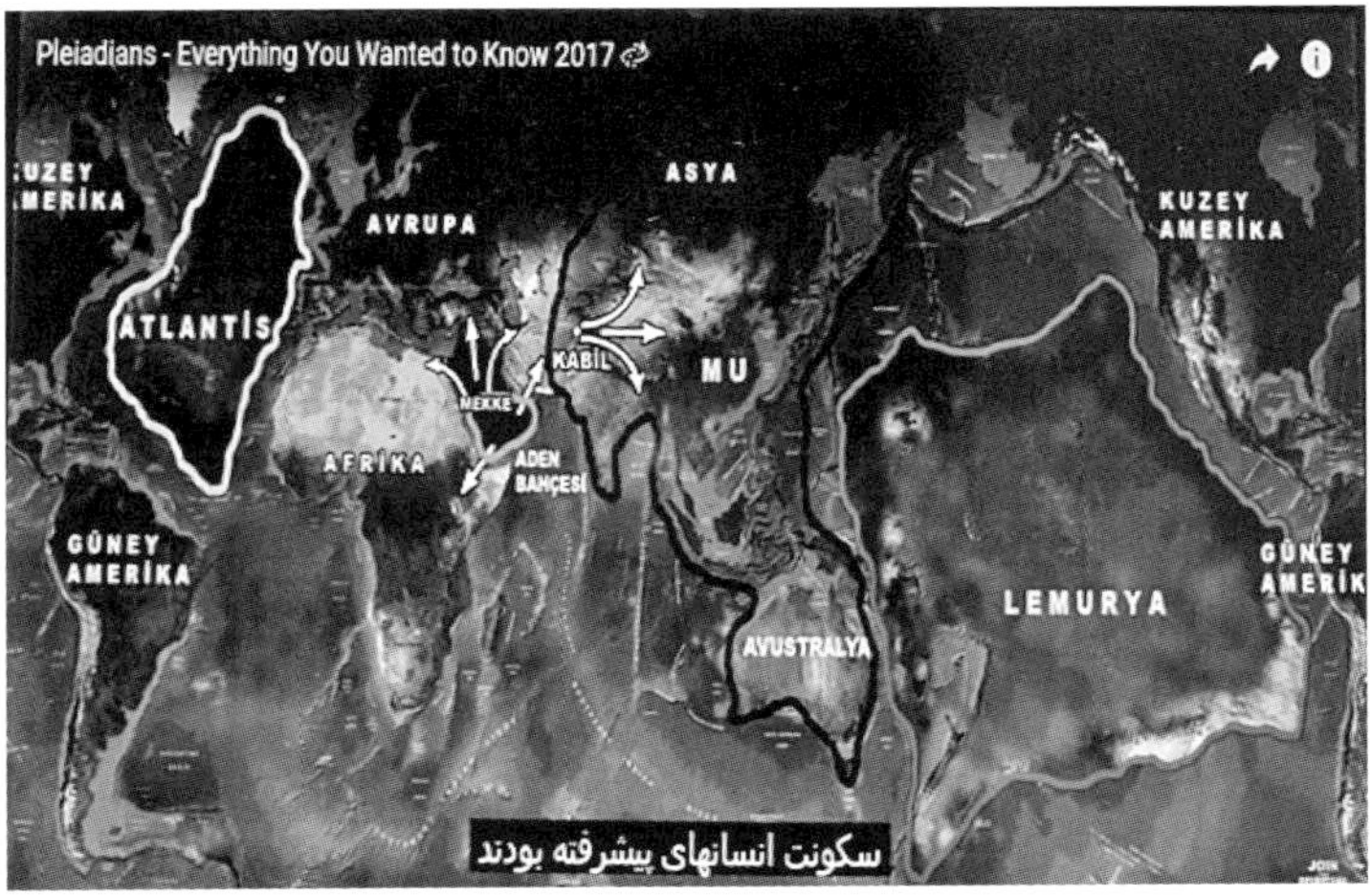

太古、ムーとレムリアは日本と陸続きだったのではないだろうか（引用／プレディアンズ）

まい。

したがって、横石氏が発見した４基の海底ピラミッドは、かつてトカラ列島や与那国島の海底遺跡と陸続きであったとは考えられないだろうか。むろんのこと、海底にピラミッドがあるはずもない。

つまり、古代に存在したとされるムー大陸およびレムリア大陸、そして、日本列島は陸続きだったのではないだろうか。それが突然、『失われたムー大陸』説を唱えるチャーチワード博士が述べるように、１万２０００年前、未曽有の地殻大変動が起こった。

そして、これらの大陸が海底に沈んでしまった。残ったのが現在の沖縄、九州、四国、本州ではないかということだ。

大発見！　高松の三連山はギザのピラミッドの高さと関係していた！

前項で述べた説を裏付けるのは、愛媛県大洲市の山中から見つかった最古の木炭である。横浜市立大と愛媛大で炭素年代測定法で分析した結果、20万年前、30万年前のものとわかった。

したがって、この頃すでに日本では木炭を使う高度な文明をもつ人類が存在していたことになる。さらに近年、この地から北側に山を越えた高松市の三連山からは、途方もない謎が見つかった。

この山々こそ、ギザのピラミッドと配置が酷似する、六ツ目山《むつめやま》、伽藍山《がらんやま》、万灯山《まんとうやま》だ。**途方もない謎とは、この三連山の高さとギザのピラミッドの高さには、それぞれの山々の高さの100分の1という数値が得られる**のだ。

例えば、①六ツ目山の高さ317mを伽濫山の高さ216mで割ると、1・467592となる。これはクフ王のピラミッドの高さの146mの1／100の値だ。また、②六ツ目山の高さ317mをクフ王のピラミッドの高さ146で割ると、2・17123となり、伽濫山の高さ216mとなる。これは誤差範囲と考えていい。

さらに③伽濫山の高さ216mを万灯山の高さ158mで割ると、1・36708となり、カフラー王のピラミッドの高さ136mの100分の1の数値となる。

香川県高松市の三大ピラミッド
六ツ目山317m
伽藍山216m
万灯山158m
100分の1の法則
メンカウラー王65m
カフラー王136m
クフ王146m
エジプト・ギザの三大ピラミッド
①　六ツ目山の高さ３１７ｍ÷伽藍山の高さ２１６ｍ＝1.467592
→クフ王のピラミッドの高さ146mの1/100の値
②　六ツ目山の高さ３１７ｍ÷クフ王の高さ１４６ｍの高さ＝2.17123
→伽藍山の高さ216mの1/100の値（若干の誤差）
③伽藍山の高さ２１６ｍ÷万灯山の高さ１５８ｍ＝1.367088
→カフラー王のピラミッドの高さ136mの1/100の値
④　伽藍山の高さ２１６ｍ÷カフラー王の高さ１３６ｍ＝1.588325
→万灯山の高さ158mの1/100の値

高松市の三連山には驚愕的な法則が見つかった

そして、④伽濫山の高さ２１６ｍをカフラー王のピラミッドの高さ１３６ｍで割ると、１・５８８２３となり、万灯山の高さ１５８ｍの１／１００の数値が出てくる。

このように１つの山だけなら、偶然と考えることができるが、４つそれぞれの山から１／１００の数値が割り出されたのだ。

こんな偶然が起こり得ようもない。この法則を発見したのは、前出のハーモニーズだ。この発見者も神がかっている。おそらく神霊か、異星人からのリモートコントロールを受けた可能性が高い。

これはただごとではない。

酒井勝軍は、ピラミッドは日本が発祥と説いていた

かつて、クリスチャンであった明治生まれの酒井勝軍《かつとき》は、エジプト視察から帰国して間もない頃、記者団を広島の葦嶽山《あしたけやま》に連れて行った。そして、「諸君、あれが世界最古のピラミッドである」とし、日本がピラミッド発祥の地であることを説いたものだ。

まさしく高松市の三連山が示す1／10の法則は、酒井勝軍の日本ピラミッド発祥説を裏付ける大発見ではないだろうか。

前述した愛媛県の大洲市の山奥で見つかった木炭が、炭素年代測定法で20万、30万年前のものと分析できていた。したがって、高松市の三連山は、20万、30万年前、ムー・レムリアからピラミッド文明が伝承され、地殻変動から逃れた遺跡であると考えられるのだ。

１３５万年前、ケンタウルスα星近くのバカラチーニ星人が降臨した

もう１つ、ムー・レムリア文明からピラミッド文明が日本に伝わったと考えられるのは、豪州人のミッシェル・デマルケ氏がＵＦＯに搭乗した際、カテゴリー９レベルの惑星の長老タオという宇宙人から告げられたという地球人誕生の歴史だ。

デマルケ氏によれば**長老タオは、１３５万年前頃、ケンタウルスα星近くのバカラチーニ星人が太平洋のオーストラリア付近の大陸に集団で移住、その末裔がアボリジニである**と述べた。

これを裏付けるのは、オーストラリアのキンバリーの洞窟に描かれた壁画だ。ヘルメットをかぶり、気密服を着たような姿が無数に描かれている。

アボリジニの古老によれば、**「天から偉大なる鳥に乗って降りてきて、彼らの文明**

を教示した」と伝承されているという。これこそが創造神である〝ウォンジナ〟であり、霊的祖先であるというのだ。先住民にとっては、UFOに乗って自在に飛行する異星人は、神と思えたに違いない。

次に20万年前、アレモX3星人が地球に降り立ち、ムー文明を興した。やがて、1万4000年前頃、ムー大陸やレムリア大陸は海底に没したというのだ。

筆者はこの件と、イエス・キリストが青森で3人の娘を作り、旧戸来《へらい》村で亡くなったという件を読み、信ぴょう性を抱いた。

イエス・キリストが青森で娘を3人作って亡くなった話は、世界最古の文献とされる『竹内文書《たけうちもんじょ》』の記述とほぼ一致する。『竹内文書』とは、武烈天皇の代、西暦500年頃、神代文字で記されたのを武内宿禰《たけうちのすくね》の孫、平群真鳥《へぐりのまとり》が漢字とカタカナ交じり文に訳したとされる文書のことだ。『古事記』や『日本書紀』よりも古い時代に書かれたのは間違いないが、宇宙創造が3000億年前とか、20万年以上前の神武王朝以前、天神時代、上古代などの歴代の天皇名が記され、およそ荒唐無稽《こうとうむけい》、奇想天外な記載が多いことから偽書扱いされてしまった日本三大奇書の１つだ。

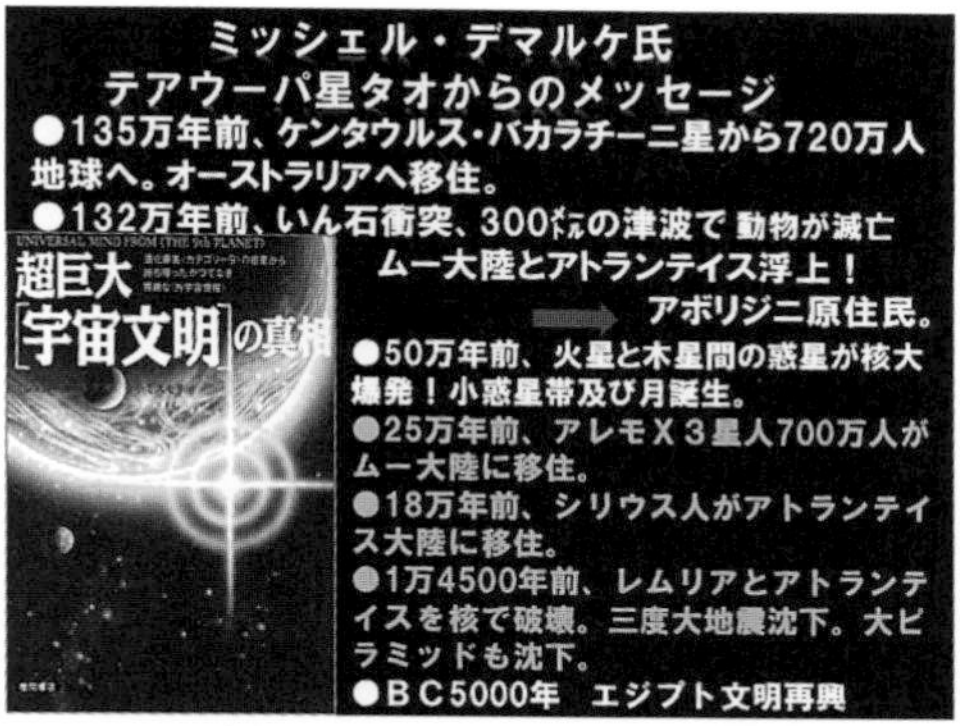
ミッシェル・デマルケ氏
テアウーパ星タオからのメッセージ
●135万年前、ケンタウルス・バカラチーニ星から720万人地球へ。オーストラリアへ移住。
●132万年前、いん石衝突、300㍍の津波で動物が滅亡
ムー大陸とアトランテイス浮上！
アボリジニ原住民。
●50万年前、火星と木星間の惑星が核大爆発！小惑星帯及び月誕生。
●25万年前、アレモＸ３星人700万人がムー大陸に移住。
●18万年前、シリウス人がアトランテイス大陸に移住。
●1万4500年前、レムリアとアトランテイスを核で破壊。三度大地震沈下。大ピラミッドも沈下。
●ＢＣ5000年　エジプト文明再興
超巨大
[宇宙文明]の真相
驚愕の歴史が述べられている『超巨大「宇宙文明」の真相』（徳間書店）

オーストラリアのキンバリー地方の洞窟に描かれた神々

イエス・キリストは、青森の旧戸来村で死んだ!?

中でもモーゼやイエス・キリスト、モハメッド、そして、釈迦、孔子、老子、孟子にいたるまで、日本に来訪し天皇に謁見したという記載もあり、到底、常人には理解が及ばない。

とは言え、古史古伝と一致する記載も少なくなく、闇に葬るにはあまり惜しい。古代史研究家の間では、この書を知らない人はいない。残念ながら、昭和初期に消失してしまったとされる。または、GHQを設置した際、マッカーサーが米国に持ち去ったという説もある。**植民地同様に占領した島国に途方もない歴史が残っていたのでは、大変、不都合だからだ。後にマッカーサーは、石川県を訪れ、宝達山《ほうだつさん》に埋葬されているとされる〝モーゼの墓〟を参拝した事実があるので**、マッカーサーがこの書を持ち帰った説が濃厚だ。

こうした謎の奇書をオーストラリアの造園業であったミッシェル・デマルケ氏が知

っているはずがない。さらに自問自答法によってハイヤーセルフから情報を得るメソッドを確立した天野聖子氏は、「旧戸来村でイエス・キリストが亡くなったのは、事実でしょう。ゴルゴの丘で処刑されたのは、イスキュー、またはイスキリでした」と述べられた。

神代の万国史に掲載される動物の皮に書かれた『竹内文書』

青森の旧戸来村にあるキリストの墓（引用／Wikipedia）

『竹内文書』には、キリストは日本の天皇から神道を学び、それを伝えにイスラエルに戻る際、「死んではならない」と諭され、そして迫害にあったが、弟が兄の身代わりになって処刑されたと記されている。天野聖子氏が述べたこととほとんど一致する。**敬虔《けいけん》なクリスチャンから目を剝《む》かれそうだが、処刑された人間が生き返るわけがない。弟が身代わりになった後、兄イエスが出現すれば、**古代イスラエルの民は、**死んで蘇る〝復活〟が起きた**と捉えた可能性が高い。

ここにミッシェル・デマルケ氏が説いた長老タオの教示に理解が及んだ。

人類の起源では、ゼカリア・シッチン博士が著したベストセラー『地球年代記』シリーズで述べた『古代宇宙飛行士』説が主流だ。

それは45万年前、ニビル星のアヌンナキがアフリカに金を探し求め、降臨。その採掘に労働力が不足した。そこで、自分たちのDNAと、地球で一番進化していた霊長類のDNAを操作し、人類を創造したとする。

その代表が宇宙意識体『バシャール』やら、スピリチュアル系メッセンジャーに多い。

筆者は、人類の起源とは2億年以上前南極に降臨、火星からやって来た異星人が最初で、次にケンタウルス星人らが降臨したのではないかと考える。アヌンナキの地球降臨よりもはるかに古い。

考古学者ゼカリア・シッチンが古代シュメール壁画を解読した。
人類が「神」と呼んできたのは、アヌンナキだった。

ニビル星のアヌンナキが人類を創造したと説くゼカリア・シッチン博士

II．ムー・レムリア人は縄文日本に逃れた⁉

〝位山はピラミッドであり、神人と天孫降臨族の神殿だった！〟

ムーおよびレムリア大陸が地殻大変動で水没後、はたして彼らは大陸とともに海の藻屑《もくず》になってしまったのだろうか。巷間唱えられているのは、一部の人々は船に乗って日本の岐阜に移住し、縄文人と混血、日本人の祖になったという説だ。

世界的な考古学者ジョルジュ・バーレン博士は、エジプトのスフィンクスの視線が東方を向いていることに気づいた。そして、この視線をユーラシア大陸まで伸ばし、さらに東方に伸ばした。

そこに行きあたったのが、岐阜の位山《くらいやま》だった。そこで、博士は日本に来訪、位山を調査し、結論を下した。それは、**「位山は神々と人間、他の天体の宇宙と地球人間（天孫降臨族）との交信を行った場所である。すなわち太古のピラミッドであり、神人と天孫降臨族とをつなぐ神殿である」**というものである。

前出の酒井勝軍は、この飛騨一帯を飛騨の語源となった『日球王朝』が実在していたと説いていた。事実、地元の古老たちの間には、１つの伝説が語り継がれているという。

「位山の主は、神武天皇へ位を授くべき神なり。身体一つにして顔二面、手足四つの両面四手の姿なりという。天の叢雲をかき分け、天空浮船に乗りてこの山のいなだきに降臨し給ゐき……」

これもまた、天孫降臨伝説だ。つまり、位山には神武天皇に位を授けた神が存在したというのだ。この〝位山ピラミッド説〟を確認したかった民間研究家が山頂を目指した記録を入手した。この研究家は、１時間ほど山を登り、頂上付近に〝天岩戸〟と呼ばれる巨石群を発見した。それは中央に高さ４ｍほどの岩だった。そして、右に板状の岩、左に円柱状に近い岩を組んだ、３つの巨石の石組みがあったというのだ。

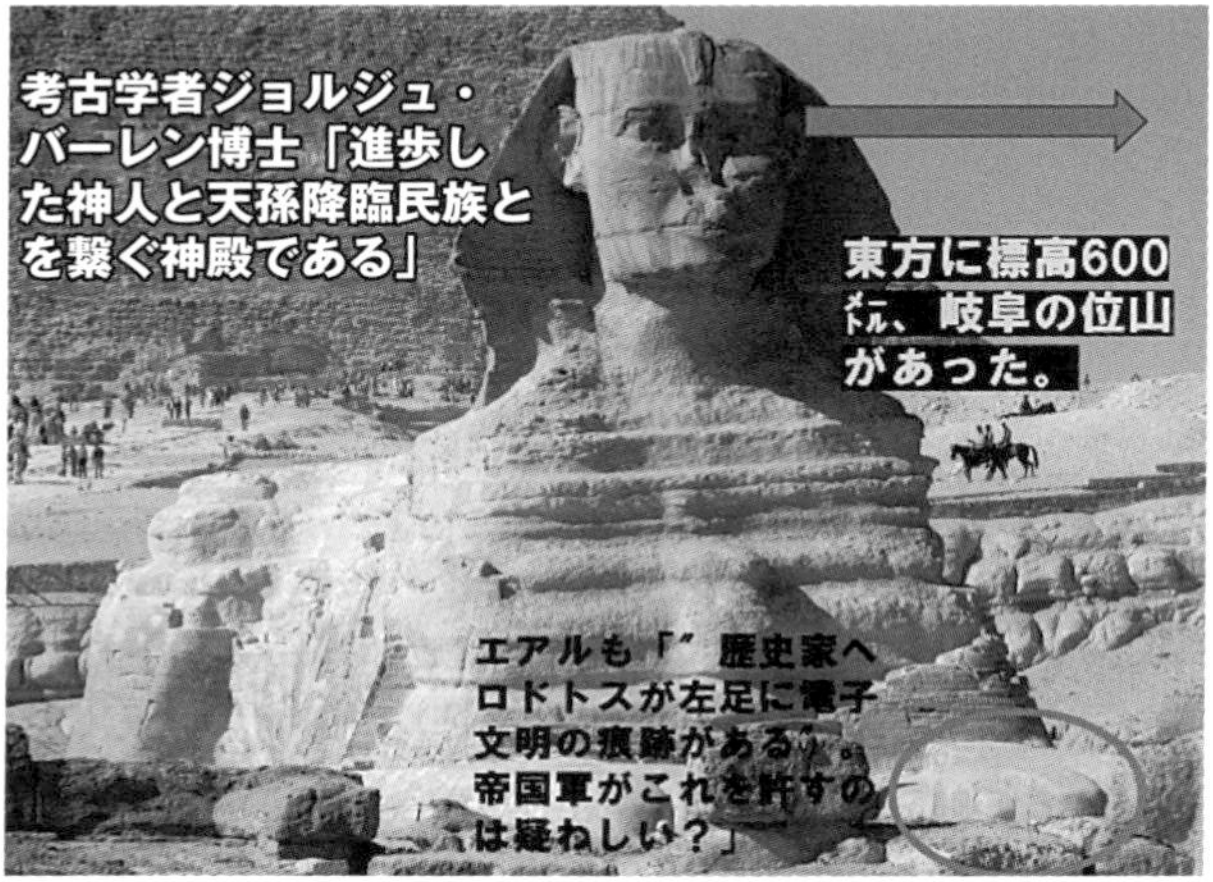
考古学者ジョルジュ・バーレン博士「進歩した神人と天孫降臨民族とを繋ぐ神殿である」
東方に標高600メートル、岐阜の位山があった。
エアルも「〃歴史家ヘロドトスが左足に電子文明の痕跡がある〃。帝国軍がこれを許すのは疑ねしい？」

ジョルジュ・バーレン博士は太古のピラミッドであるとした

◎考古学者ジョルジュ・バーレン博士「位山は神々と人間、すなわち、他の天体の宇宙と地球人間（天孫降臨民族）との交信を行った神殿であり、太古のピラミッドであり、神人と天孫降臨民族とをつなぐ神殿である」と結論づけた。

位山は太古のピラミッドだった可能性が高い

その下が石室のようになっており、神聖な場所であることがすぐ理解でき、まさに酒井勝軍が言った『日球王朝』の文明の息吹を感じたという。

下山は登りと反対側の刈安峠《かりやすとうげ》を下った。現在、モンデウス飛驒位山スノーパークのゲレンデには祭壇石があるはずだが、草が生い茂り、確認できなかった。この祭壇石は、長さ６ｍ、幅４ｍもある岩がきれいに階段状の２段に組まれているという。

古代、ここで祭祀が行われ、ゲレンデを降りたところに大小の岩でできたストーンサークルがあったことから、位山がピラミッドであることを確認できたという。

尖山と位山はピラミッドネットワークで結ばれている！

また、不思議なことに隣の富山県の立山町にはＵＦＯの目撃者が異常に多いという尖山《とんがりやま》という標高５５９ｍの三角錐上の山がある。

この山が古代ピラミッドとされ、位山とピラミッドネットワークで結ばれているというのだ。富山県立図書館に所蔵される『神代の万国史』には、「トンガリ山は上古第24代天仁仁杵身光天皇（アメノニニギノスメラミコト）の神殿のアトである」と書かれているという。このことから『サンデー毎日』では1984年6月号で、「これは神殿『アメトツチヒラミツト』で、天皇はそこから『天《あめ》の浮舟《うきふね》』（UFO）に乗り、全世界を飛行した」とするピラミッド特集を組んだ。

『古事記』には、女神アマテラスから三種の神器を受け取り、日本国を治めよと言われ、神殿を造営されたとの記述がある。したがって、この尖山に「ニニギノミコト」の神殿があった可能性も捨てきれないのだ。

さらに前出の研究家がこの尖山を探査した結果、「山頂に明らかに太陽石を思わせる大きな石があり、そのまわりに小さな石が配置されたストーンサークルがあった。酒井（勝軍）が指摘するピラミッドの条件に符合した」と書き記している。

こうしたことから考えられることは、ジョルジュ・バーレン博士が結論づけたように天孫降臨族が宇宙から情報を入手するのにピラミッドを活用、これが縄文人に伝承され、世界にピラミッド文化が伝播されていったのではないだろうか。

これを裏付けるように**『竹内文書』には、今から数十万年前の超古代、日本は世界**

「神代の万国史」（富山県立図書館所蔵）「トンガリ山は上古第２４代天仁仁杵身光天皇（アメノニニギノスメラミコト）の神殿のアトである。」
この「尖り山」があの「古事記」で女神アマテラスから「三種の神器」を受け取り日本国を治めよと言われた「ニニギノミコト」の為に造営された神殿だとしたら、それはどんな物質で出来ていたのだろうか？

富山県の尖山には不思議な伝承がある

山頂にはドルメンや太陽石や鏡石などが無数に配置される

の文化・政治の中心であったことが記載され、現在の富山県の神通川流域の御皇城山《おみじんやま》を中心とした飛騨や乗鞍一帯が高天原であり、すべての人類の元宮として御皇城山に『天神人祖一神宮』という大神殿が建立されたと書かれているという。

かつて、この神殿の屋根は、永久に錆《さ》びない『ヒヒイロカネ』で葺《ふ》かれていたというのだ。アトランティスにはオリハルコンという錆びない金属があったとされるが、これに近かったのだろうか。

『天祖人祖一神宮』はやがて、『皇祖皇太神宮』に改称された。祭神は天神7代（創生のとき）、上古25代、不合朝73代、最初の天皇とされる神武天皇から現在の天皇に至る、神倭朝まで、4つに区分されるという。

五色人を祀るだけでなく、すべての神々を祀ることからユダヤ教、道教、キリスト教、仏教、イスラム教までを包括する万教帰一の神宮であるという。**『竹内文書』によれば、神武天皇以前にモーゼ、次に釈迦、神武天皇の神倭朝になって老子、第3代安寧天皇の代に孔子、第6代考安天皇の代に孟子、第11代垂仁天皇の代にキリスト、第30代欽明天皇の代にモハメットとそれぞれ来日、参朝、修行して帰国した**とのことだ。

この神宮で代々『竹内文書』らが護《まも》られてきたが、昭和初期、竹内家に養子に入ったとされる竹内巨麿《きよまろ》が1900年に北茨城に移転、天津経を開いたが天皇不敬罪として大弾圧を受けてしまった。このとき、『竹内文書』は当局に没収されたが、それが前述したように東京大空襲の際、消失したというのだ。

谷汲山華厳寺に縄文時代の道祖神を発見した！

筆者もまた、岐阜の位山、そして、下呂《げろ》市や根尾谷《ねおだに》、山県《やまがた》市周辺を探索した。不思議なことに山県市の市街を囲む山々には、シンメトリーの三角形の山々が散在しているのだ。おそらく山県とは、この山のことを示した地名を思われる。郷土史研究家によれば、「この地にはまだ未発表の前方後円墳や方墳などが多くみられる」というのだ。

酒井勝軍が言うように、日本には３０００か所もピラミッドがあるとされるので、シンメトリーの三角形の山は、ピラミッドの可能性が高い。また、縄文遺跡が方々に散在しているらしい。

２０１９年4月、筆者らは岐阜の揖斐川《いびがわ》町の「谷汲《たにぐみ》さん」として親しまれる西国33か所の巡礼地、『谷汲山華厳寺』を訪れ、思わぬ発見をした。

西国33か所目の巡礼地／谷汲山華厳寺の山門

華厳寺境内に道祖神を発見した！

山門を入り、左右の桜並木と茶屋街を２００ｍほど進み、満願寺の本堂に入る階段手前の脇、右の境内に高さ１ｍ20㎝ほどの高さの石組みを発見した。

案内してくれた磐座《いわくら》学会の石子博敏氏によれば、「方位石と遥拝石も造られ、間違いなく縄文時代の道祖神です」という。

縄文人は、磐座信仰があり、男性の性器を表す道祖神を祀っていたことは多くの古代史研究家の間では常識だ。

華厳寺に問い合わせたが、この道祖神が境内に祀られていることを知らなかった。明らかにムー文明を知る縄文人が岐阜および美濃国に居住していた証拠であろう。

この道祖神の存在が明らかになれば、重要文化財となり、華厳寺の名所の１つになるはずだ。

神武天皇は龍型宇宙人とのハイブリッドの可能性が高い

さらに位山には『飛驒高山王朝』が存在していたという説もある。また、この山ではイチイの木という、寒さにも強く、木質が良く加工しやすい針葉樹が育つ。天皇家の行事では、ここで採れたイチイの木で作った笏《しゃく》のみが使われる。ここに飛騨高山王朝との因果関係はないだろうか。

筆者は、神武天皇から始まるとする万世一系の神話にケチをつけるつもりはないが、**それ以前に太古の王朝、ウガヤフキアエズ王朝が九州に実在、異星人が神々として人類に関与していた**としか思えない証拠を世に問うてきた。

神武天皇は豊玉姫《とよたまびめ》の妹にあたる玉依姫《たまよりびめ》を母に、ウガヤフキアエズを父にもつ。神々の系図によれば、豊玉姫の夫が山幸彦だ。

神武天皇の出自について、『先代《せんだい》旧《く》事《じ》本紀《ほんぎ》大成経』によれば、初代神武天皇から15代応神天皇までは、龍蛇族ドラコニアンの血を受け継ぎ、神武天皇は龍蛇族と人間が交配された初めての人類だという。

【外観は身長が3メートル超もあり、頭からは角が2本伸び、その容姿はまさに龍のようだった】と記されているという。他にも黄色に輝く眼をもつ天皇や、怒ると背中

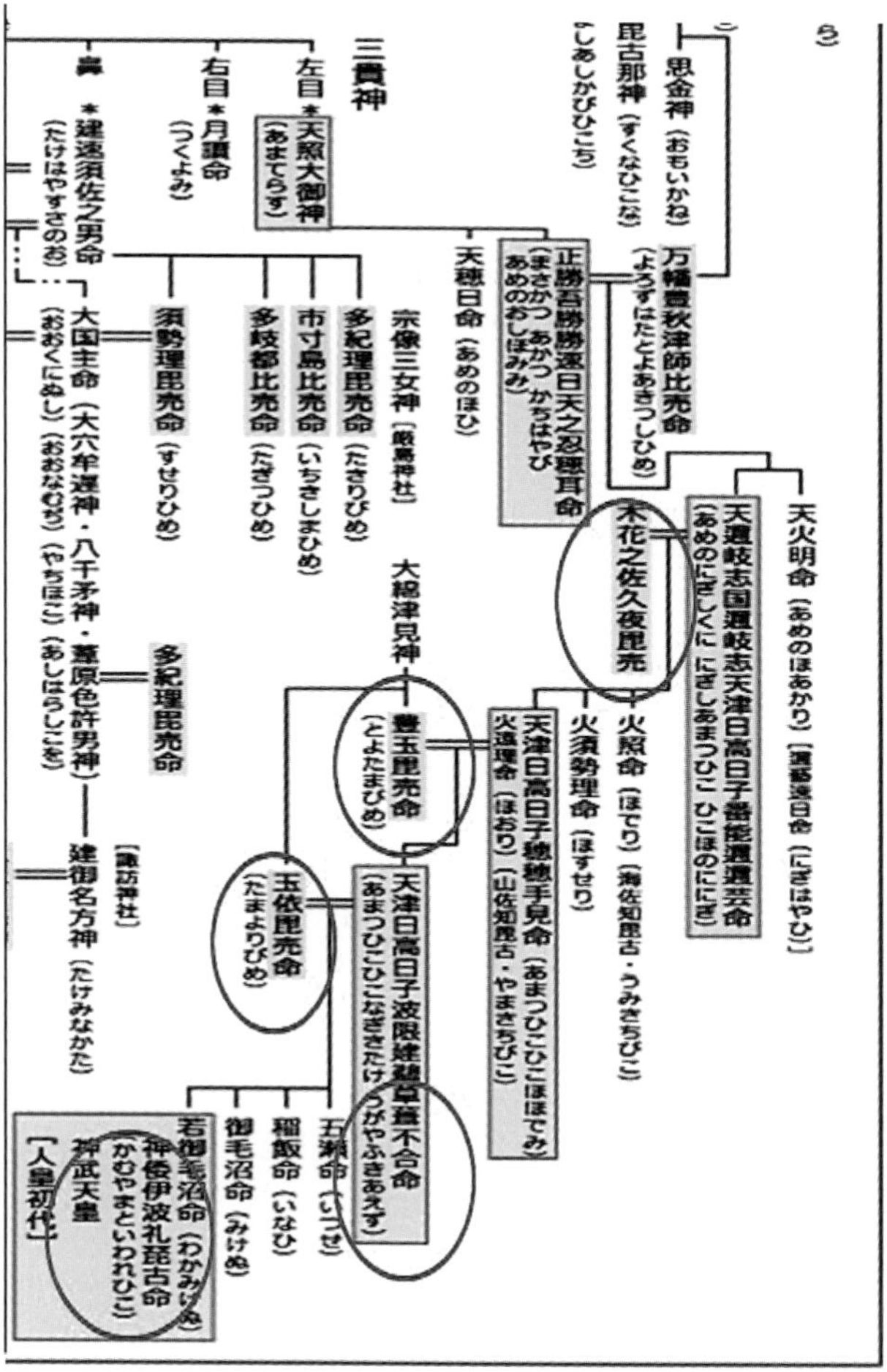

古史古伝の豊玉姫や神武天皇の容姿の記述がアヤシイ

の鱗が総立ちになる天皇、龍のように長い顔が特徴の天皇などが記載される。
また、他の古史古伝の1つ『上記』には、神武天皇の叔母である豊玉姫にはこう書かれている。**【妃の御姿姫御子にませど　頂に角の如成す有り、背平に大なる鱗多に生エ　口広くして　白歯並めしに剝き出、黒髪五月蝿垂らし　御脚鱗並めて　御眉ハ太く　目隠しなす。　それ乱れ　おどろおどろにありき】**

どうも夫である山幸彦は、豊玉姫からお産部屋を覗かないよう注意されたが、約束に背き山幸彦は覗いてしまったようだ。そのときの様子が『上記』に記載されたという。

さらに『日本書紀』には、【天孫《あめみま》猶《なお》忍ぶ能《あた》わずして竊《ひそか》に往きて之を覘《うかが》う。豊玉姫《とよたまひめ》、方《まさ》に産《こうむとき》に化《な》りて龍と為す】

こうなると、豊玉姫の容姿はもはや人間を超え、龍などの爬虫類とのハイブリッドを思わせる。さらに不思議なのは、法隆寺に代々祀られている像だ。小学館『原色日本の美術館2　法隆寺』では、これらを「侍者像、馬頭形、鼠頭形」としているが、古代史研究家の間でもなぜ頭が爬虫類なのか、謎なのだ。

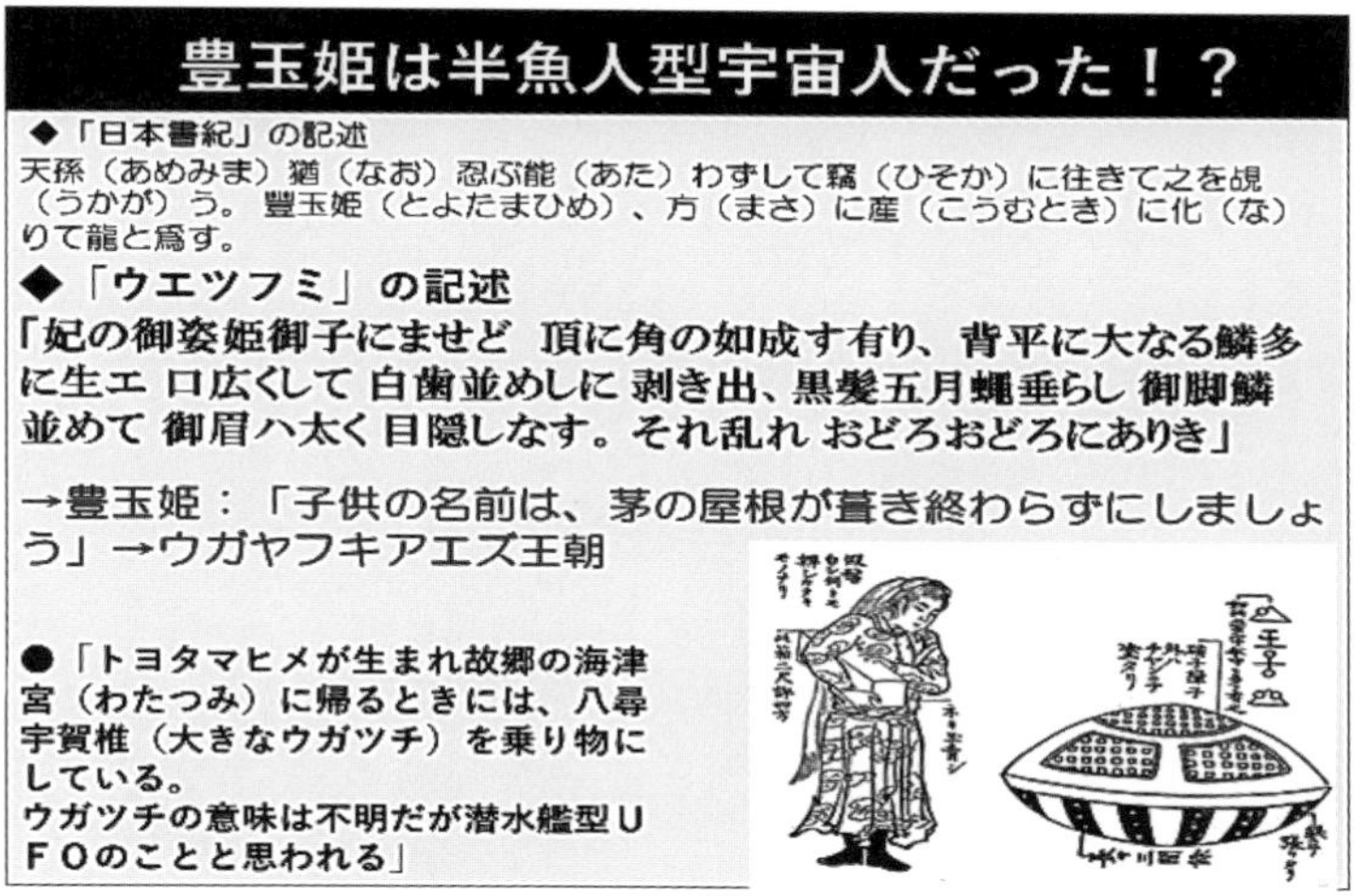

豊玉姫は半魚人型宇宙人だった！？

◆「日本書紀」の記述

天孫（あめみま）猶（なお）忍ぶ能（あた）わずして竊（ひそか）に往きて之を覘（うかが）う。豊玉姫（とよたまひめ）、方（まさ）に産（こうむとき）に化（な）りて龍と爲す。

◆「ウエツフミ」の記述

「妃の御姿姫御子にませど　頂に角の如成す有り、背平に大なる鱗多に生エ　口広くして　白歯並めしに　剥き出、黒髪五月蝿垂らし　御脚鱗並めて　御眉ハ太く目隠しなす。それ乱れ　おどろおどろにありき」

→豊玉姫：「子供の名前は、茅の屋根が葺き終わらずにしましょう」→ウガヤフキアエズ王朝

●「トヨタマヒメが生まれ故郷の海津宮（わたつみ）に帰るときには、八尋宇賀椎（大きなウガツチ）を乗り物にしている。
ウガツチの意味は不明だが潜水艦型ＵＦＯのことと思われる」

古史古伝の豊玉姫の記述が人間離れしているのはなぜか？

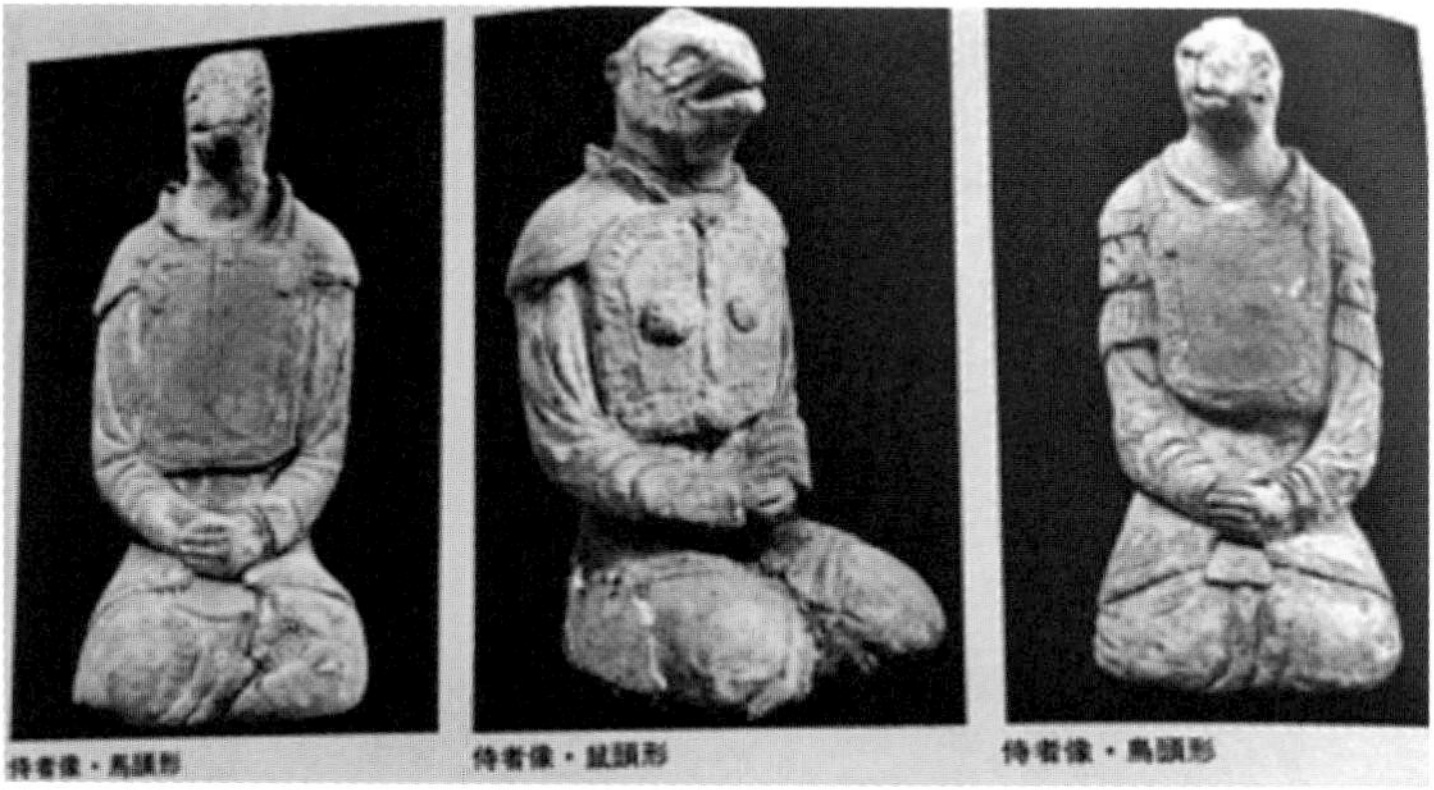

法隆寺にはなぜか、爬虫類の頭をもった像が祀られている
（引用／『原色日本の美術館２　法隆寺』小学館）

こう考えると、『先代旧事本紀大成経』に記載される神武天皇の容姿はあながち真実に近いのではないだろうか。ジョルジュ・バーレン博士が説いた天孫降臨族とは、このような爬虫類型に近かった可能性を捨てきれない。

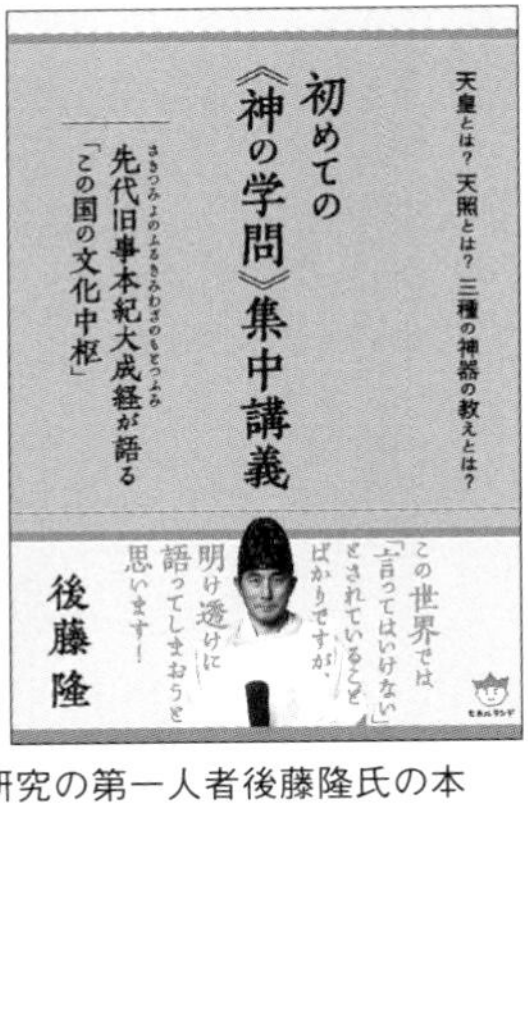

日本の先代旧事本紀大成経研究の第一人者後藤隆氏の本

Ⅲ．縄文人は世界最古の太陽暦カレンダーを有していた！

古代縄文人は春分、秋分、夏至、冬至の日の出と日の入りを知っていた！

前出の位山の隣の下呂市内の金山町には、飛騨高山王朝ともつながなる、巨石遺跡、『金山巨石群』が存在することを知った。それは、２０１９年４月に東京工大で開催された『天文考古学学会』での画家の小林由来氏の講演でだった。

さあ、この『金山巨石群』とは、何であろうか。小林氏の趣旨はおよそ以下だ。

第一にこの巨石群は、５６０ｍほどの山頂付近の谷合に『岩屋岩陰巨石群』と『線刻石巨石群』、そして『東の山巨石群』の３か所にわたっておよそ２００㎡圏内で造型されている。これを金山巨石群と呼ぶ。１個の巨石は１００ｔから５００ｔくらいのものもある。

この谷を東北へ延長すると、夏至の日の出を指し、南西に谷を延長すると冬至の日の入りを指すとのことだ。そして、〝メーンヒル〟と呼ばれる岩屋岩陰巨石の40度の斜面を天空に延長すると冬至の太陽が南中する。その60日前10月23日頃、岩の右斜面から日差しが入る。冬至の60日後2月22日頃には、岩の左斜面から日差しが入るように巨石が切断されている。また、夏至の場合も同様にその60日前の4月22日頃の太陽の日の出、日の入り、その60日後の8月20日頃の日の出と日の入りの方向も示されている。

要するに夏至、冬至を挟み、その120日間の太陽の動きが明確につかめるのだ。この巨石群の割れ目や岩角から春分、秋分の日の出と日の入りの太陽がのぞく。また、夏至と冬至の日の出と日の入りする方角が線刻石に刻まれてもいる。

早い話、彼らは春分、秋分、夏至、冬至の4等分となった1年の太陽の運行を知っていたことになる。

これは中国黄河流域の気候に合わせできた二十四節気、エジプトにあるギザのピラ

下呂市内の金山巨石群は縄文人の途方もない叡智が秘められていた！

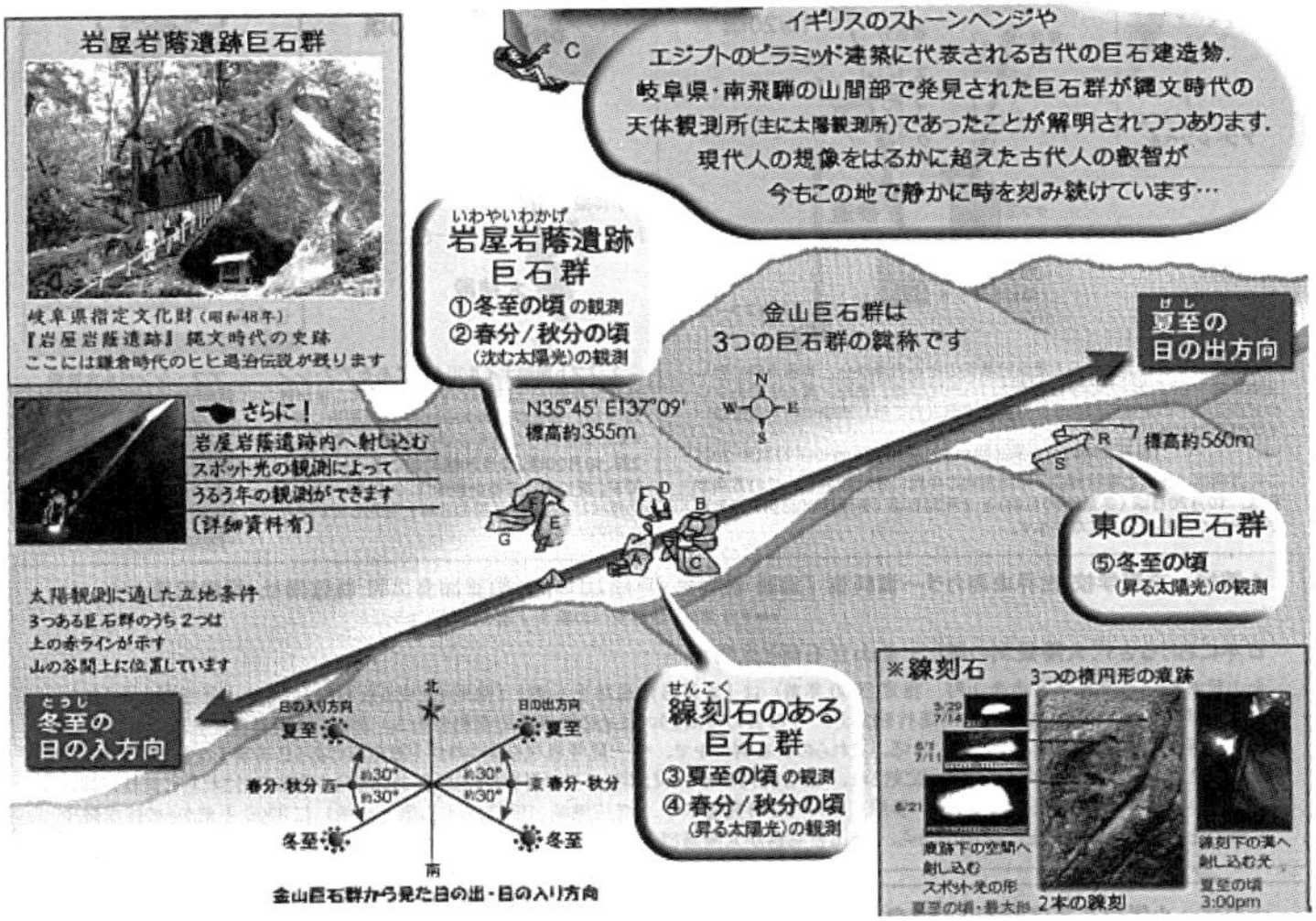

山頂付近の谷合を利用。太陽暦が造られていた（引用／金山巨石群調査資料室）

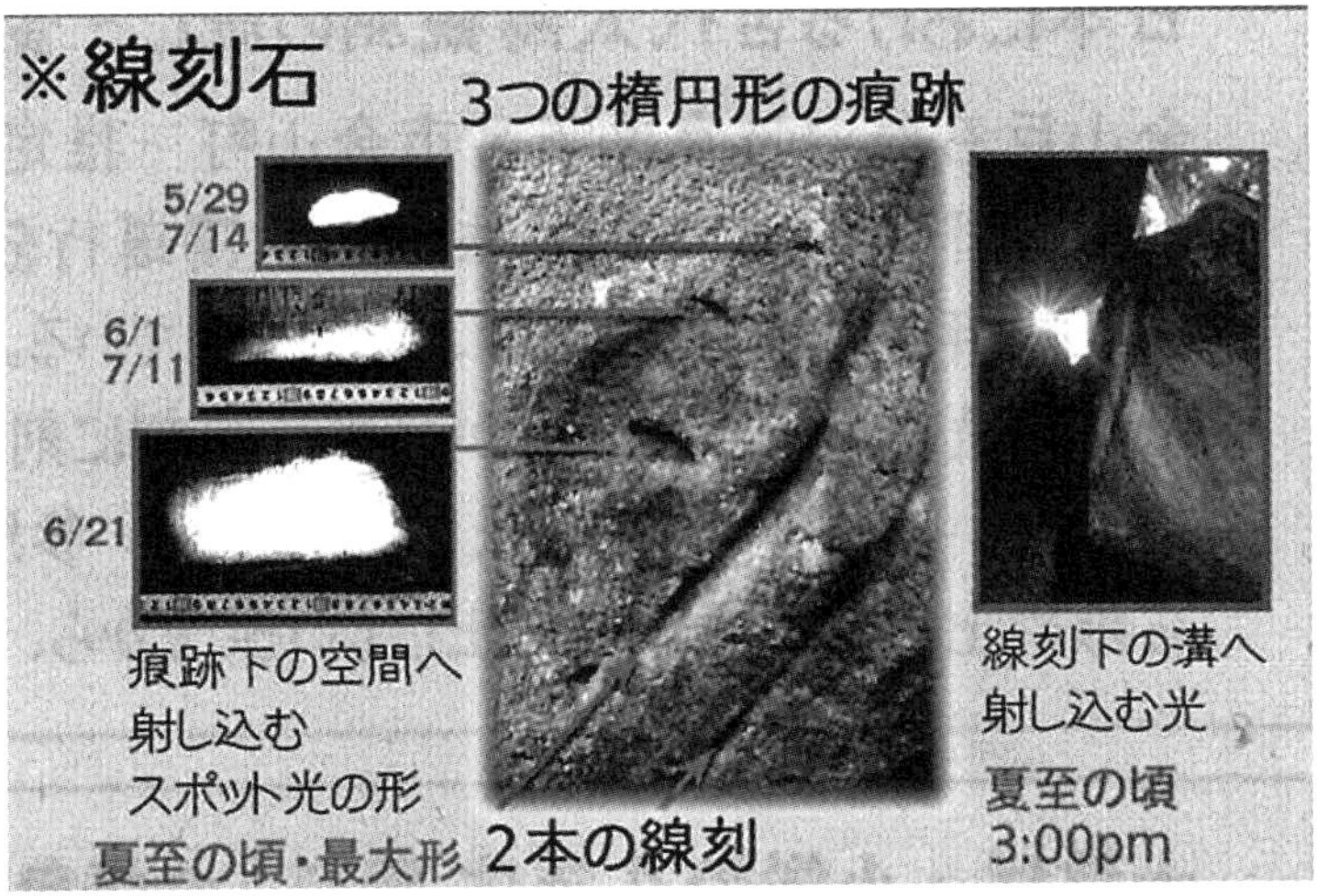

縄文人は春分、秋分、夏至、冬至の日の出から日の入りの場所まで熟知していた

ミッドと、アブ・シンベル神殿が示す春分、秋分、夏至、冬至に昇る太陽光の位置の関係とほとんど違わない。さらに太陽高度と年間日数により4年に1度訪れる閏年も知っていた。しかも太陽の日の出が1日４㎝ずつずれ、1年は３６５日5時間36分48秒であることまで知っていたのだ。

今から20年ほど前のこと、画家でもある小林由来氏（現：金山巨石群調査資料室代表）が発見したわけだ。

驚くのは、こうした方位を観測するための、1人の体が巨石に入れるよう、ヒト型の穴があり、頭を入れる場所までくり抜かれていることだ。

まさに神がかりの世紀の大発見！　周辺地域から８０００年前の住居跡や石鏃、土器が多数出土していることから建造はＢＣ６０００年とされた。

縄文人は反重力を使いこなしていた!?

結論を先に述べれば、この『金山巨石群』こそは縄文人の『太陽暦カレンダー』だったのだ。イギリスの巨石を円形に組んだ『ストーンヘンジ』のレベルをはるかに凌駕《りょうが》する。これが山頂付近、林の中に建造されていたのだ。

前述したアブ・シンブル神殿の建造はBC1300年頃、ギザのピラミッドはBC2000年からBC3000年頃の建造とされる。**〝歴史はシュメール〟の文明にしてもこれも今から5000年ほど前の頃なので、『金山巨石群』のほうがはるかに古い。**

「そんな馬鹿な話があるはずがない！」

これも小林氏の妄想といぶかる向きもあるかもしれない。しかし、この巨石群は文科省も認め、『図説世界史』（教育図書出版）、『4年生理科』（学研）にも掲載される世界的な大発見なのだ。

それにしても『金山遺跡』の巨石文明は抜きんでている。地球の地軸が23・4度ずれていることで起こる2万6000年ほどの歳差運動まで知っていた。おまけに『岩屋岩陰巨石』には北斗七星が刻まれ、手前の国道付近には35度の角度の方位石がこの北斗七星を指し、これを天空に伸ばすとこぐま座の北極星ポラリスにつながるのだ。

はたして縄文人はこのような天体の運行をどうやって知ったのだろうか？　また、

季節ごとの太陽の日の出、日の入りを全部わかっていた

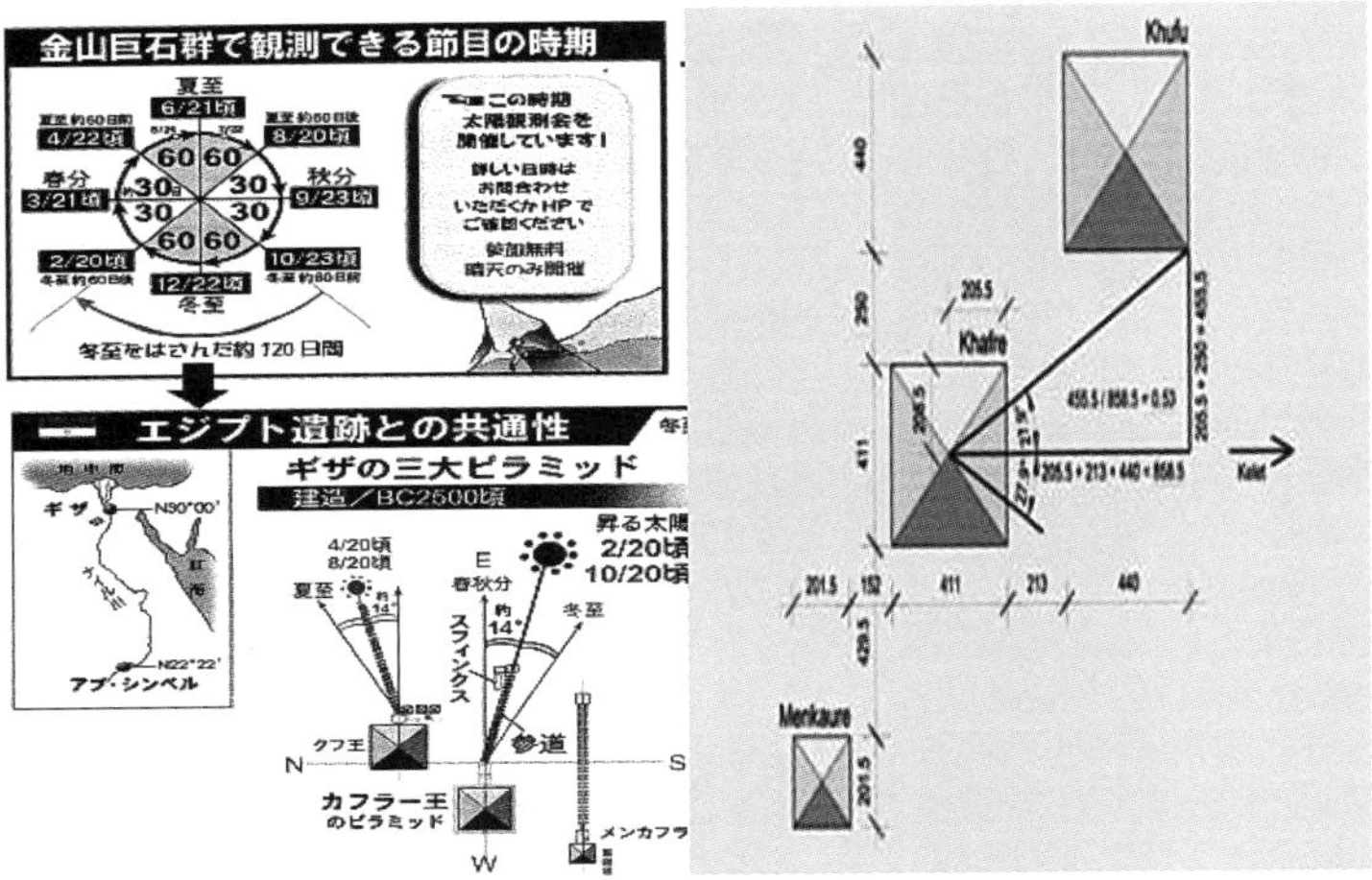

ギザのピラミッドよりも精度が高い

1つ100tから500tもある巨石を山頂付近にどうやって運んだのだろうか。

さらに1年で太陽光が移動する4区分にぴったり合わせ、どうやって巨石を水平に切り割ったのか？

くどいようだが、建造はBC6000年なのだ。100t、500tもの巨石をどうやって山頂付近まで運搬できたのか。丸太に載せ、コロを利用したにせよ、これらの巨石の重さで丸太はぐしゃぐしゃに破壊されてしまう。

まるで、山の中腹に巨石を空からつるし、組んだとしか思えない。ここにムー・レムリア文明のテクノロジーの関与、または神々として君臨した異星人の関与があった可能性も考えられる。

それが大きな謎だ。もしかすると、彼らは自在に反重力を使いこなしていたかもしれない。いずれにしても、このような巨石文明をもつ縄文人は、並外れた天文学から裏付けられる太陽暦カレンダーを有し、途方もない知識、また文明を有していたことがわかる。

はたしてこのテクノロジーを授けたのは誰であろうか？

Ⅳ．世界に神代文字を広げたのは古代縄文人だった

縄文人は農耕文化ももっていた！

世界最古、『金山巨石』が最も精密な太陽暦カレンダーを有していたという事実からは、植物栽培、また農耕に利用していたのではないかという仮説に辿《たど》り着く。

古代エジプト太陽暦でも10月20日頃から冬至を挟んだ１２０日間を『播種成長期』にあて、2月22日頃から夏至の６月21日頃までを収穫期にあてたことがわかっているからだ。金山巨石が示す方位は、このエジプトの太陽暦とほぼ一致する。

したがって、縄文人が毛皮を纏《まと》い、狩りをしながら、暮らしていたというのは大嘘、でっち上げ、または情報不足であることがわかる。事実、青森の三内丸山遺跡から、

小麦粉に鹿肉を混ぜた〝ハンバーグ〟、小麦粉を焼いた〝クッキー〟まで食べた証拠が土器から検出されている。

また、三内丸山遺跡の土質と同じ地質でできた土器がハワイ、イースター島周辺から多数見つかっている。それ故、すでに縄文人は航海技術にも長《た》けていたことがわかる。

筆者は、これまで**日本ペトログラフ協会の故吉田信啓氏や日本探検家協会の高橋良典氏、『竹内文書』研究家の故高坂和導氏の研究や文献を精査し、縄文日本人がアラスカを経由、北米、南米のインディアンの祖先になった**ことを述べてきた。

このことはすでに20数年前、カナダで開催された考古学学会で、「６５００年前、モンゴロイドが当時のベーリング地峡経由で北米に多量の動物の後を追って、移動してきた」と公表されていた。また、カナダのインディアンの長老の、「我々の先祖はイガという部族長に率いられ、ヌーや大鹿を追って、この地に移住してきた。その頃のベーリングからカナダへの道には草原と大地が続いていた」とする口伝と見事に一致する。

中でも高橋良典氏は、北米・南米インディアンが使っている言語が九州の方言に酷似するだけでなく、古代日本で使われていたアヒルクサ文字やトヨクニ文字が古代インドや古代イスラエル、およびエジプトでも使われていたことを立証していた。

さらに前述した『竹内文書』を精査した故高坂和導氏は、インディアンの言語が日本語に酷似することをつかみ、これを公表していた。

インカの遺跡として著名なマチュ・ピチュは、チチカカ湖の近くにある。高坂氏によれば、「**チチカカは文字通りチチ（父）カカ（母）**を指し、すぐ近くのボリビアにはアイマラ語を話す住人がいて、**アイ（愛）**、**マラ（魔羅／男根）**のことだという。周辺には〝**ウマスヨ（産ますよ）**〟、〝**レイノコラ（霊のこら）**〟、〝**ハツゴ（初子）**〟、〝**ヒシャゴ（ひ孫）**〟など、日本語としか思えない地名が多い」とのことだ。

こうした研究は海外でも多く発表され、スタンフォード大学のナンシー・ヤオ・デイビス博士は、ニューメキシコ州中部に住むズニ族の語彙《ごい》に注目した。

〝鳥はガラス、母親はオッカ、会合はクエー、寺はションテラ（小寺）、神官はシワニ（審神者）、川はカイゥナ、道はオナ、山はヤラ、辛いはカリー、目覚めるはオキ、

◎北米アリゾナ州・・・アナサチ（穴幸）族-ズニ（安雲）、ホピ（蛇）、アパッチ（天晴）、ユマ（夢）、ハヤト（隼人）、サク（佐久）族一「6500年前、大量のモンゴロイドが北米にベーリング経由で流入した」（レ・クイナー教授）
◎イースター島（ラパ・ヌイ伝説・・・ホツマツア船団が王国を形成）
◎ハワイ（メネフネ族・・・ムウ族、ワ族、ワオウ族、「太平洋の西からやって来た海洋民」の伝承。

世界各地で日本語に近い地名が多いのはなぜ？

言うはイノテ、中はアッカ、内はウチ〟などを検証、「ズニ族は、明らかに少なくとも先史時代に北米海岸に渡米した日本語を豊富にもつ海洋部族である」と結論づけた。

　こうしたことから語彙と世界のペトログラフを調査した前出の吉田会長は、「ズニ族には九州の筑前や筑後地方の方言に近い語彙が豊富である」と述べられていた。

1万6500年前、アメリカ大陸に渡った先住民は縄文日本人だった！

　2019年8月30日、この前説を裏付ける科学誌『サイエンス』のニュースが飛び込んできた。それは、米アイダホ州クーパーズ・フェリーで発掘された石器や遺物は、放射性炭素年代測定によって、「1万6500年前のものだとわかった。その遺物は日本で出土する石器に酷似する」というのだ。

この研究を10年以上にわたって続けてきた米オレゴン州立大学のローレン・デイビス教授は、科学メディア「SCIニュース」の取材に以下に答えた。

「下層の考古学的地層に1万4000年以上前に放射性炭素が含まれていること初めて見たとき、私はとても驚きましたが、同時に懐疑的でした。それが正しいことを確認するために、**より多くの放射性炭素年代測定を実行したのですが、下層の年代は一貫して、1万4000年前から1万6000年を示したの**です」

過去10年、デイビス教授と研究チームは石器、工具、発射体、刃など189個の遺物、そして、炭と火によって割れた岩、さらに86個の大きな動物の骨の破片を発見。そこで、その年代の解析を実行した。

これまで米国ではアメリカ大陸の最初の先住民、または入植者は、メキシコのクロ

科学誌『サイエンス』が１万6000年前の遺跡が日本製と酷似すると伝えた

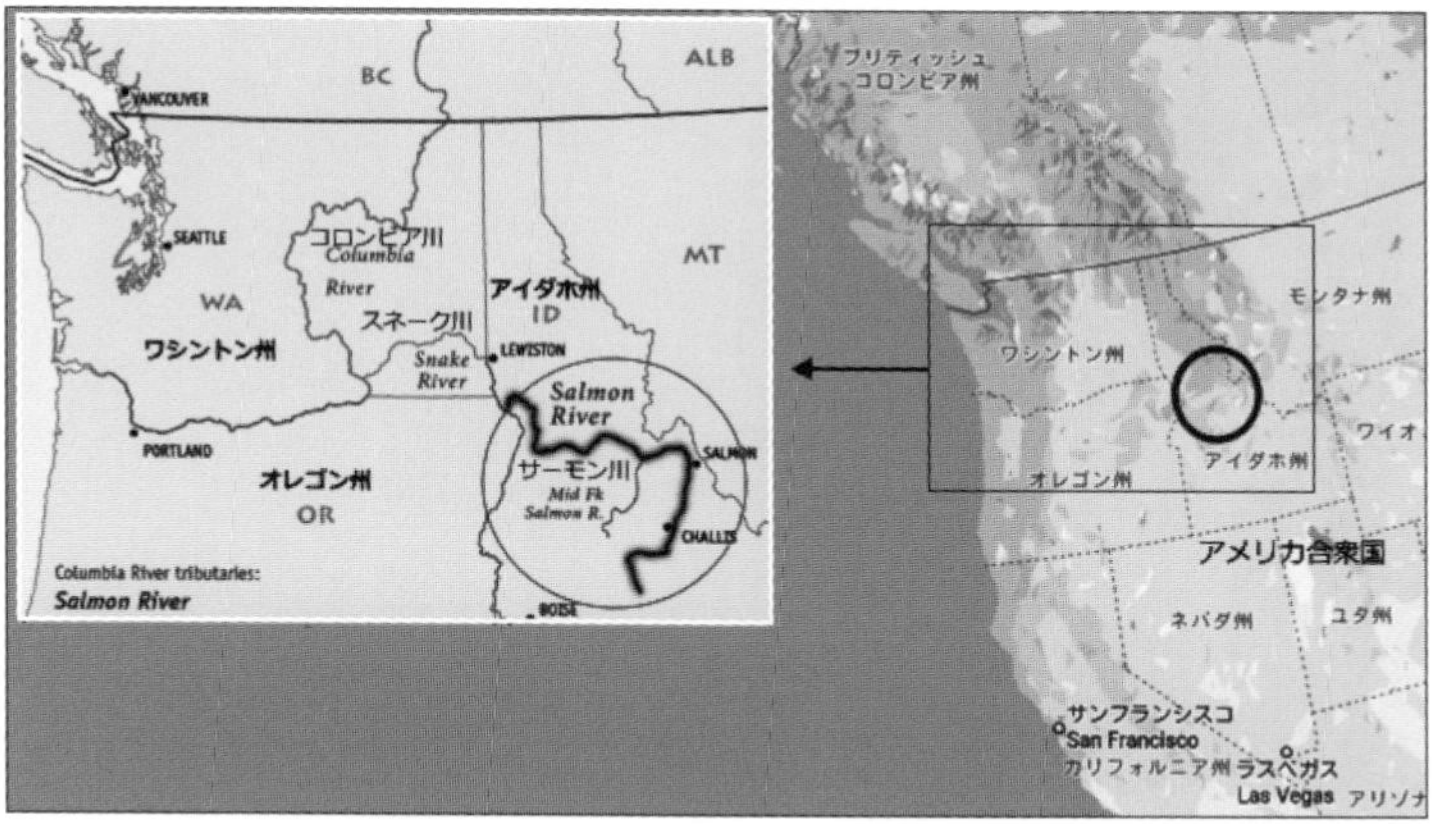

日本製の石器などの遺物が見つかったサーモン川付近
（引用／sci-news.com science.sciencemag.org）

ーヴィス市付近で見つかった磨製石器が北米大陸全域で散見されたことから、この石器の起源を1万3000年前から8500年前と特定、この石器の使用者をクローヴィス人と名付け、それをクローヴィス文化と呼んでいた。彼らはシベリアを経由、北米から南米に移住、この地に入植したと考えていたのだ。

今回、遺跡の度重なる分析で長い間考えられていたクローヴィス文化よりもさらに3000年も古いことがわかった。しかもこれらの石器や遺物の特徴は、クローヴィス文化の特徴とは大きく異なっていたのだ。

アイダホ州のクーパーズ・フェリーは、サーモン川の曲がり角にあり、サーモン川はスネーク川に流れ、コロンビア川へと連なり、太平洋に流れ出る。

SCIのデイヴィス教授のインタビューを続ける。

「クーパーズ・フェリーで見つかった古い遺物は、北東アジア、特に日本で見つかった古い遺物と非常によく似ている。これらの古い石器や異物が北東アジアのものと似ている理由として、1つの可能性としてあるのは、この人たちが太平洋を渡ってきたということです。そして、そこからコロンビア川の河口を見出し、その沿岸から移動

アイダホ州クーパーズ・フェリーで発見された石器は日本のものと酷似する
（引用／Mysterious Universe）

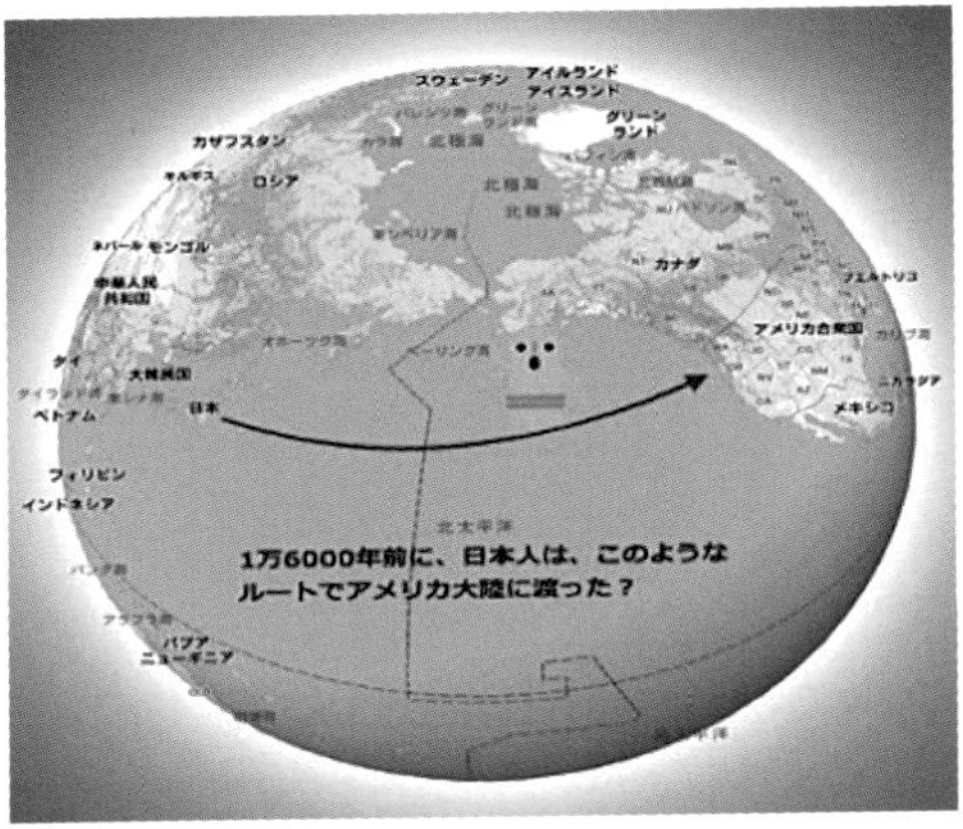
1万6000年前に、日本人は、このような
ルートでアメリカ大陸に渡った？
スウェーデン
アイルランド
アイスランド
グリーンランド
カザフスタン
ロシア
モンゴル
中華人民共和国
タイ
大韓民国
ベトナム
日本
フィリピン
インドネシア
カナダ
アメリカ合衆国
メキシコ
パプア
ニューギニア

縄文人が太平洋を横断、米大陸に上陸した!?

してきたのではないかと考えることができる」と博士は述べた。

早い話、アメリカ大陸の最初の入植者は、日本から太平洋を渡ってやって来た可能性があり、アメリカの最初の先住民は日本人だったかもしれないという仮説が考古学界に浮上したのだ。

教授は決定的なことを意味するものではなく、この研究は10年以上にわたって続けられ、まだ人骨の遺伝子の解析などの調査が必要であることを示唆しつつも、現時点では非常に刺激的な仮説であると結んだ。

これに対し、科学メディア「ライブサイエンス」では、米コロラド大学ボルダー校の北極高山研究所の研究員ジョン・ホッファー氏の見解を掲載、「その研究の中で、クーパーズ・フェリー周辺のアメリカ先住民は、当時の日本人との遺伝的関係をもたない」とし、「移動の中で絶滅した種族もいたのかもしれないが、いずれにしても、現時点では、北アメリカ大陸の最初の入植者が日本から大平洋を渡ってやって来たというのは仮説でしかない」との反論を掲載した。

とは言え、この科学ニュースは今から１万６５００年前、日本から船に乗って太平洋を横断、アイダホ州に移住、先住民となったという、これまでの定説を覆す可能性を示した。

ホピ族のカチーナ神とは鹿島神、カトリ神は香取神だった！

前出のＳＣＩニュースのトピックスに関しては、すでに吉田信啓氏が『神々の遺産』（中央アート出版社）の中で論証しており、科学メディア「ライブサイエンス」の反論は、的を射ているとは言えない。

吉田氏が述べた縄文日本人が北米インディアンの祖になったという根拠は、スタンフォード大の教授がインディアンの語彙の研究を続けた結果辿り着いた結論、「古代アメリカ・インディアンは日本語と同じ語根を豊富にもっていた」に集約される。

さらにこの説を決定的にしたのは、吉田氏が1994年、グランドキャニオンを見渡せるアリゾナ州北部のホピ族の居住区を訪れたときだった。

そこで、紹介された**ホピ族の長老は、天上から降臨した武神としてのカチーナ神（Kachina）とは、鹿島の神と同一であり、もう1つのカトリ神（Katori）は、そのまま香取神である**と説明した。同氏はこれを聞いて驚嘆した。

その根拠は、アラスカ在住のインディアン研究家が著した『ズニ族の謎』の論文発表だった。この中で、「ズニ族の伝承で、彼らが先史時代の後期に太平洋の西からアメリカ大陸が渡来してきたこと、ズニ族の言語には奈良時代以前の日本語と同じ語彙が何千と残っており、子供の育て方、子守歌のメロディー、焚火や炊飯などの道具や生活様式、親族関係の結び方など、日本とまったく共通する」と結ばれていた。このことをこのホピ族の長老が認識していたことによることがわかった。

その2年後、この論文発表だけでなく、アメリカ岩石芸術学会で、紀元前1100

アリゾナ北部にホピ族の居住区がある（引用／「アメリカ西海岸のありのまま」）

ホピ族の人々とその少女（撮影／KEN KANAZAWA）

年頃、ニューメキシコ州に残るロックアート（線刻文字および図形）が紹介され、ユカタン半島からペルー高原にかけて分布するマヤやインカの文化がニューメキシコ州まで伝わっていると思われる画像が公開された。

その中で、**マヤやインカの太陽神をかたどった神像やマスクが映され、「これはホピ・インディアンが今でも信仰しているカチーナ神とカトリ神です」**と解説された。

「我々が最も血族的、遺伝的に近い民族は日本人であり、同胞とか兄弟とか呼ぶことができるのは日本人において他にない」

これは、吉田氏がホピ族とズニ族の長老から告げられた言葉だ。もはや、縄文日本人が米大陸の先住民となったことは疑いない史実ではないだろうか。

縄文日本を代表する三内丸山遺跡周辺の土質と成分が同じ土器がハワイやイースター島から見つかったことは前述した。もう少し東へ航海を続ければ、アメリカ大陸に到達する。これでモンゴロイドである縄文日本人がベーリング地峡からアラスカ経由だけでなく、太平洋を航海し、米大陸に渡ったことが裏付けられたのではないだろうか。

北米・南米インディアンは、髪が黒く、黒い目をしているのは、なぜなのか。

もう一度、述べる。**アメリカ大陸に広がったクロービィス文化とは、たかだか1万3000年前に過ぎない。**

これに対し**縄文日本はすでに1万6500年以上前、日本列島で高度な文明を築いていた。**熊本幣立《へいたて》神宮の国宝、『日文石板』を放射性炭素年代測定法で解析したところ、20万、30万年前のものであることが判明している。

この国宝には、日本の神代文字『アヒルクサ文字』で、〝麻を栽培し、これで鎧《よろい》にすれば、敵は退散する。ここを聖地として耕せよ〟というような主旨が書かれていた。

さらに大きな謎は、このアヒルクサ文字や出雲文字などの神代文字は、金星文字に酷似していることが突き止められている。ここに金星人が神々として縄文人に関与している驚愕的な可能性が浮上してきた。これを次章で述べる。

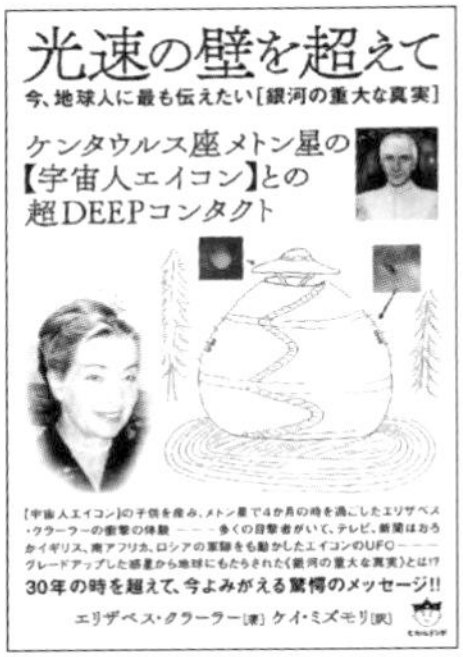

日本の超古代を探るヒカルランドの本たち

第2章

縄文人と金星人の謎に迫る

Ⅰ．異星人が地球に降臨した

ニニギノミコトは、金星・火星から葦原の国に降り立った!?

前章では、東京から小笠原列島沖の南東2000㎞ほどの海底に、4基の巨大ピラミッドが宮崎県日向市に向かって一直線のライン上に見つかったことを述べた。およその建造は、四国高松市で見つかった三連山のピラミッドの建造につながることから、20万年、30万年前ではないかという仮説を組み立てた。

この説は、オーストラリア人のミッシェル・デマルケ氏がティアウーパ星の長老タオから告げられたピラミッド文明の興隆期とも一致する。このムー文明を興したのはアレモX3の異星人たちであることだ。

南東の海上から一直線で見つかった海底ピラミッドの行き先は、宮崎県日向であった。日に向かうとは実に意味深な地名だ。

宮崎県の高千穂町には天孫降臨伝説がある。

それは、**【ニニギノミコトが天照大神の命を受けて、葦原の中つ国を治めるために高天原から日向国の高千穂峰へ天下った】**というのだ。

神々の系図によれば、ニニギノミコトとは、天照大神の直系にあたり、此花咲夜姫《このはなさくやびめ》を妻にしている。彼女は夫に浮気を疑われ、富士山に身を投じたとされる神話がある。

この天孫降臨伝説について、デマルケ氏は長老タオから、「**５０００年前、金星人、火星人の中で地球の低い波動に耐えうる強靭な優良星人約５００名を募り、宇宙船で葦原の国の各地に派遣した**」と告げられていた。

なんということか！　天孫降臨伝説はデマルケ説と合致する箇所があるではないか。

さあ、これをどう解釈すべきか？

デマルケ氏は、オーストラリア人なので宮崎県の天孫降臨伝説など知る由もないだ

●5000年前、天孫降臨。金星人 火星人の中で、地球の低い波動に耐えうる強靭な優良星人 約500名を募り、宇宙船で葦原の国（あしはらのくに 現在の日本）の各地に派遣しました。
九州での神武天皇軍の進軍経路
高千穂伝説
【ににぎの命が天照大神宮の命を受け、葦原の中つ国を治めるため、高天原から日向国の高千穂峰へ天下った】
高千穂伝説と、金星・火星人が葦原の国に降臨したというミッシェル・デマルケ説とは一致する

ろう。

鍵を握るのは、金星から地球に降り立ったという、金星人オムネク・オネクの証言だ。オムネク・オネクについては、前書『シリウス：オリオン驚愕の１００万年地球史興亡』（ヒカルランド）に記したので、詳細は避けるが、彼女は１９５０年代、オディンという実の叔父と葉巻型ＵＦＯに乗って金星から地球に訪れた。

ヒマラヤの寺院で幼少期から３年ほど地球環境に身体を慣らした後、米国に移住、通常の学園生活を送って、やがて地球人と結婚、３児の母

となった。現在、子供が成人したことから、この事実を世界に公表、講演活動を展開している女性だ。

おそらく地球の年齢で言えば、現在、彼女は70歳を超えていると思われる。髪は幼少時から真っ白。70歳超とは、誰が見ても思えない若さだ。彼女によれば、地球人とは老化の速度が違うという。

金星は、灼熱の惑星、硫酸のような雲に覆われ、生物が生存できるわけもないと思われる方がほとんどのはずだ。**実は、金星にピラミッドがあり、河川や山林、人工建造物が存在することは、20年以上前、金星探査機『マゼラン』が撮影していた**のだ。むろん、ＮＡＳＡはこれを否定した。

ＮＡＳＡがこれまで公表した火星や金星などの各惑星の衛星写真は、元顧問のリチャード・ホーグランド博士と科学者チームによって解析にかけられた。その結果、ほとんどが捏造ということが判明。ＮＡＳＡは博士との長年にわたる裁判で敗北、惑星の衛星写真をしぶしぶ公開せざるを得なくなったわけだ。

実は、太陽系の惑星および木星の衛星にまで人工建造物が認められていたのが真相

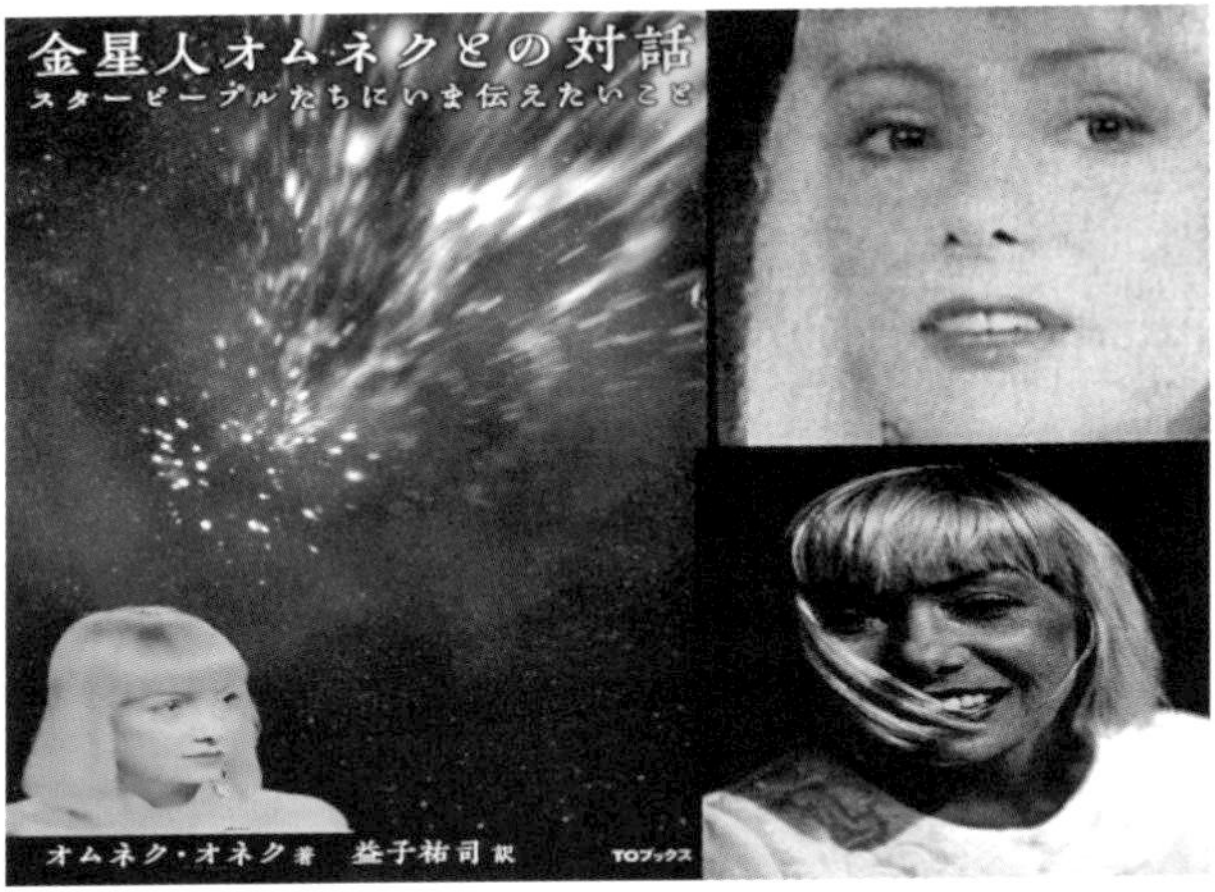
金星人オムネクとの対話
スターピープルたちにいま伝えたいこと
オムネク・オネク著　益子祐司訳
TOブックス

オムネク・オネクは金星人であることを世界に公表

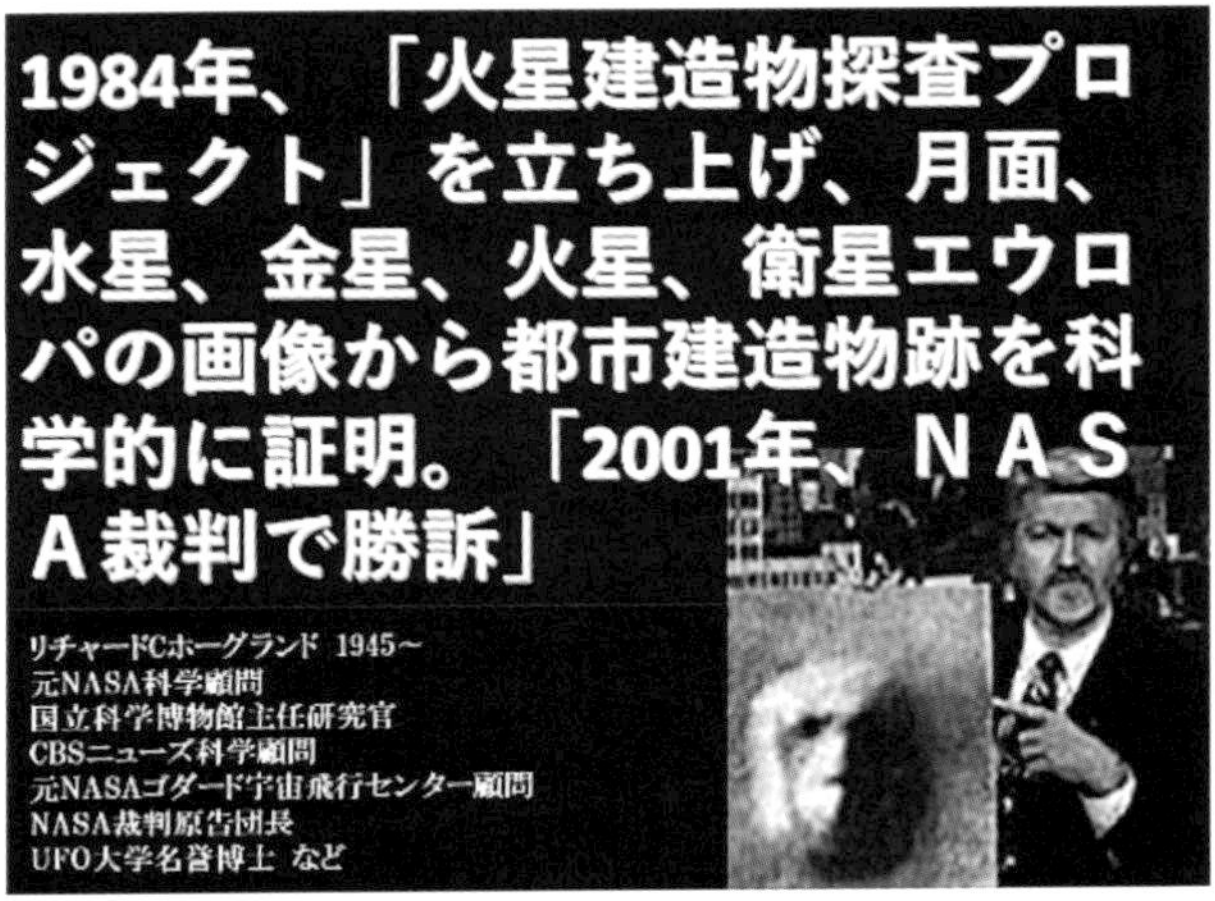
1984年、「火星建造物探査プロジェクト」を立ち上げ、月面、水星、金星、火星、衛星エウロパの画像から都市建造物跡を科学的に証明。「2001年、NASA裁判で勝訴」
リチャードCホーグランド 1945〜
元NASA科学顧問
国立科学博物館主任研究官
CBSニューズ科学顧問
元NASAゴダード宇宙飛行センター顧問
NASA裁判原告団長
UFO大学名誉博士 など

ホーグランド博士は太陽系惑星に建造物があることを立証

だったのだ。

異星人が地球降臨、アトランティス、レムリアなどの人類の祖になった！

金星人と人類の関わりについては、アダムスキー事件があまりにも有名だ。1952年、アダムスキーが米国カリフォルニア州の砂漠で、UFOから降り立ったオーソンと名乗る金星人から手紙を授かったという事件だ。そこで、同年、著書『空飛ぶ円盤は着陸した』を著し、世界的に大ベストセラーとなった。今でもそのファンは少なくない。

前出の金星人オムネク・オネクによれば、アダムスキーが会い、手紙を授かったという金星人オーソンとは、なんとオムネク・オネクの遠い親戚であるというのだ。彼女の親戚は、オー（O）から始まるという。

彼女は述べる。**異星人は、何百万年前から他の銀河系から太陽系の各惑星に移住した。最後に地球降臨した後、アトランティス、レムリア、エジプト、マヤ文明などを**

興し、地球人類の祖先となったという。

この件も前述したデマルケ氏の述べる説と一致する。また、カナダの元国防大臣ポール・ヘリヤー氏は、「地球には５０００年前からケンタウルス、アンドロメダ、シリウス、オリオン、わし座アルタイル、ゼータレクチルから宇宙人が訪れており、少なくとも2種類の宇宙人が米国政府で働いている」と証言した。

デマルケ氏は、ケンタウルス座のバカラチーニ星人が現在のオーストラリア大陸付近に降臨、ポリネシア人の祖になったと述べているので、ここでもポール・ヘリヤー氏の説と重なる。

また、16歳のとき、以前から交流のあったプレアデス星の宇宙太子に誘われ、ＵＦＯに同乗、４００光年離れたプレアデス星を視察してきた人物がいる。この人こそ、青森の三沢市役所ＯＢの上平剛史氏だ。

筆者は、偶然、青森十和田市を別件で取材の折、三沢市を訪れた。アポをとっていない、住所、電話番号も知らないで、偶然、路上で鉢合わせ、３時間のインタビューに成功した。

プレアデス星
訪問記
上平剛史
Tsuyoshi Kamitai
宇宙人との
コンタクトをつづった
感動の
ノンフィクション
16歳の私は
UFOに招かれ、
プレアデス星を訪問した！
昭和16年、岩手県一戸町生まれ。日大農獣医学部・法学部卒業、三沢市役所32年勤務の後、定年退職。「北の大地に宇宙太子が降りてきた」。

16歳の上平剛史少年がプレアデス星を訪問した様子が書かれている

こんなことは起こり得ない。何かが起動していたに違いないのだ。

上平少年は、プレアデス星の街の様子や食料生産農場、学校などを案内してもらい、宇宙太子に尋ねたことがあった。

「地球と似たような野菜や果物がたくさんありますね」

宇宙太子はこう答えた。

「剛史、それは反対だよ。地球に移住する星人に野菜や果物の種を持たせた。現在、それらが地球で進化したものなのだよ」

この件も、オムネク・オネクが**「惑星から動植物を移住させ、ひまわりやアゲハ蝶などを持ち込んだのは私たち」**と明かしたことと一致する。

やがて、16歳の上平少年は、400光年離れたプレアデス星に3日間ほど滞在した後、近隣の他の星人が住む惑星に立ち寄って、岩手の一戸町の生家に戻ったのだ。

400光年とは、光のスピードで400年かかる距離だ。**往復すれば光速でも800年かかる。〝ワープ航法〟によって〝宇宙ジャンプ〟を数回繰り返し、数時間で帰宅できた**ことを明かした。

上平氏は、市役所に定年まで勤め、退職後、この体験を公表した。60年以上前のことなので、記憶が薄れているはずだが、体験記『プレアデス星訪問記』（たま出版）は実にリアルに書かれている。それは、彼らからのリモートコントロールが働いたことによる。40年を超える筆者の執筆活動から見ても、妄想ではとても書けるような内容ではないのだ。

Ⅱ. 日本の神代文字が世界で使われた

太陽系から降臨した五色人が人類の祖になった！

オムネク・オネクが明かす人類の起源については、「**異星人がムー・レムリアの祖になったほか、火星人が黄色人種、金星人が白色人種、木星人が黒色人種、そして、土星人が赤色人種となったのです**」というものだ。

なんと、これを裏付けるのは、創建1万5000年以上、神社としては世界最古とされる熊本県山都町の日の宮・幣立神宮で行われる、謎の『五色人祭』だ。ここでは木製の五色人のお面が祀られ、5年に1度、このお祭りに世界中から人が集まる。

五色人については、皇祖皇太神宮でも祀られていることを前章で述べた。赤人とは、ユダヤ人、アメリカインディアン、アラビアやエジプトの民を指すらしい。黄人とは、日本、中国人、朝鮮人などのモンゴロイド系民族、青人とは北欧やスラブ人、白人は欧州のコーカソイド、黒人はインド、アフリカ、メラネシアの民を総称するという。

神宮では、「天地和合、世界の五族・人類和合」と祝詞《のりと》を唱え、柏手を打つのが習わしだという。まさに世界人類の統一、平和を願っているようだ。

前章で述べた謎の奇書『竹内文書』には、原始地上人類に皇尊の遺伝子を注入し、五色人を造り、世界にちりばめた主旨が記載される。現在、行われているオリンピックの五輪の色、そして、鯉のぼりの吹き流しの色は、五色人を表しているとの説もある。

さらに日本には、藤原不比等が命じて編纂《へんさん》した『古事記』および『日本書紀』、いわゆる『記紀』以前の古史古伝として、『竹内文書』を筆頭に『先代旧事本紀』『上記』『富士宮下文書』などがある。これらを調べると、**世界の大陸が1つだった頃、天（シリウス）から日本に〝ニニギノミコト〟＝天之御中主大神（初代天皇）が降臨して国を開き、世界を統治し、日本人から白人、黒人、黄人、赤人、青人ら、世界に**

五色人種に分かれたと説かれている。

最近になって、『竹内文書』が竹内巨麿によって世に公開される以前、五色人について著した人物がいることを知った。

この人物こそ、豊前小倉（現：北九州市小倉南区）生まれの神道家の佐野経彦（1834年～1906年）だ。佐野は、物部氏の末裔だったらしい。

その書『神理学入門』には、【木火土金水は、果たして知る十神よりはじまる。五色の人種は五祖人にはじまる。天神もろもろのみこともちて、諾冊ニ神に詔りして、国土をつくり固めしむ。又諸の祖神をうむ。人の人たる道をもって、累世に相続し伝わる。縄々として絶ゆるなし。子孫八十つづき】と記載されているという。

五祖人と五色人については、以下のように記されているというのだ。

木　オーストラリア人　　勾々奴智神　　青
火　アメリカ人　　火具土神　　赤
土　アジア人　　埴安姫神　　黄
金　アフリカ人　　金山彦神　　黒

水　ヨーロッパ人　　　水波女神　　白

このことは物部氏が編纂したとされる前出の『先代旧事本紀』、または『陰陽五行論』から引用されたのか不明だが、皇祖皇太神宮と幣立神宮で祀る五色人の由来とがまったく一致する。

いずれにしても、神武王朝の前に73代続いたとされるウガヤフキアエズ王朝の痕跡は、九州豊の国・肥の国はじめ、古代日本の巨大な歴史として眠っていることは間違いない。

さらに、『旧約聖書』創世記第2章には、**「主なる神は東の方、エデンに一つの園を設けて、その造った人をそこに置かれた」**と記載されている。

著名なメッセンジャー、リサ・ロイヤル氏は、「日本人はプレアデス星人とレクチル星人のDNAを操作して創った。エデンの園は日本にもある」と著書で述べている。

こうなってくると、もはや、金星人オムネク・オネクとミッシェル・デマルケ氏が述べるように人類の起源は五色人および、火星・金星人らである可能性が非常に高いと言える。

高天原
日の宮
幣立神宮

創建１万5000年以上前とされる幣立神宮（引用／Wikipedia）

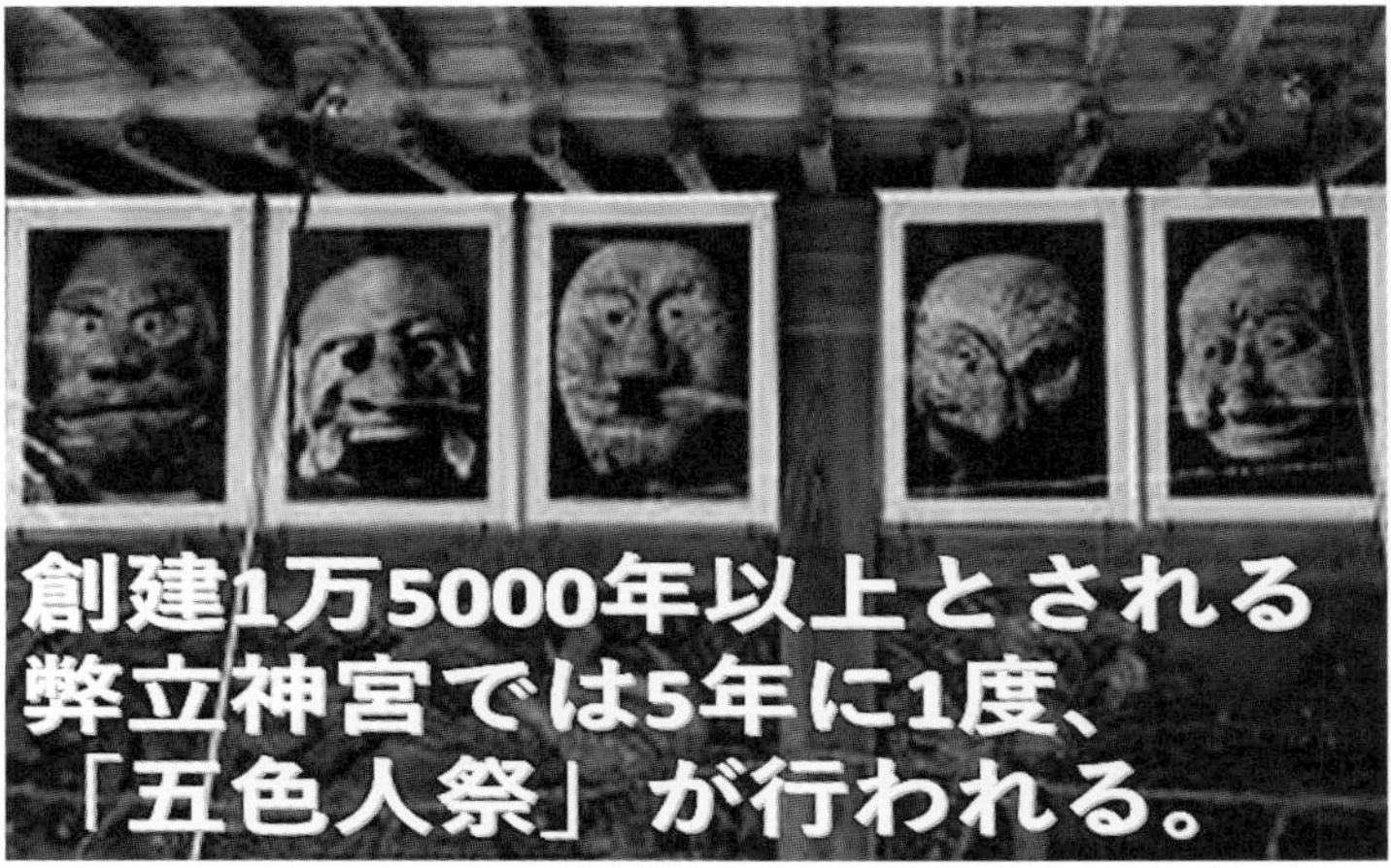
創建1万5000年以上とされる
弊立神宮では5年に1度、
「五色人祭」が行われる。

熊本・幣立神宮では謎の五色人のお面が保管される

国宝『日文石板』は20万〜30万年前作られたものだった！

もう1つ、謎がある。それは前項で述べた日の宮・幣立神宮に祀られる『日文石板』という神宝のことだ。ここに途方もない秘密が隠されていることがわかった。

この石板には、日本の神代文字とされるアヒルクサ文字で、表には「ひふみよいむなやこともちろ、ねしきるゆいつわぬそを、はたくめかうおえに、さりへてのますあせいゑほけれ」と記されていた。

そして、裏にはトヨクニ文字で、〃アソヒノオオカミ〃と読めた。

この文字は誰も解読できなかったのだが、前出の吉田信啓会長にインスピレーションが湧き、ふと解読できてしまった。それはこうだ。

「大量の糸の原料となる真麻蘭を採取し、それから取った絽《ろ》（細い糸）を紡ぎ、衣料を整え、強い兵士を大量に育成せよ。そうすれば、交戦してくる悪い部族の敵は彼方に退散する。神様が下さった広大な田畑を心してしっかり耕作せよ」

裏は「阿蘇火の大神」と読めた。

〝麻を栽培し、それで衣を整えた兵士を育成すれば、攻めてくる悪い部族が退散する〟という解読も驚きだが、前述のように『日文石板』の炭素年代測定結果がすごい。

日本は奈良・飛鳥時代、文教伝来とともに初めて文字をもったことが定説だが、すでに**伊勢神宮で保管されている歴代の著名人によるアヒルクサ文字とトヨクニ文字で書かれた奉納文があるように、20万、30万年前に文字をもっていた**ことになる。

20万、30万年前と言えば、前述した愛媛県大洲市で発見された木炭の製造年代と重なる。従来の歴史では、メソポタミア、エジプト、インダス、黄河が世界の「4大文明」とされ、縄文時代は1万2000年頃から始まったというのが定説だ。しかし、ここで述べた日本の超古代史は、4大文明をはるかに凌駕する。

20万〜30万年前の幣立神宮の日文石板

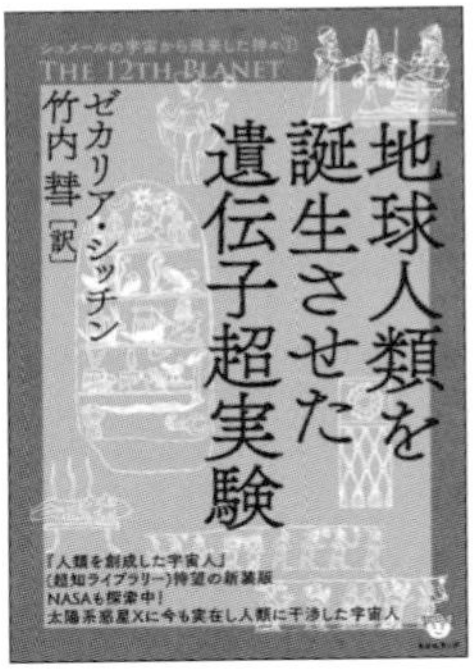
シュメールの宇宙から飛来した神々①
THE 12TH PLANET
ゼカリア・シッチン
竹内 彗［訳］
地球人類を誕生させた遺伝子超実験
『人類を創成した宇宙人』
(超知ライブラリー)待望の新装版
NASAも探索中！
太陽系惑星Xに今も実在し人類に干渉した宇宙人
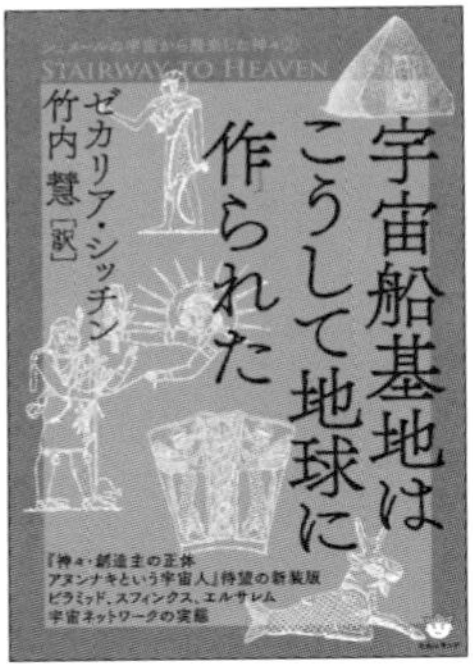
シュメールの宇宙から飛来した神々②
STAIRWAY TO HEAVEN
ゼカリア・シッチン
竹内 慧［訳］
宇宙船基地はこうして地球に作られた
『神々・創造主の正体
アヌンナキという宇宙人』待望の新装版
ピラミッド、スフィンクス、エルサレム
宇宙ネットワークの実態
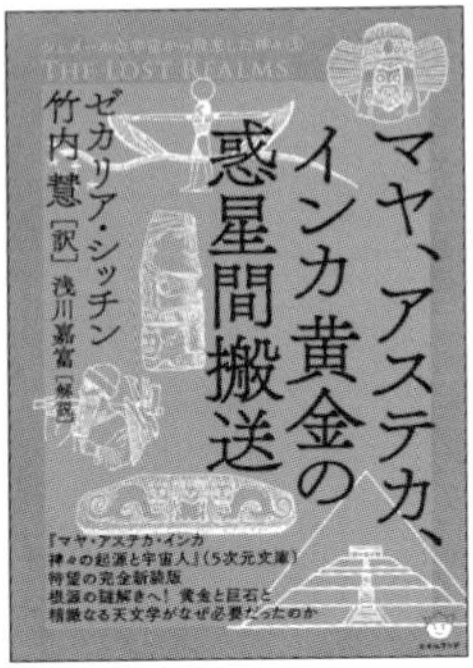
シュメールの宇宙から飛来した神々③
THE LOST REALMS
ゼカリア・シッチン
竹内 慧［訳］ 浅川嘉富［解説］
マヤ、アステカ、インカ黄金の惑星間搬送
『マヤ・アステカ・インカ
神々の起源と宇宙人』(5次元文庫)
待望の完全新装版
根源の謎解きへ！ 黄金と巨石と
精緻なる天文学がなぜ必要だったのか
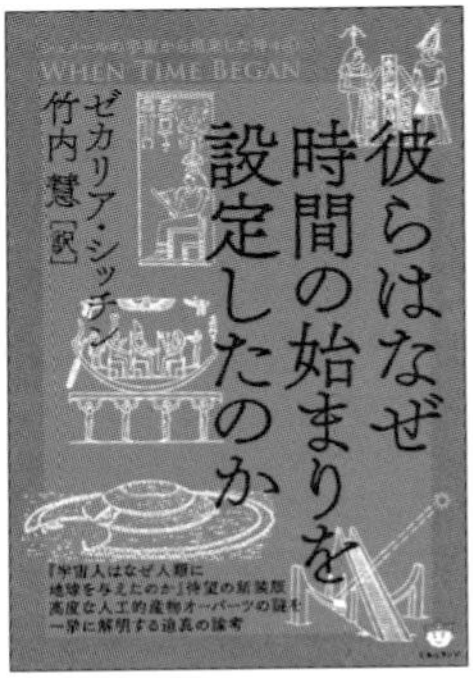
シュメールの宇宙から飛来した神々④
WHEN TIME BEGAN
ゼカリア・シッチン
竹内 慧［訳］
彼らはなぜ時間の始まりを設定したのか
『宇宙人はなぜ人類に
地球を与えたのか』待望の新装版
高度な人工的産物オーパーツの謎を
一挙に解明する迫真の論考

シュメールの宇宙から飛来した神々⑤
DIVINE ENCOUNTERS
ゼカリア・シッチン
竹内 慧［訳］
神々アヌンナキと文明の共同創造の謎
『12番惑星ニビルからやって来た宇宙人』
(5次元文庫)待望の新装版
高度な知と科学による
機械的宇宙文明と聖書の物語のリンク
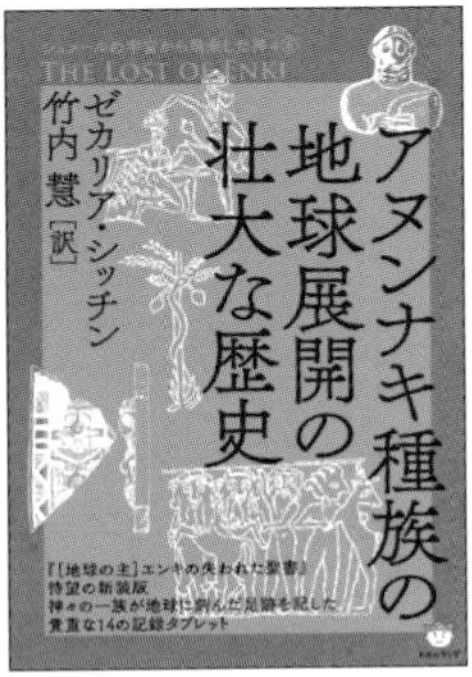
シュメールの宇宙から飛来した神々⑥
THE LOST OF ENKI
ゼカリア・シッチン
竹内 慧［訳］
アヌンナキ種族の地球展開の壮大な歴史
『[地球の主]エンキの失われた聖書』
待望の新装版
神々の一族が地球に刻んだ足跡を記した
貴重な14の記録タブレット

必読！ エンキ、エンリル（エル）等アヌンナキ情報を網羅したシリーズ全６巻。ヒカルランドでは、ゼカリア・シッチンの重要シリーズ全著作をそろえている！

Ⅲ．金星人がアヒルクサ文字を縄文人に授けた

アダムスキーとオムネク・オネクに金星人は計画を託した！

さらに驚嘆するのは、このアヒルクサ文字が、前述したアダムスキーが金星人から授かったという手紙の文字に酷似することだ。

アダムスキーのＵＦＯ遭遇事件は、アダムスキーが撮影したとされる円盤が糸で吊り下げられていたり、窓に円盤を張り付けそれを撮影していることなどが研究家から解析され、インキチと酷評されるようになった。

やがて、アダムスキーの発言は宗教的な発言が多くなり、アダムスキーが作った団体組織から人が離れ、世界から相手にされなくなってしまった。

ところが、この事件の真実性を裏付ける著作が刊行されたのだ。この著者こそ、考古学者であったマルセル・オメ教授だ。

同教授は1949年、人跡未踏の決死のアマゾン川一帯の調査に出向いたのだ。そこには、高さ30m、長さ100m、奥行き80m、花崗岩でできた〝ペドラ・ピンターダ〟（色を塗った岩）と呼ばれる巨岩があった。

ブラジル北部にあるこの巨岩の探査中、豪雨に見舞われ、博士らはやむなく恐怖の一夜を過ごすこととなった。洞窟内に人骨が散乱し、まるで墓場のようだった。見渡すと赤色を塗った平たい石や儀式に使われたような演壇のような岩が数か所ある。その巨岩には、奇妙な文様や図形が刻まれていたのだ。

博士は、後にこれを1万数千年前以上に存在したアトランティスの巨石文明の遺跡の一部と考えた。さらに、この巨岩の隅に発見した石器には不可思議な文様が刻まれているのに気がついた。これを参考までに写し取ってサンパウロに戻ったのだ。

そして、当時、話題となっていたアダムスキーの最初の書『空飛ぶ円盤は着陸した』を読んでみた。ここで博士は、飛び上がらんばかりに仰天した。

自分がペドラ・ピンターダで写し取った文様と図形が、アダムスキーが授かったという金星人の手紙の中に掲載されていたからだ。

当時、アダムスキーは、オメ教授が著した『太陽の息子たち』を盗用した疑いがかけられていた。ところが、アダムスキーの『空飛ぶ円盤は着陸した』が刊行されたのが１９５2年なので、アダムスキーの著作のほうが先だったのだ。したがって、アダムスキーがオメ教授の著作を盗用しようがないのだ。

しかも、ずっと後年、前出のオムネク・オネクはアダムスキーが授かった手紙を解読、世の中に公表した。金星人の手紙には、**「もうじきある者があなた方の世界に入り込み、このメッセージを理解する手助けをするでしょう。それは私たちの1人です。そのときまでこのメッセージは理解されることはありません」**と書かれてあった。

さらに「いずれ地球の土中からこれと同じような文様が発見されるだろう」とも記されていた。まさしくオメ教授が発見した石器に書かれた文様のことだったのだ。したがって、アダムスキーの言うことがすべて嘘かと言えば、そうでもないことが裏付けられるわけだ。

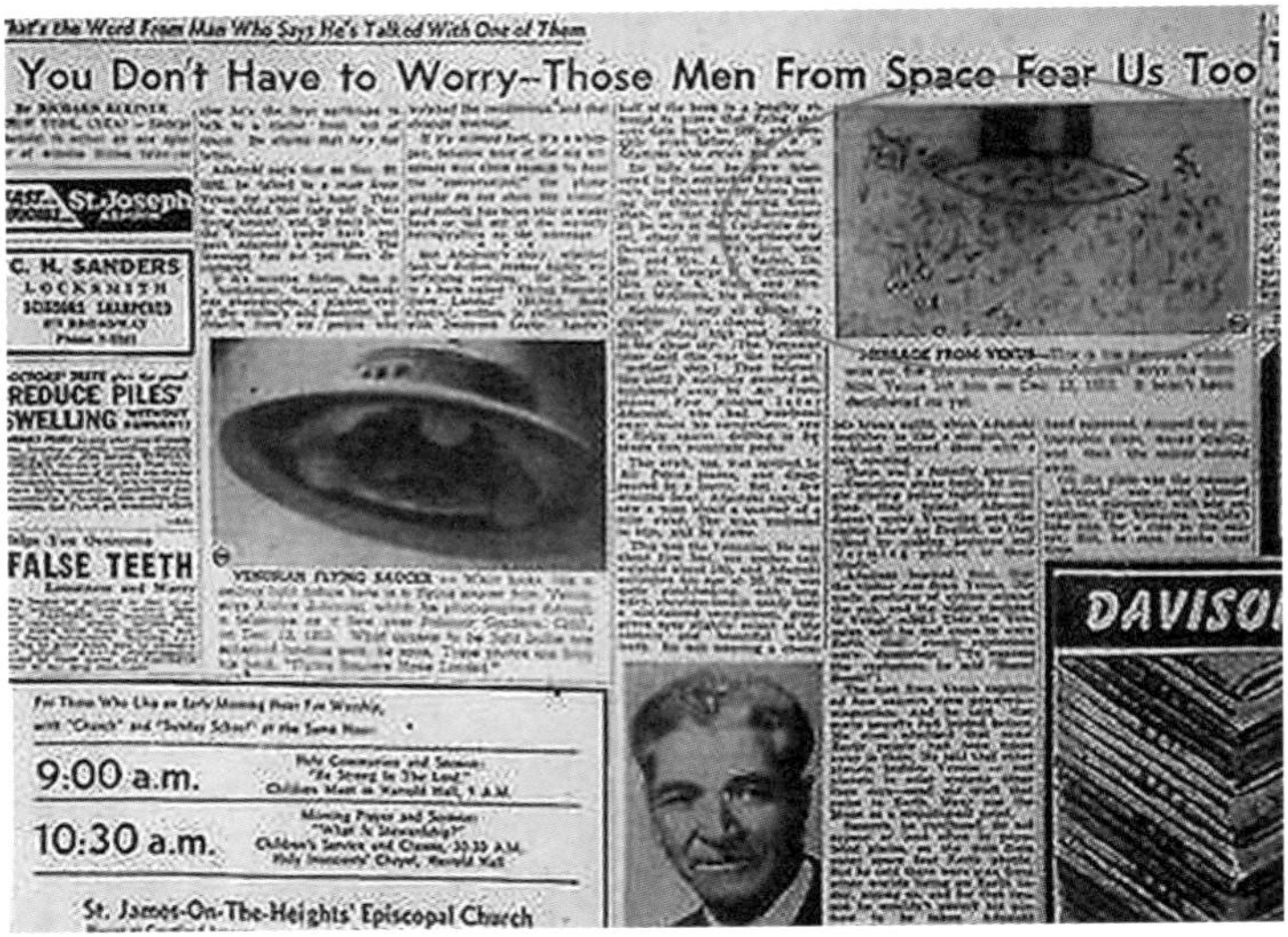

hat's the Word From Man Who Says He's Talked With One of Them

You Don't Have to Worry--Those Men From Space Fear Us Too

St. Joseph

C. H. SANDERS
LOCKSMITH

REDUCE PILES' SWELLING

FALSE TEETH

DAVISO

9:00 a.m.

10:30 a.m.

St. James-On-The-Heights' Episcopal Church

アダムスキー事件は世界に大反響を巻き起こした

マルセル・オメ教授1949年南米ブラジル北部「ペドラ・ピンターダ」（100m×30h）「1万数千年前、アトランティス文明の遺跡である」と発表。

オメ教授は、ブラジルの人跡未踏地で金星人の文字らしきものを発見した

アダムスキーが授かったという金星人の手紙

"金星人オーソン" がアダムスキーに示した "宇宙人の文字"

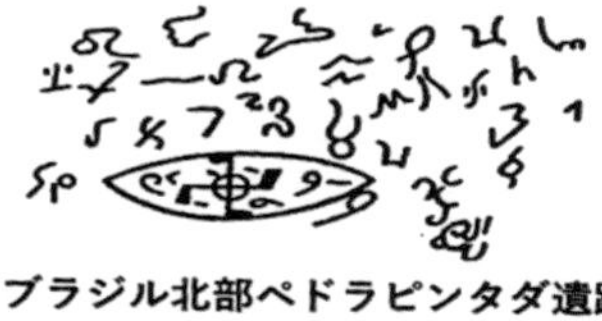

ブラジル北部ペドラピンタダ遺跡

アヒルクサ文字で「イサクとヨセフに船を降ろせる神を見よ！ともにこれを手厚く守れ」と解読できた。

オメ教授が見つけた石器の文様とアダムスキーが金星人から授かった手紙の図形と文字が酷似していた！

ペドラ・ピンタータの黄金板が日本の神代文字で解読できた！

とは言え、前出のアダムスキーが授かったという手紙の文字や図形が、なぜブラジル北部の人跡未踏の洞窟の石器に刻まれた文字や図形と一致しているのか。これが最大の謎であろう。

いくら考えても理解不能だ。金星人オムネク・オネクの解読が真実であるなら、金星人がアダムスキーに与えた手紙に書かれた文字と図形は、1万数千年前、ペドラ・ピンターダの石器に記したことになる。

ところが、これらの謎が一気に解け、この文字を巡ってさらに驚愕的な真相が浮き彫りになってくるのだ。それは日本探検協会の高橋良典会長が、オメ教授が書き記した文字をアヒルクサ文字で解読できたからだ。

これは、**【イサクとヨセフに船を降ろせる神を見よ！　ともに手厚く守れ】**と読めた。

さらに南米エクアドルの200m以上深い地下都市とされる遺跡で発見された『黄金板』の解読に成功したことで明確になってきた。

この地下都市もまた、大きな謎なのだ。インディオの間には、『シャンバラ』と呼ばれる地下都市があり、財宝が眠っていると伝承されていた。そこで、1844年、ペルー政府がこの地下都市探査のため、特別調査団を送り込んだ経緯があった。

ロシアの神秘主義者H・P・ブラバッキー夫人によれば、**ペルーのリマからクスコへ向かう巨大な地下道は、その先ボリビアのティアワナコまで、実に1000㎞以上もアンデスの地下を走っている**というのだ。

はたして、この地下道を誰が、何のために建造したのか。それはアトランティス・ムー文明の時代に建造されたものなのか、それとも金星人であろうか。大きな謎なのだ。

この謎の地下都市で発見された『黄金板』とは、高さ52㎝、幅14㎝、厚さ4㎝の大きさだ。スイスのSF作家デニケンは、宇宙人の文字ではないかと述べていたがまったく誰も解読できなかったのだ。

高橋会長は、この黄金板に関する資料を取り寄せ、解読を試みた。なんとそれが、伊勢神宮に奉納されている日本の神代文字の1つ、イズモ文字で解読できてしまった。

驚嘆したのは高橋会長自身だった。

その意味とは、**【これなる金の板にイサクとヨセフしるす　ここにわがクルの宝あつめしめ　のちの世に伝へて　いしすゑ（礎）たらしめむ　カムイ　ヤハウェをわれらの神とあがめよ】**だった。

なんという解読だろうか！　これは大変な発見と言える。

イサク、ヨセフとは、アブラハムを父とするユダヤ人の祖だ。しかも、カムイとはアイヌ語の神を示し、ヤハウェは古代ユダヤ人の絶対神のことだ。このことが日本の神代文字で解読できてしまった。

しかし、なぜ、ユダヤ人の物語が日本の神代文字で記されていたのかが大きな謎として浮上する。

アダムスキーが授かった手紙の図形がアヒルクサ文字で解読できた

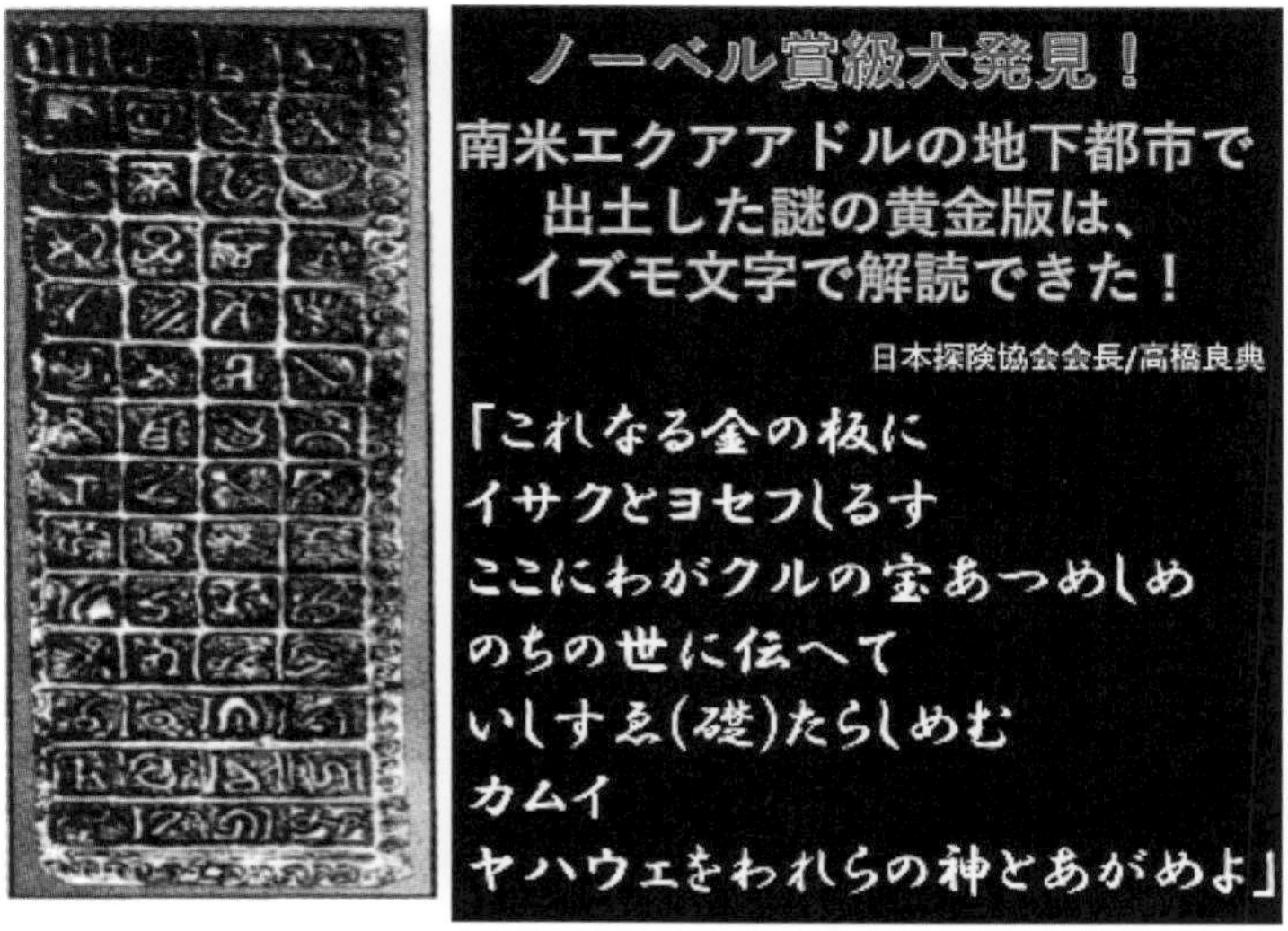

謎の黄金板はイズモ文字で解読できた

『失われた10部族』は、日本および北米、南米に移住した！

前出の吉田会長は、世界にあるペトログラフなどの長年にわたる分析研究の結果、日本語が世界の共通言語だったことを突きとめていた。高橋会長の解読結果の謎は、下記の歴史的事実を考察すると解けてくる。

古代、北イスラエル王朝はＢＣ７２２年、アッシリアの侵入を受けた。イスラエル10部族は捕虜となってしまう。その後、２部族からなるユダ南王朝もＢＣ５８７年、ソロモン王朝の代に滅亡、バビロンに連行されてしまう。その後、帰還を許され故郷に戻った。ユダヤ人とは、ここから派生したわけだ。

ところが、北イスラエル王朝の10部族は歴史から忽然《こつぜん》と消えてしまう。これが世界史上、最大の謎となった『失われた10部族』の伝承なのだ。

実は、時の預言者イザヤが、**【東方の海に囲まれた島々でイスラエルの神を再興せよ】**とユダヤ民族に告げていたことがわかった。この預言に従い、故郷を破壊されたイスラエル10部族は新天地を求め、東へ、東へ波状的に移動。そしてシルクロードを通って中央アジアで牧畜を営み、財を蓄えた。

やがて、西域の弓月国を創ったが、時の支配者、始皇帝に『万里の長城』の使役に酷使された。これが嫌で日本に亡命を求め、朝鮮半島経由で10万人から20万人もの人々が集団で移住していたことがわかった。これが後の秦氏だ。

当時、日本の天皇は応神天皇であった。やがて、秦川勝は最強の豪族となり、聖徳太子を助けたことが史実で明らかとなっている。日本の神社の8割は秦氏が創建したとされる。八坂神社、稲荷神社などはみなそうだ。このことが『日本書紀』や『古事記』に記されている。京都の太秦とは、まさに彼らの拠点だったらしい。

初見で「太秦」と書いてウズマサと読める人は誰もいないだろう。彼らが日本に入ってイエス・キリストの呼び名が、イシュ・メシア、ウジュ・マシャ、ウズマサと変化したとされる。ユダヤ研究で著名なヨセフ・アイデルバーグによれば、八坂とは日本語では何の意味か不明だが「イヤッサカ」となれば、ヘブライ語で「神が栄える」の意で意味が成立する。大和も何の意味か不明だが、「ヤーウマトウ」となれば、へ

BC722年、アッシリアに攻められ、北イスラエル王朝が滅亡、バビロンに連れていかれ捕囚となった（バビロン捕囚）

「失われた10部族」は、世界史から消え、「東方の海に囲まれた島々でイスラエルの神を再興せよ」（イザヤ書）に従い、東に向かった。

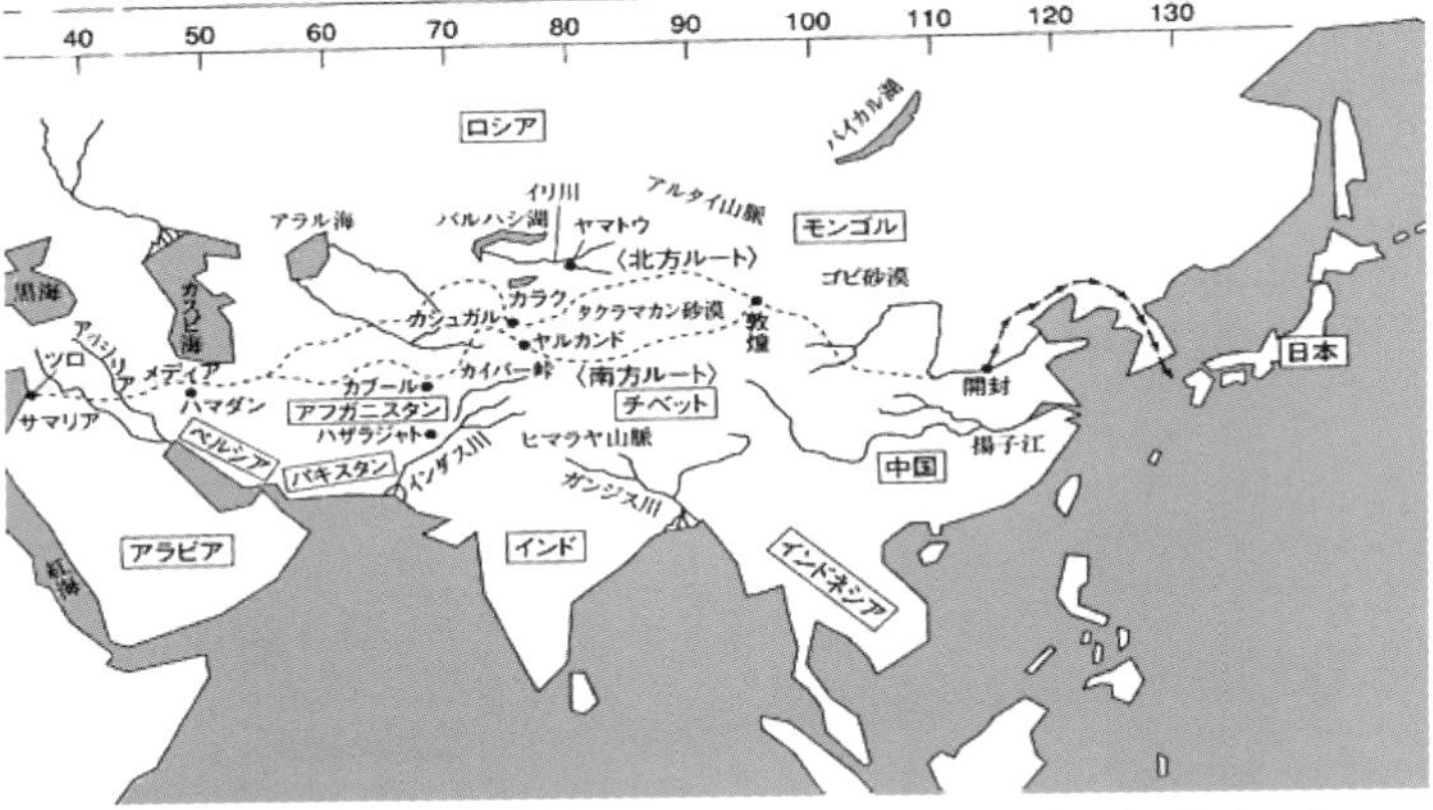

滅亡後、イスラエル10部族は東へ東へ、流浪の民となったことがわかった

ユダヤ12部族

3　ゼブルン	2　イッサカル	1　ユダ
エメラルド	トパーズ	ルビー(赤めのう)
בָּרֶקֶת	פִּטְדָה	אֹדֶם
6　ガド	5　シメオン	4　ルベン
ダイヤモンド	サファイヤ	トルコ玉
יָהֲלֹם	סַפִּיר	נֹפֶךְ
9　ベニヤミン	8　マナセ	7　エフライム
紫水晶	めのう	ヒヤシンス石(オパール)
אַחְלָמָה	שְׁבוֹ	לֶשֶׁם
12　ナフタリ	11　アシェル	10　ダン
碧玉	しまめのう	緑柱石(藍玉)
יָשְׁפֵה	שֹׁהַם	תַּרְשִׁישׁ

北イスラエル王朝と南ユダ王朝に分裂した

ブライ語で「神の人々」の意となり、これも意味が通じる。事実、秦氏の故郷、弓月国には「ヤマトウ」という地名がある。彼らはそれにちなんで、奈良や京都を「ヤマトウ」と呼んだのではないかということだ。

「大和」、または「倭」とは、当て字だったわけだ。また、イナリはＩＮＲＩ（ユダヤ人の王、ナザレのイエスと訳されるラテン語の略）であることも明らかにしている。

イザヤの預言、〝東方の海に

囲まれた島々〟とは、実に日本だったわけだ。その一部はベーリング地峡からアラスカを経由、アメリカ大陸にも渡ったことがユダヤの調査機関『アミシャーブ』の追跡でも判明している。

世紀の大発見！　兵庫県山中に巨大地上絵が造形されていた！

古代イスラエルの民は、日本に波状的にやって来たらしい。陸路と海路を使って東へ、東へ向かった。陸路はシルクロードを過ぎたあたりで北方ルートと南方ルートに分かれ、敦煌で合流。ここまでは実に苦しい道のりだった。そして再度東へ、開封を経てやがて朝鮮半島に入った。ここから船に乗って、丹後半島に入り、『海に囲まれた島々』に辿り着くことができた。秦氏はこのルートを辿ったようだ。

やがて、そこから現在の兵庫県に入り、朝来《あさご》市から神崎郡神河町に達した人々もいた。なぜ、このことをつかんだかと言えば、この〝埴岡の里〟と呼ばれる静かな山岳地帯に巨大な『地上絵』を発見したからだ。

地上絵と言えば、ペルーの地上絵が世界的に有名だが、ここでの地上絵は、山の上に山を造るという、大事業だった。これこそ、世界史上の最大の大発見だ！

『失われた10部族』の行方は近年まで謎だったが、アミシャーブというユダヤ系組織が世界的に探査を進め、その行方を突きとめたことは前述した。しかし、世界を探査しても、10部族がこれほど壮大な事業となる遺構、または遺跡を遺している類例は他にないはずだ。

この**巨大地上絵は、実に不思議なことに伊勢神宮を起点に一本のライン上に朝来市生野を終点にした。**しかも次頁図のように**十字架の交点にエジプトの女神『ハトホル』を置き、千ケ峰に『魚』、神崎郡神河町には『鶴と亀』、生野町の段ケ峰には『玄武』（龍と亀）を造形するという、壮大なもの**なのだ。

これをGoogle Earth上から発見したのが建築家・上森三郎氏だった。筆者は、彼を取材、長期にわたる現地取材を敢行、世に発表した著作こそ、『世界文明の「起源は日本」だった』（ヒカルランド）なのだ。これは命がけの歴史に残る渾身ドキュメントなので、ぜひお読みいただきたい。

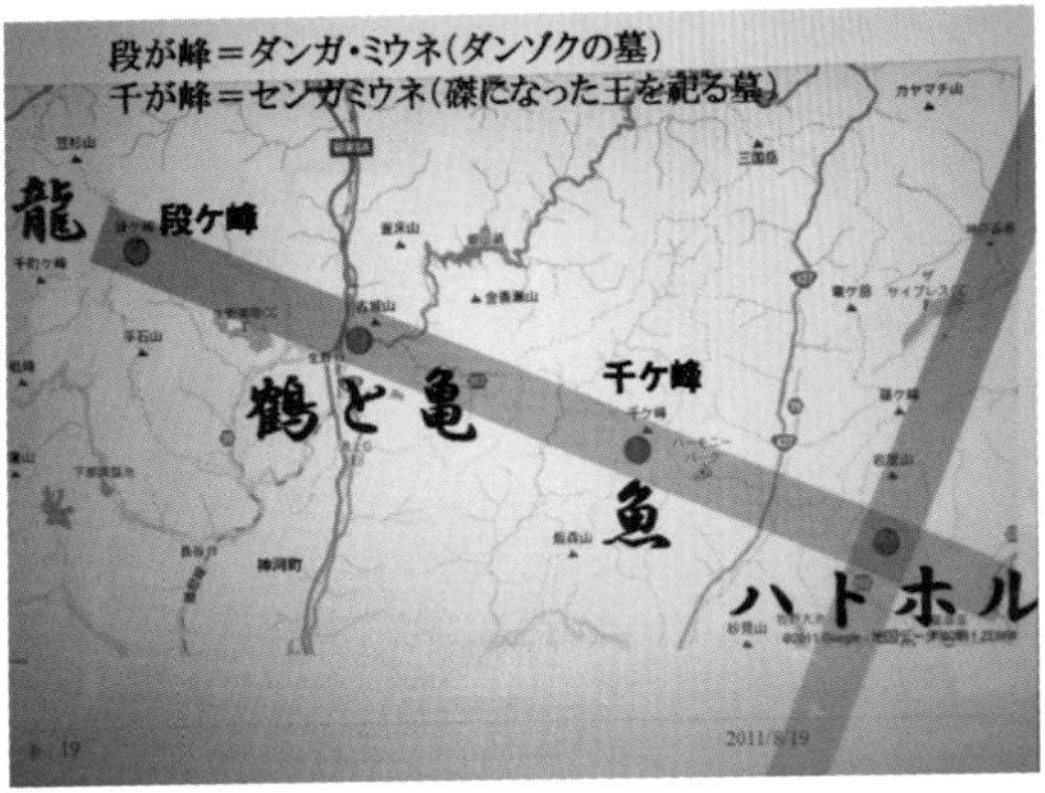

段が峰＝ダンガ・ミウネ（ダンゾクの墓）
千が峰＝センガミウネ（磔になった王を祀る墓）
龍
段ケ峰
鶴と亀
千ケ峰
魚
ハトホル
2011/8/19

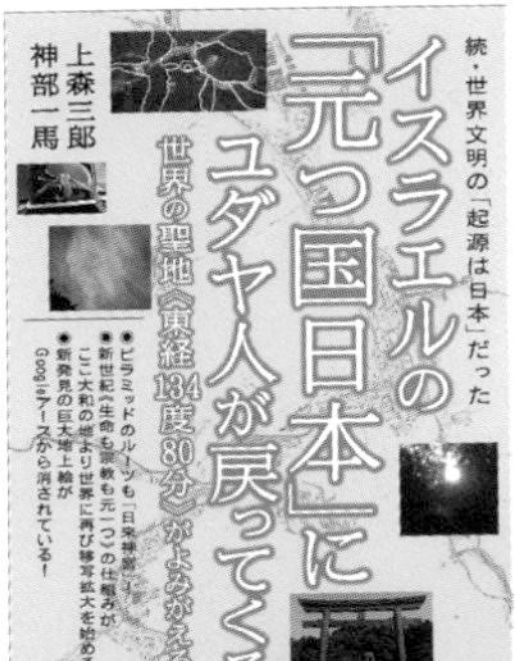

続・世界文明の「起源は日本」だった
イスラエルの「元つ国日本」にユダヤ人が戻ってくる
世界の聖地《東経134度80分》がよみがえる！
上森三郎
神部一馬
●ピラミッドのルーツも「日呉神宮」！
●新世紀〈生命も宗教も元一つ〉の仕組みがここ大和の地より世界に再び稼写拡大を始める―
●新発見の巨大地上絵がGoogleアースから消されている！

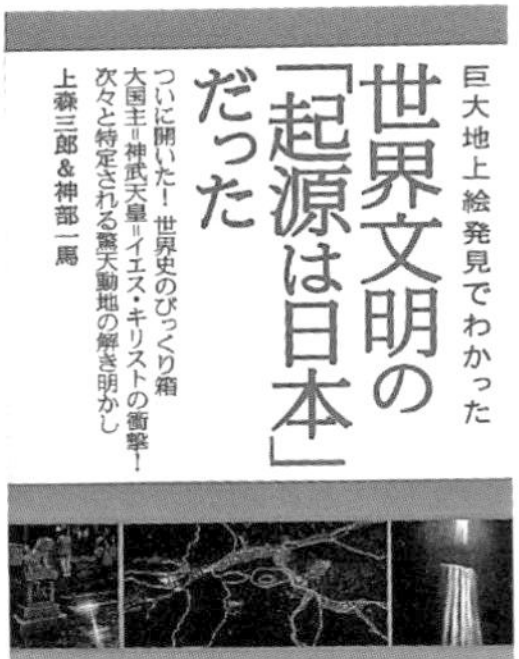

巨大地上絵発見でわかった
世界文明の「起源は日本」だった
ついに開いた！ 世界史のびっくり箱
大国主＝神武天皇＝イエス・キリストの衝撃！
次々と特定される驚天動地の解き明かし
上森三郎＆神部一馬
人類変容を促す世紀の大スクープ!!

実は、これを書き著したことは白人ユダヤ組織には大変、不都合だったらしい。後に彼らはＣＩＡを通じて Google Earth 上にシールドを張り、この証拠を見えにくくした。

この謀略の他、筆者にはもっと恐ろしい工作が進められていたのだが、それは記せない。地元の神崎町や生野町の人々にこの歴史的大発見を伝えても、残念ながら、響いてこない。地方新聞や考古学者にとっては世界的なトピックスなのだが、あまりに壮大な話なので、彼らの理解力が及ばないようだ。もしかすると、巨大な力が働いている可能性もある。

この**大事業こそは、『失われたイスラエル10部族』が、『海に囲まれた島々』にやって来た証拠を残すためのものであった**のだ。筆者らは、Google Earth で確認した巨大地上絵と現地での探索、そしてドローンを使っての撮影を敢行、この地上絵の存在を確認したのだ。

この巨大地上絵を誰が、どうやって造ったのか、世界史上最大の謎と言えるのだ。やがて、世界を支配する闇の勢力が駆逐されたなら、『巨大地上絵』の存在は、世界

モーゼが紅海を割ってエジプトを脱出した（引用／映画『十戒』）

に発信され、この地は世界の聖地になるはずだ。この他、この〝墳岡の里〟には、不思議なスポットが無数にある。

筆者は、兵庫県丹波市山南町五カ野の山に造られた人の顔に注目した。この人の顔こそ、実にエジプトの女神『ハトホル』に酷似していることに気がついた。

この『ハトホル』こそ、謎の建造者を解き明かす最大のヒントとなった。『ハトホル』とは、エジプトの女神である。

古代イスラエルの民は、エジプトで40年もの長い間、奴隷となっていた史実がある。となれば、ここで生まれ、死ぬまで奴隷扱いされた民がほとんどだ。

エジプトの女神・ハトホルが丹後市山
中に造形されていた！

モーゼに救われた民は、日本に集団移住し、その痕跡を兵庫県の山中に遺した

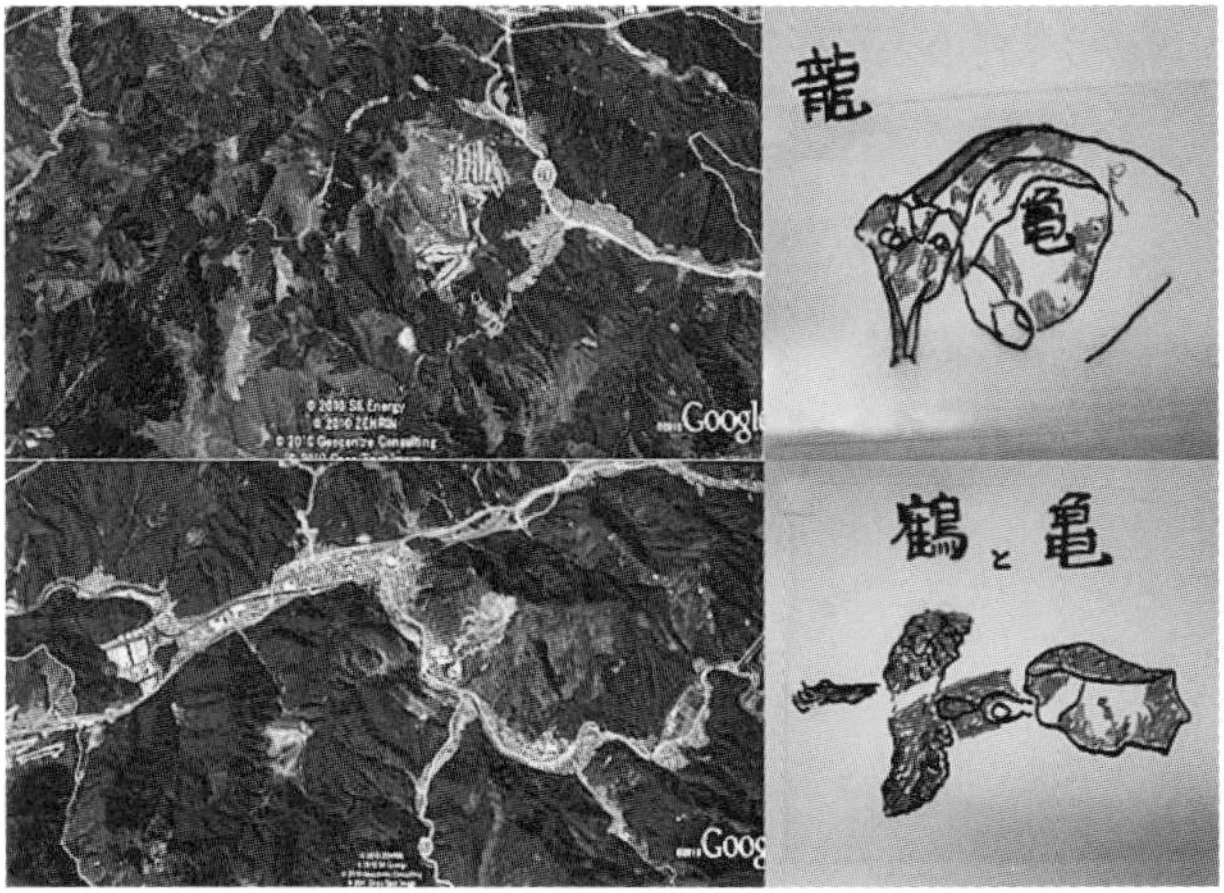
龍
亀
鶴と亀

朝来市生野町にある「鶴と亀」の巨大地上絵

そこで、神は救世主モーゼを遣わし、脱出を試みた。ところが紅海の前で行き詰まってしまった。ここでモーゼは、神に祈って紅海を割って、約束の地カナンに脱出することができたのだ。

このことが『旧約聖書』の創世記「出エジプト」に書かれている。したがって、400年もの長きにわたって奴隷になっていたイスラエル人にとってもエジプト同様、ハトホルは女神だったに違いないのだ。

そこで、五ケ野町の山上に自分たちの女神『ハトホル』を造形したと考えられるのだ。朝来市生野町にある、巨大地上絵である『鶴と亀』は全長2㎞にも及ぶ。

残念ながら、世界史に残る遺跡があるというのに、地元ではゴルフ場を造ってしまっている。兵庫県では、ここを保存地区にしないと、せっかくの遺跡が破壊されてしまう。

ガド族は海路、300人乗り6艘で日本へ向かった!?

もう１つ、海路を通ったルートだ。これも船で紅海を抜け、陸地に沿ったインド洋を迂回《うかい》、そして、シンガポールのホルムズ海峡を抜けた。ここから台湾、フィリピン諸島の間から親潮に乗って東シナ海に達したのだ。

このとき、１艘に３００人が乗船、６艘、合計１８００人で東へ向かったらしいのだ。このコースを世界で知る人は皆無。

実は、筆者は偶然、巨大地上絵の取材で、〝埴岡の里〟に造形される円形ドームの古墳の探査中に卑弥呼らしき霊を見たという人物を取材することができたのだ。

この人物こそ、30年以上もＮＨＫや民放で番組を制作するフリー報道カメラマンの末長辰雄氏だった。同氏は、紫色のドレスを纏う卑弥呼の霊を見たように霊動が開いているのだ。

上森三郎氏の講演会にこの紫色の女性の霊が現れ、大騒ぎになったことがあった。

末長氏は、自分が古代イスラエルのガド族の隊長だった頃のビジョンが見えてしまった。なぜか、船で日本に向かったのは２６００年前のことで、１年半もかかったという。船は木造だが、つなぎ目は合金でできていたという。

「一番大変なのは、嵐もそうですが、１８００人の食料の調達でした。ですから、１日１食もあれば、食べないときもありました。南洋の島々でバナナやパパイヤ、パイナップルなどの果物を一杯、積載。魚は甲板で干し、保存食にしていました。そして、１年半かかって九州に上陸したのです。当時、瀬戸内海はありませんでした」とのことだ。

10部族の中で任務は部族ごとに分担され、ガド族は守備隊だった。一緒に乗船したのがレビ族だった。レビ族は、祭祀や神事を担っていた。やがて、日本に永住を決めた彼らは、天皇家の神官を務め、物部氏や忌部氏の祖となったわけだ。

末長氏の証言では、「当時の王朝は、ウガヤフキアエズ朝でここの役人に挨拶、九州を迂回し、大きな川が流入する、現在の吉野川から内陸に入り、白い玉砂利が敷かれ、迂回する河口から陸地に入るよう促されたのです。

船には、エルサレムでは何も聞かされませんでしたが、とても大事なものを運んできたのです」という。

やがて、白い玉砂利が敷かれている吉野川の支流（現・徳島県の神山町）に辿り着いた。ここで船を着けた場所に大きな印を遺したという。

「実際、数年前、徳島の現地を訪れましたが、吉野川支流がカーブする場所に船盡《ふなはて》神社というのが建造されていたのです。もうびっくりしました。

私たちは、イスラエルから果物の種なども持参し、これを植え、焼き畑農法も現地の人々に教えたのです。**ここから一番高く聳《そび》える山、剣山に向かい、大事なものをレビ族に渡し、後は彼らに任せた**のです」

末長氏の証言を裏付けるようにこの東祖谷《ひがしいや》地方には、「2700年前、ソロモン王の秘宝をユダヤ人が埋めた」との伝承が残っている。

古代イスラエル人ガド族・レビ族は徳島で先住民と混血した!

さあ、これが、末長氏がビジョンで見た概略だ。筆者も徳島の神山町を訪れ、問題の神社には、『船盡比賣神社』と刻まれていた。

神社に船が着いた（盡・尽）という意味の神社などあるはずがない。また、細長い石碑が立っており、この文字はトヨクニ文字である。

この地では、珍しい果物の種類が多いという。末長氏が現地の人に教えたという、焼き畑農法は、鳴門高校の教師が中心となって世界遺産に申請する準備を進めていることがわかった。地元、徳島では先祖がユダヤ人であると口々に伝承される家系も少なくないという。木屋平集落の三木家では、伝統的に麻を栽培、天皇家に「麁服《あら》」と呼ばれる大嘗祭に着用する衣服を奉納していることで知られる。

日本政府はGHQの占領政策に従い、麻の栽培を禁じた。天皇が麻の衣服を着用するように、もともと日本は麻を使う文化を有していたのだ。衣服といい、麻の実といい、葉はモルヒネ以上の鎮静効果がある。また、燃料にもなり、まったく捨てる部位がない。これを『大麻栽培禁止法』で縛り、米国が利権を握る石油産業を広げる謀略に乗り、愚かなことに封じ込んでしまったのだ。

戦後70数年たった今、いまだに植民地同様に米国に追従している。これを早急に止め、日本の伝統文化を復権させるべきである。

三木家は特別な家柄と言える。つまり、三木家は祭祀、神事を担うレビ族の末裔ということになる。筆者の知り合いの元木氏は、メディア系で働き、徳島出身だ。彼から、「徳島にはユダヤ人が先祖という家柄が多く、元木もそう。三木家よりも元の木、元木のほうが格が高い」と聞いたことがある。実際、彼の容貌は眉が太く、髪は真っ黒。まさに神官のように見える。

地元、**剣山で7月17日、京都で祇園祭の神輿渡御が始まる日、神輿を山頂まで運ぶお祭りが営まれている。祇園とは、シオン（神の地のヘブライ語）である。**この日、ノアの箱舟がアララト山に漂着した日でもある。祇園祭の山車には、なぜか砂漠を進むラクダが描かれている。これは明らかに古代イスラエルの民が東方に旅した由来を表しているのだろう。

エルサレムから運んだ大事なものとは、モーゼの黄金の『契約の箱アーク』、または『聖櫃』に間違いないだろう。

イスラエルでは、現在もこの消えた黄金の『契約の箱アーク』を必死に探し求めており、世界の神宝なのだ。ハリウッド映画『レイダース　失われたアーク《聖櫃》』

東祖山地方では、「2700年前、古代ユダヤ人がソロモン王の秘宝が埋めた」との伝説が残っている。
7月17日、アララト山にノアの箱船が漂着した日、剣山の頂上に御輿を運ぶお祭りが行われる。

剣山には『聖櫃アーク』が持ち込まれた伝承がある

船盡比賣神社

吉野川の支流に『船盡比賣神社』があった

失われた10部族は、エルサレムの地形に似た祖谷地区を聖地とし、ここに骨を埋めた人々も存在した。

徳島の祖谷地方に多くのユダヤ人が移住した伝承が残る

は、このアークを探し求める冒険だ。ハリウッドは、世界最大の前方後円墳『仁徳陵』は、アークに収められた〝マナの壺〟と判断、この墓でのロケを計画したが、皇室から刎《は》ねられた話は映画ファンの間ではよく知られる。

実は、筆者がつづった『世界文明の「起源は日本」だった』は、イスラエルでもすでに読まれており、元駐日大使エリ・コーヘン氏も何度も来日、２０１８年、徳島の剣山に登り、何か秘宝を持ち去ったらしい。もしかすると、これが大きな鍵を握る宝物の可能性が高い。これはぜひとも、イスラエル政府に返還を申し出るべきである。

もう、これで末長辰雄氏が見たビジョンは妄想・または嘘デタラメではないことに納得がゆくのではないだろうか（２０１９年10月20日、末長辰雄氏が永眠されました。ご冥福をお祈り致します）。

ユダヤ人は日本の神代文字を使っていた！

前出の衝撃の真相を公表した高橋会長の黄金板や、ペドラ・ピンターダで見つかっ

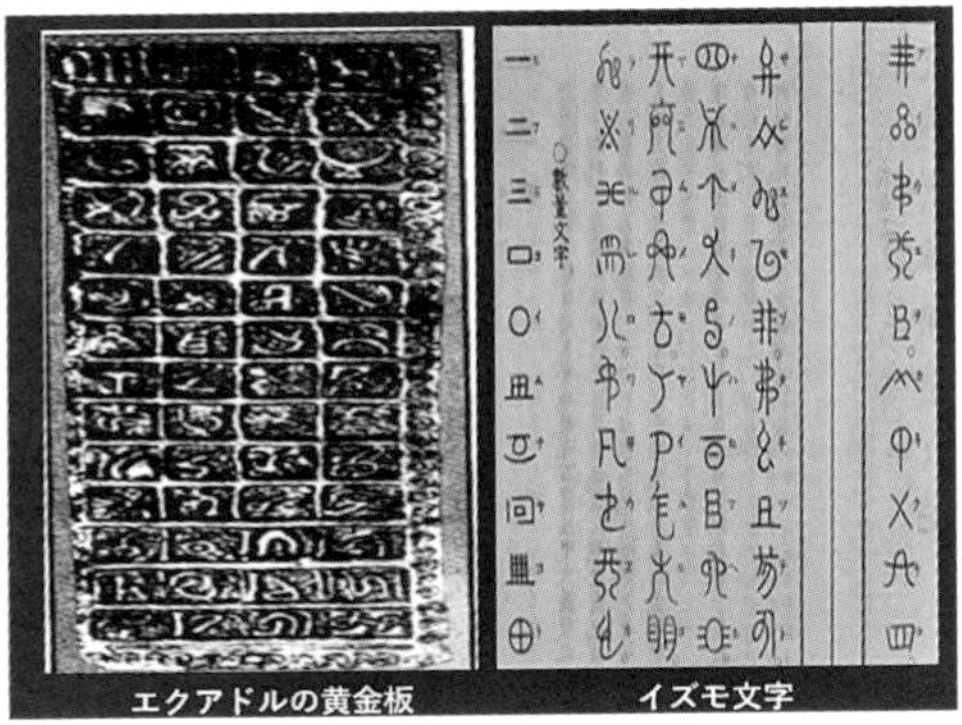

南米地下で発見された黄金板がイズモ文字で解読できた!

た石器の文字の解読結果から、かつてユダヤ人は日本の神代文字を使っていたとは考えられないだろうか。徳島に移住したガド族・レビ族はトヨクニ文字を使っていたと思われる。

滅亡した古代ユダヤ人はイザヤの預言に従い、東方を目指したのは前述したとおり。その一部は日本を越え、北米から南米にまで移住した。そこで、〝我々の神は、ヤハウェである〟と黄金板に刻んだ。

こう考えると、黄金板に記された謎の解読結果に筋が通ってくる。このことを1万数千年前、南米に降り立った金星人が熟知していたことになる。

むろん、ユダヤ人が使うヘブライ語は、神代文字が広く浸透した後、普及した文字ではないだろうか。

日本の神代文字は、古代ユダヤだけでなく、インダス文明のモヘンジョダロの建物には、トヨクニ文字で「ユニコーンカムイ」と読めた。さらに〝像の洞窟〟の入り口付近では、アヒルクサ文字とトヨクニ文字で「…マツラバヤ」と記されていた。

また、最古の文字とされる殷の甲骨文字は、アヒルクサ文字との類似が44種類ほど見つかった。このことから、アヒルクサ文字の楷書が甲骨文字であると高橋会長は結論付けた。このようにアヒルクサ文字とトヨクニ文字などの神代文字は、中国、インド、エジプト、イスラエル、アフリカなど、世界各地の遺跡から発見されているのだ。

熊本芦北地方には30万年前の遺跡が残っている！

愛媛や熊本の山中には、実に多くの謎の線刻文字やペトログラフなどが発見されている。熊本の芦北地方の山中には巨岩がくり抜かれた遺跡がごろごろ散見する。

前出の日本ペトログラフ協会の吉田信啓会長に生前、お会いし、このことを尋ねたことがあった。

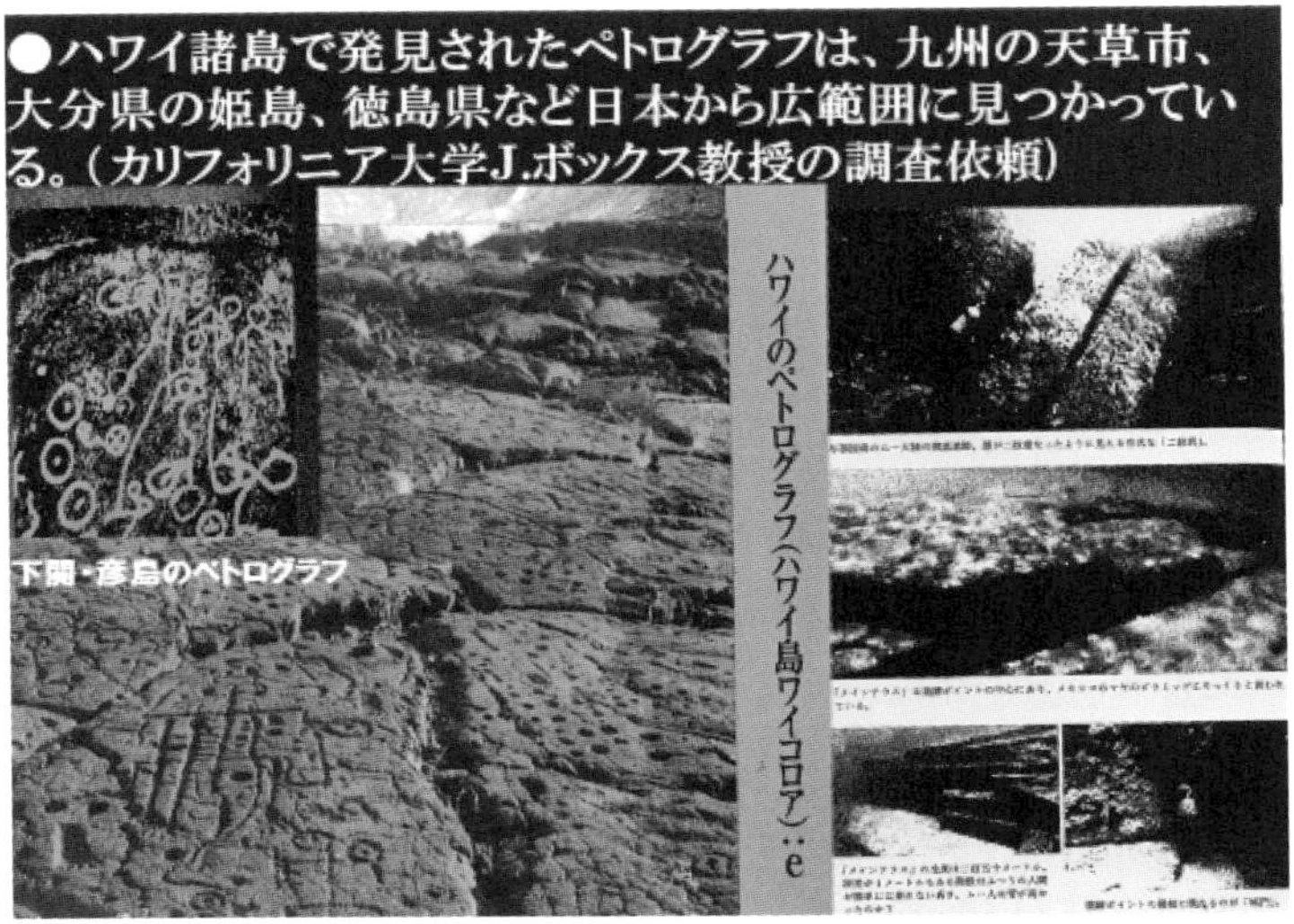
●ハワイ諸島で発見されたペトログラフは、九州の天草市、大分県の姫島、徳島県など日本から広範囲に見つかっている。（カリフォリニア大学J.ボックス教授の調査依頼）
下関・彦島のペトログラフ
ハワイのペトログラフ（ハワイ島ワイコロア）：e

ハワイ諸島には九州、四国から見つかったのと同じペトログラフが見つかった

●「歴史はシュメール文明から始まった」・・・・・5千年前
●四代文明/メソポタミア・エジプト・中国・インダス文明・・・6500年前
●縄文文化・・・・・・・・・・・・・・・・・・・・・1万5000年以上前
熊本の宇土半島を拠点する曽畑海洋民の存在ー日本海、東シナ海、太平洋沿岸、ベーリング海、北米、ハワイ、南米エクアドル、イースター島まで神代文字を伝えた。
◎北米アリゾナ州・・・アナサチ（穴幸）族-ズニ（安雲）、ホピ（蛇）、アパッチ（天晴）、ユマ（夢）、ハヤト（隼人）、サク（佐久）族ー「6500年前、大量のモンゴロイドが北米にベーリング経由で流入した」（レ・クイナー教授）
◎イースター島（ラパ・ヌイ伝説・・・ホツマツア船団が王国を形成）
◎ハワイ（メネフネ族・・・ムウ族、ワ族、ワオウ族、「太平洋の西からやって来た海洋民」の伝承。

米大陸のインディアンの語彙には九州北部の方言と共通するものが少なくない

同会長は「芦北地方の遺跡はおよそ30万年前のものでしょう」と語られた。

また、この地区には曽畑縄文人、または曽畑海洋民が住んでおり、1万2000年前頃、日本列島を北上し、ベーリング地峡を経由、北米に渡ったグループがいた。

さらに船でハワイ、イースター島を経由、南米に渡ったグループもいたことを話された。このことが、前述した科学誌『サイエンス』で掲載されたわけだ。

この曽畑縄文人が使った線刻文字やペトログラフが北米、南米のいたるところで散見されたからだ。ハワイ島にはメネフネ族という小人族がいて、ワ（倭）、ワオウ（倭王）という部族がいたらしい。まさに日本語に近いではないか。

1万2000年以上前、阿蘇山噴火で曽畑縄文人は新天地に旅立った！

先史時代、およそ1万2000年から1万5000年前頃、なぜ、曽畑縄文人が海外に進出したのかが筆者には謎だった。しかし、入手した『出雲風土記』を調べたら、この謎が解けた。

どうもポールシフトによる地殻大変動によって、阿蘇山が大噴火を起こしたようなのだ。この火山灰が北海道にも達したことがわかった。阿蘇山の高さは1万5000m。この山が崩壊し、巨大なカルデラが誕生したわけだ。

これで空は真っ暗、一年中曇天だったようなのだ。それで止むにやまれず、曽畑縄文人は新天地を求め、旅立った可能性が濃厚だ。

〝縄文人は文字をもっていない。文字をもったのは飛鳥時代、中国から仏教の伝来とともに漢字を習い、文化が発達した〟との定説がアカディズムで主流だ。

とんでもない。文科省、あるいは東大や京大出の教授らは、伊勢神宮に代々保管されてきた稗田阿礼、菅原道真、太安万侶ら、歴代著名人の奉納文を観察、分析したのだろうか。日本の古代では、アヒルクサ文字、またはトヨクニ文字を多用、この文字が世界各地で見つかっているのだ。これは世界各地に日本古代の縄文文明が広がった証拠であろう。

伊勢神宮に奉られている奉納文について、昭和天皇は書聖とされる安藤妍雪《けんせつ》氏に模写を依頼、分析を願い出ていたのだ。筆者は彼女にもお会いしたが、神代文字を模写

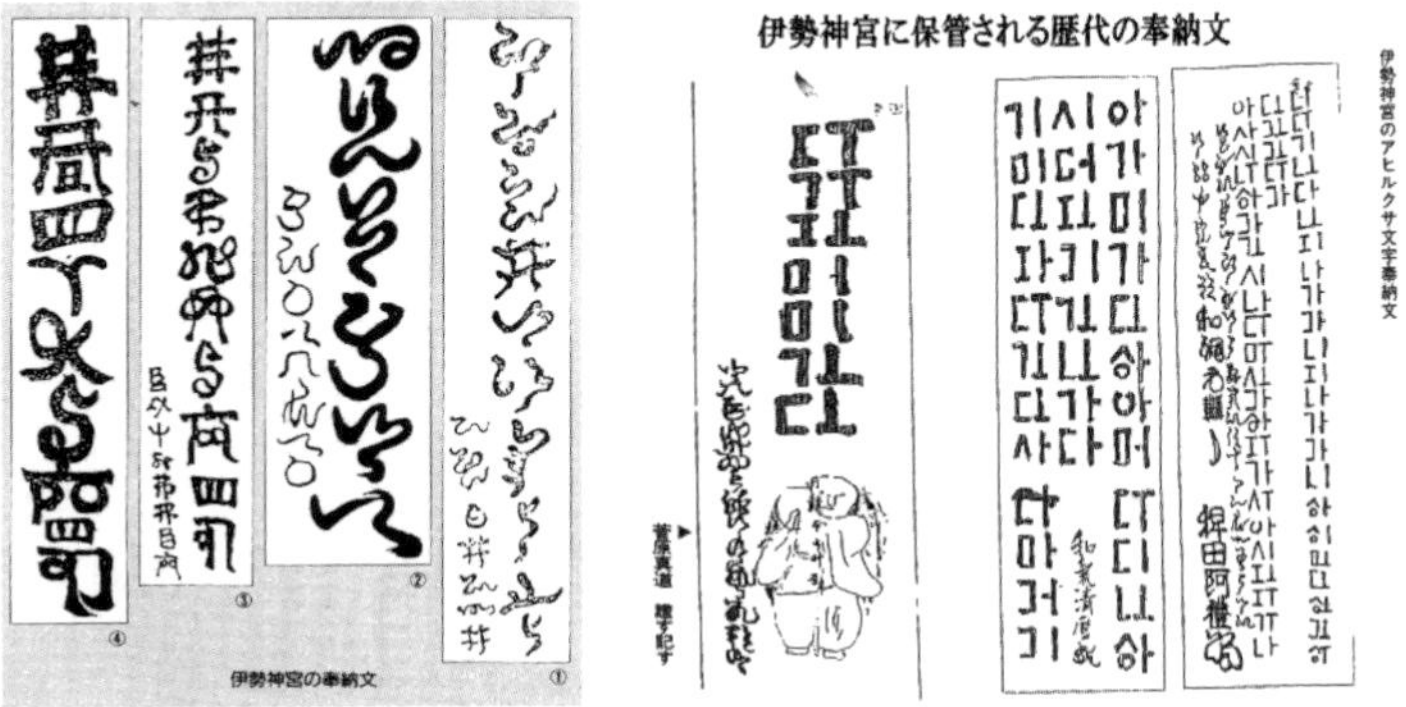

代々、伊勢神宮が祀っている、世界に冠たる歴代の著名人奉納文を偽書にしてはならない

するうち、言霊力が伝搬、霊道が開けたご様子だった。

超古代には、アヒルクサ文字やトヨクニ文字のほか、ヲシテ文字、カタカムナ文字など、神代文字と呼ばれる文字が無数にある。おそらく神武王朝以前、無数の古代王朝で使われた文字であろう。

いまだに定説にしがみつき、嘘の歴史を教え込んでいる文科省は、即刻、日本の財産を掘り起こし、正しい史実を評価すべきであろう。いったい誰に忖度しているのか。

中でも前出の伊勢神宮に保管されている奉納文に多いアヒルクサ文字が、ＵＦＯコンタクティとして著名なアダムスキーが金星人オーソンから授かったという手紙の文字に酷似していたのだ。

前述した『日文石板』が、アヒルクサ文字で読め、アダムスキーが金星人から入手した文字と酷似するということは、**古代、縄文以前の超古代日本人、または五色人たちは金星人から授けられた文字を世界に広げた**ということにはならないだろうか。

第3章

ブルーエビアンズが
日本に出現した⁉

I．日本人は脳内の『松果体』が劣化している

夜半、部屋に恐竜型宇宙人が現れた！

２０１８年9月の夜半、所沢に住む気功家の山寺雄二氏は、自宅で就寝中だった。夜中の2時頃だろうか。ふと目が覚めた。

頭付近で奇妙なラジオの周波数のような音がした。うん？　何やら、時空が歪《ゆが》んで見える。体が金縛りにあったように動かないではないか。どうしたのだろう？

すると、空間がパカン！　と割れた。

「足元を見たら、60から70㎝ほどの恐竜型生物っぽいのが動いているのです。それが頭のほうに来て、２枚ある舌で目の中をペロペロ舐められたのです。顔もはっきり覚

こんな恐竜型宇宙人だろうか

えています。

宇宙服のようなものは着ていませんでした。この感触は今でも残っています」

山寺氏に恐怖感はなかった。その同じ姿を妻も目撃、唸《うな》りながら頸《くび》を翳《かじ》られているように見えた。その生物と視線が合ったということを朝、聞かされた。夢ではないことを確認できた。この体験を日本サイ学会で出会った、超能力研究家として著名な秋山眞人氏に話したら、それは恐竜型宇宙人で、「ＤＮＡを変換したのではないか」と言われた。

その後、どのような変化が山寺氏に起こったか。

「もともと30年ほど前から、気功ヒーリングをやっていましたが、人の体に触った瞬間、丹田を通じてその人に必要なビジョンが見えるようになったのです。

その後、〝人と人をつなぐ存在になりなさい〟〝すべては物質ではなく、意識であるので、思いが現実を創ることを伝えなさい〟〝物事は難しく考えないで、単純に考えなさい〟というようなメッセージを受けたのです。

私の気を受けることで、その人が覚醒、意識が進化してゆくのかもしれません。ですから、今は30秒でできる気功法を指導しています」とのことだ。

話はここから佳境に入る。今度は部屋の中に窓がある小型UFOが出現、サーチライトが虹色のようにグルグル輝いていた。すると両脇からアームのようなものが伸び、頭にインプラントのようなものが差し込まれた。

「これも朝、起きたら頭と肩のあたりに痛みが残っており、徐々に記憶が消されてゆく感じがしたのです。次の日、またもや小型UFOが出現、〝何しに来たのか？〟と意識したら、〝回収してゆく〟とテレパシーで告げてきたのです」

およそ、信じられない話だ。

野田市の読者から送付されたベランダに出現した葉巻型 UFO の画像

彼らは別次元を旅しているので、ＵＦＯが部屋の中に出現することも起こり得る。

上の画像は、読者から送られてきたものだ。ベランダに葉巻型ＵＦＯが出現しているのがわかる。彼らは多次元世界の住人なので、狭いベランダに顕現が可能なのだ。多次元世界では３次元世界では考えられない現象が起こるのだ。

未来人が〝ケイヤクシナサイ〟と告げてきた！

今度は未来人と名乗る謎の人物が山寺氏の部屋に出現した。

「部屋の中がグワングワン鳴りだし、黄金の人型が出現、頭の中に〝ケイヤクシナサイ！〟と響き、〝夢の中でビジョンを見せよう！〟と告げてきたのです。

実際、ニュージーランドで数十頭の鯨が座礁し、地震が起きた夢だったのです。朝、テレビで地震が起きたことが報道され、事実だったことを確認できたのです」と山寺氏。

このイルカの座礁事件は、3・11東日本大震災の直前、ニュージーランドと茨城県の浜でも起こった。これは海底に仕掛けられた水爆を破壊する任務を帯びた原子力潜水艦のソナーが、イルカ、または鯨の脳を破壊したと考えられ、その状況証拠となる。

「未来人は、〝あなたにこれから起こる近未来の夢を見せるから、それを発信してくれ〟と告げてきたので、〝そんな身近でないことを知っても困る〟とこれを断ったのです」

しかし、意識体らは、山寺氏へのアプローチを忘れてはいなかった。それは2019年1月、上野全体を活性化するという、映画作りの話が舞い込んできたことだ。

山寺氏が依頼されたことは、上野周辺にいる霊や妖精を映画出演させてほしいということだった。

「これは無茶な！　と思い、断ったのですが、できることを撮影しようということなので、国立科学博物館で撮影に入ったのです」

国立科学博物館で意識体ビューチャーが出現した！

ところが、この博物館でまたもや前項で述べた恐竜型宇宙人とつながっていると思われる別な意識体がメッセージを告げてきたのだ。

「この意識体は、**私はビューチャー、日本語で〝美しい葉〟と名乗り、2億5000万年前、高度なテクノロジーをもっていたが、その惑星は滅んだ**というのです。

そこで、肉体はないけれど、恐竜と人間のハイブリッドを作り、過去、現在、未来の時空間パトロールとなり、ときには叡智《えいち》を与えたり、危機を乗り越えられるよう、修正したりしているというのです。

最初にアンモナイトを展示しているところで、ビューチャーは、〝これから博物館

神秘体験を重ねた山寺雄二氏

恐竜を使い、ビューチャーからテレパシーが入った

の見方を教え、意識の開放の仕方を教える〟と告げてきたのです」

　次に恐竜が展示されているところで、完全にビビッとテレパシーが入った。

「ビューチャーは〝アンモナイトに触るだけで、凄い！　と感じた年代が自分の生きた年代です。過去の記憶が戻り、トラウマが消え、アイデアが生まれたりする〟と教示してきたのです」

〝3つタイプの覚醒ネックレスを広めよ！〟

　その後、この映画撮影の終盤、山梨にあるパワーストーンショップを訪れた。

「ここでテラヘルツ鉱石を手に取ったら、ビューチャーから〝耳に入れよ！　穴にアクセスせよ！〟とメッセージが入ったのです」と山寺氏は続ける。

実際、耳に入れたところ、頭がスッキリ、目もスッキリ。再度〝これを形にせよ！多くの人に広めよ！〟とのメッセージが入った。当初、2つセットにしたが、〝3つにしなさい〟というのだ。

「テラヘルツのネックレスがいっぱいありますが、目や耳に入れるのはなく、現在、手作りで製作を開始しています。3つにすることでエネルギーの循環が改善することがわかったのです。また、両耳がオリオン、プロキオン、胸元のところが大犬座のシリウスにあたり、冬の大三角形ができるのです。

これで大脳が刺激を受け、覚醒を引き起こすことが可能なのかもしれません」

ビューチャーは、山寺氏にこれを多くの人に広めなさいと告げてきたのだ。

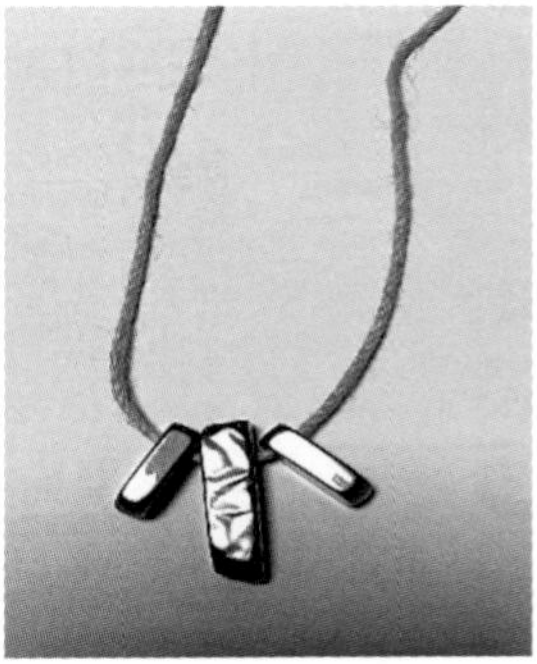
テラヘルツ波を放射

テラヘルツ波とは、毎秒1兆回振動する周波数

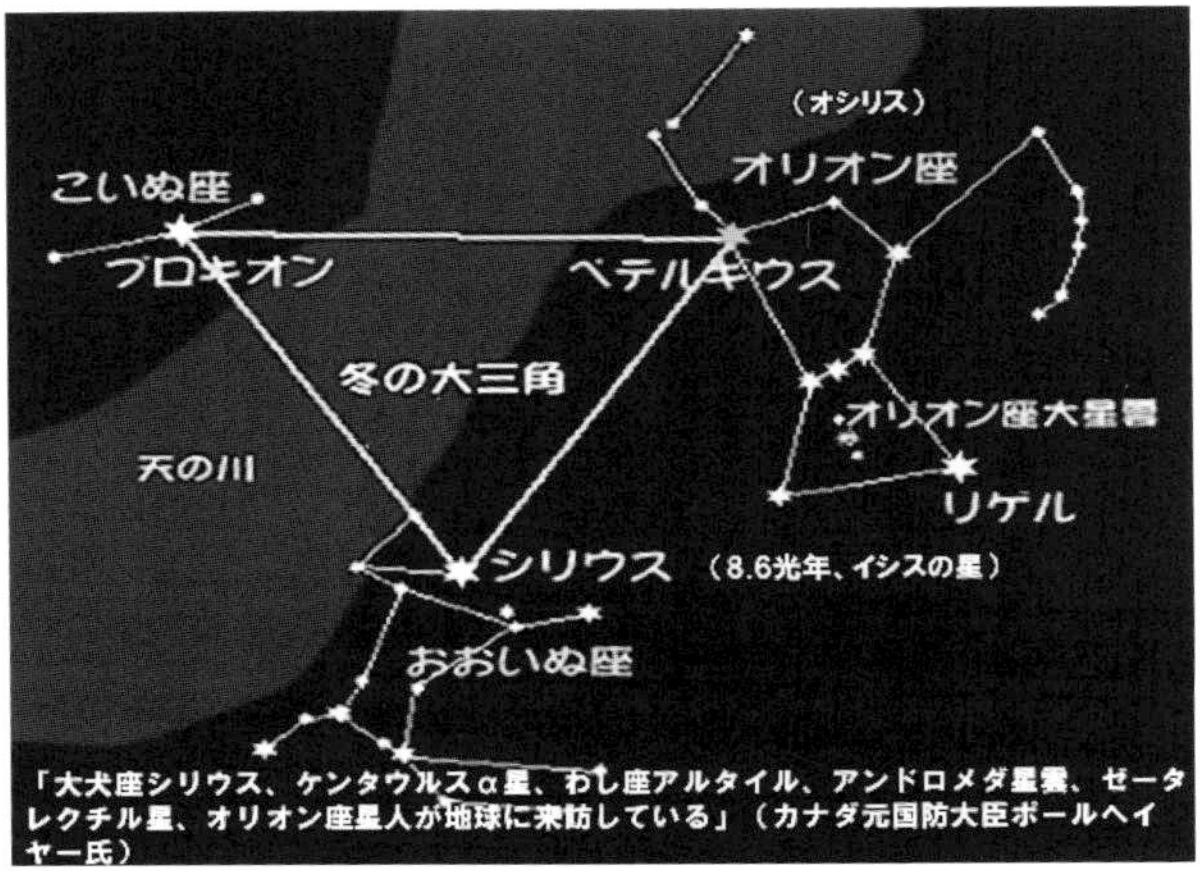

3つで冬の大三角形とシンクロする⁉

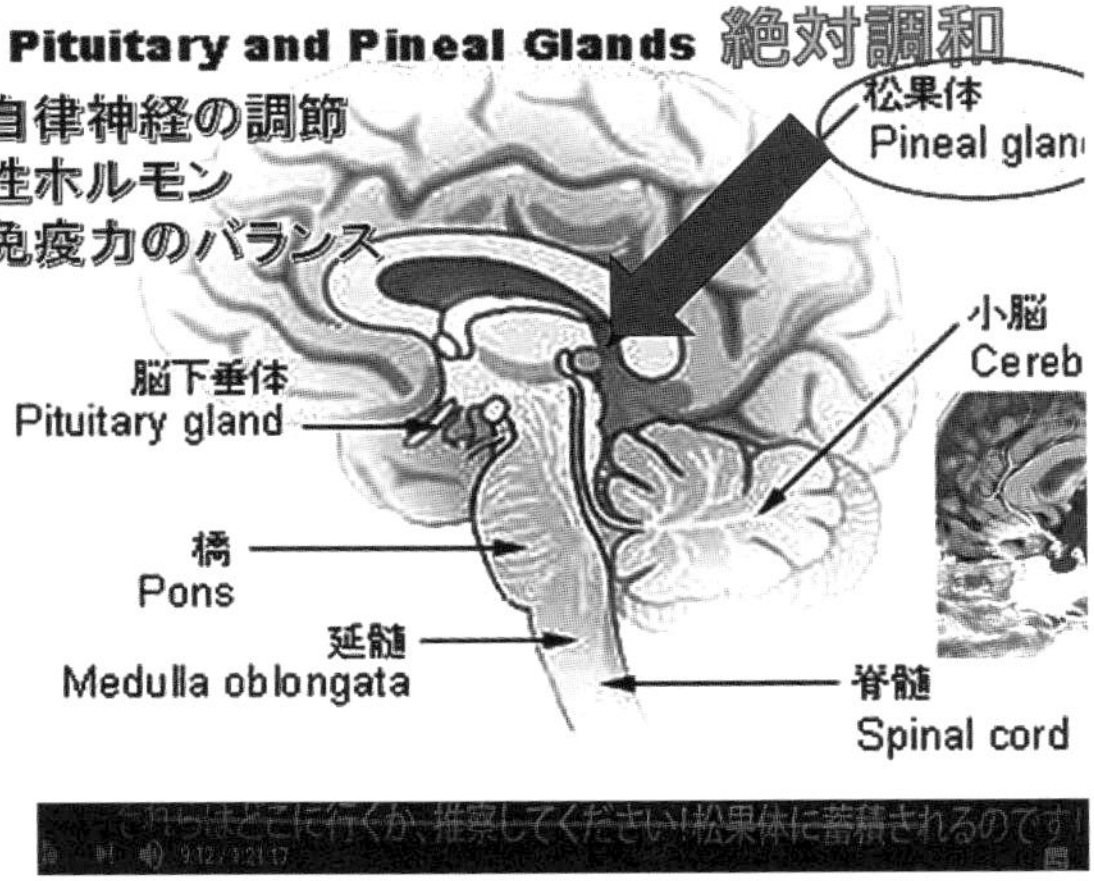

松果体は霊性の進化に大きな影響を与える

帯で自然治癒力を高める赤外線領域に入る。両耳の間、鼻の奥には〝松果体〟という、人間の叡智を担い、スピリチュアルを高める器官が備わっているといわれる大事な器官の一つがある。

近年、日本上空および海外でも『ケムトレイル』と呼ばれる、民間機から化学物質がまかれ、大気、または土壌が劣化ウラン、アルミニウム、バリウムなどで汚染されることが国際問題になっている。このことで松果体が石灰化している可能性が高い。

Ⅱ．CO_2による地球温暖化説は詐欺だった！

国連会議での16歳少女の発言は米民主党が仕組んだ政治利用だった

２０１９年９月、国連会議でスウェーデンのグレタ・トゥーンベリと名乗る16歳の少女が地球温暖化政策を巡って、世界のリーダー相手に〝私たちはあなたたちを見張っている！　守らないなら絶対許さない！〟という恫喝めいた発言をしたことが世界中で話題となった。

大マスコミは、これをそのまま報道、少女の指摘する地球温暖化対策を採るべきであることを報じた。

しかし、この少女の演説もアヤシイ。温暖化の原因は、大気中に散布された微量アルミニウムにマイクロ波を照射し、軍事衛星およびXバンドレーダーで気象をコントロールするディープステートの仕業であるのだ。

世界中の人口を7、8億人に激減させ、そのトップに君臨したい新世界統一秩序（NWO）を推進するのがディープステート、闇の秘密結社だ。悪の為政者にとって世界人類の頭が劣化すれば、支配が簡単になる。これを陰謀論と決めつけ、スルーするのは現実を知ろうとしない選択だ。賢明とは言えない。

ネット上では、武田邦彦教授が少女の演説は巨大な政治的勢力が仕組んだ演出であると断定した。同教授は、「**並みいる各国のリーダーが勢ぞろいする中で、なぜ、16歳の少女が演説できるのか？**　しかも16歳の少女が地球温暖化を計算することは不可能。**何者かが少女を操り、国連をコントロールできる政治的勢力が大金を使って動いた結果である**」と看破した。

これまで世界を紛争に巻き込んだ、9・11米国同時多発テロにしても米民主党が企てた自作自演だった。さらにイラクの少女が、何の罪もない婦女子をフセイン大統領が次から次と虐殺していると涙を流し、世界に訴えるニュースが報道された。

国際世論はイラク攻撃止むなしと判断、イラクを壊滅させ、フセインを処刑した。

次は、リビアのカダフィー大佐の独裁政権をやり玉にあげ、リビアを葬った。リビアから巻き上げた2兆円もの資金を使って、ＩＳを誕生させ、世界を混乱に導いたのが真相だ。

後ろにいる
黒幕の正体
武田邦彦教授「16歳の少女が世界のリーダーをさておき、演説できるのは相当のバックがいないことには、無理。強力な後ろ盾がないことには、世界を恫喝できない！」

少女は闇の政府に操られている

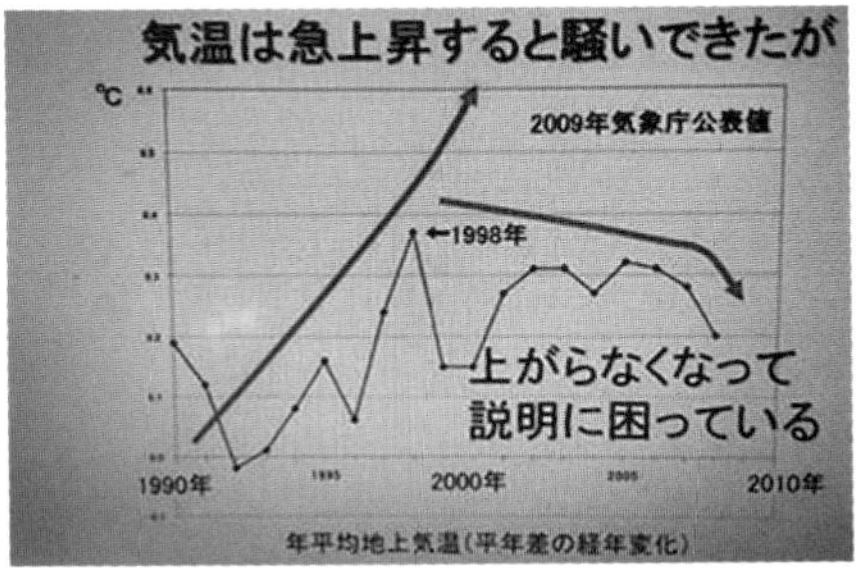
気温は急上昇すると騒いできたが
℃
2009年気象庁公表値
←1998年
上がらなくなって
説明に困っている
1990年
2000年
2010年
年平均地上気温(平年差の経年変化)

二酸化炭素温暖化説の嘘がバレている

（引用／YouTube）

しかし、これらはみな、嘘デタラメ、フェイクニュースが発端だった。すべて白人帝国主義社会によるグローバル化を推進したいがための謀略だったわけだ。

同じようにルポライター広瀬隆氏も、すでに地球温暖化説の嘘デタラメを暴いていた。

同氏の主旨の結論を先に言えば、**二酸化炭素（CO_2）ガスの増加による地球温暖化説は、温室効果ガスの排出利権を握る詐欺師集団のでっち上げだ**というのだ。その**担い手となったのは、国連のＩＰＣＣ（気候変動に関する政府間パネル）が発した偽情報。**

これを推進、ノーベル平和賞を受賞した米副大統領アル・ゴアとＩＰＣＣ議長のパチャウリ。パチャウリは、排出利権を握る銀行の顧問を続けながら、自分が理事長の「エネルギー資源研究所」に多国籍企業とエネルギー業界が生み出す資金を振り込ませていたことが２０１０年に発覚した。**ＩＰＣＣは詐欺集団だったことが判明した**という。

ＮＨＫが１９９０年代に南極の氷が崩れ落ちるシーンを流し、「温暖化対策は待ったなし」と叫んでいたのは、氷が積み重なって崩落する自然現象だったことが判明した。二酸化炭素ガスの増加による地球温暖化説も真っ赤な嘘だったことがバレているというのだ。この10年、20年、中国とインドは著しく経済発展を遂げた。化石燃料をバンバン燃やし、CO_2を大気に拡散した。しかし、温暖化現象が見られていないというのがその根拠だ。

ノーベル平和賞は、国連に利益をもたらした人物に与える論功行賞であることも暴かれている。国連安保理の理事国とは、中央銀行をもち、通貨発行権を握るロスチャイルドにみかじめ料を払う国によって成り立っていることが明らかだ。

したがって、**中央銀行をもたないアフガニスタン、イラン、イラク、リビア、シリア、北朝鮮などを悪の枢軸国とし、難癖をつけ、攻め滅ぼすのがこれまでのディープステートの手口だった**わけだ。侵略後は直ちに中央銀行を設置、悪魔のバイオ企業モンサントのＦ１種を毎年購入させる狡猾《こうかつ》さが明るみになっている。

この後、前出のグレタ・トゥーンベリが、米民主党が掲げる『グリーンニューディール政策』のプラカードを持って街中を行進している姿がネットにアップされた。この

彼女のバックには、ビル・ゲイツらの仲間がいた

南極の氷が解けている!?（引用／「温暖化の科学」）

少女の背後にはビル・ゲイツやジョージ・ソロスらの仲間である女性が操っていることが暴かれている。

この2人こそ、米民主党の大スポンサーであり、NWOの推進者だ。これで明らかに政治利用されたことが裏付けられたわけだ。

ロシア・プーチンは、ディープステートのトップ組織、イルミナティのせん滅作戦を数年前から敢行、国内から締め出したわけだ。したがって、中央銀行もない。モンサントのF1種を追放、国を挙げてオーガニック栽培を推進中だ。

Ⅲ．米トランプとＱアノンが旧勢力を追放した

元ＣＩＡ・ＦＢＩの長官や、ヒラリー・クリントンも逮捕された！

早い話、秘密結社イルミナティ、またはロックフェラーおよびロスチャイルド、そしてブッシュ家一味らの〝ガバールマフィア〟と呼ばれる偽ユダヤ白人帝国主義者によって、国際社会は操られていたと考えていい。そこで、ＣＩＡの謀略によって敵対する勢力を作り、双方に武器弾薬を売りつけ、巨額な富を稼ぐ。これが『米国軍産複合体』と呼ばれる闇の組織の正体だ。

２００１年に起きた『９・11米国同時多発テロ事件』は、まさしく軍産複合体のでっち上げによることを米国市民の50％が知った。

この自作自演によってビン・ラディンを首謀者と断定し、ついでイラクのフセイン大統領を処刑、次にリビアのカダフィー大佐を暗殺したわけだ。

この9・11のときの米国大統領は、ジョージ・W・ブッシュだ。中心となって暗躍したのは元国防長官のヒラリー・クリントンだ。現在、米大統領トランプは、これらの勢力を一掃、すでに元CIAおよびFBIの長官、カダフィー暗殺を命じたヒラリー・クリントンもキューバのグアンタモナ収容所に拘置した模様だ。

この情報は、**元国防省OBからなるQアノンという、匿名組織からのものだ。これまでディープステートが世界を操ってきたが、もはやQアノンおよびトランプによってこの闇の組織の君臨は絶たれた**も同然。

白人帝国主義を目論むディープステートに絡み世界の富を貪ってきたカバールらの逮捕者リストは8万人に及ぶというのだ。むろんのこと、クリントン財団とヒラリー・クリントンらに近づいた日本のトップ政治家らも例外ではない。

次頁上のイラストには、ここ2、3年、筆者が講演会で述べてきたことが見事に描かれている。このカバールこそが、世界の政治経済を操り、局地戦争を仕掛けては、

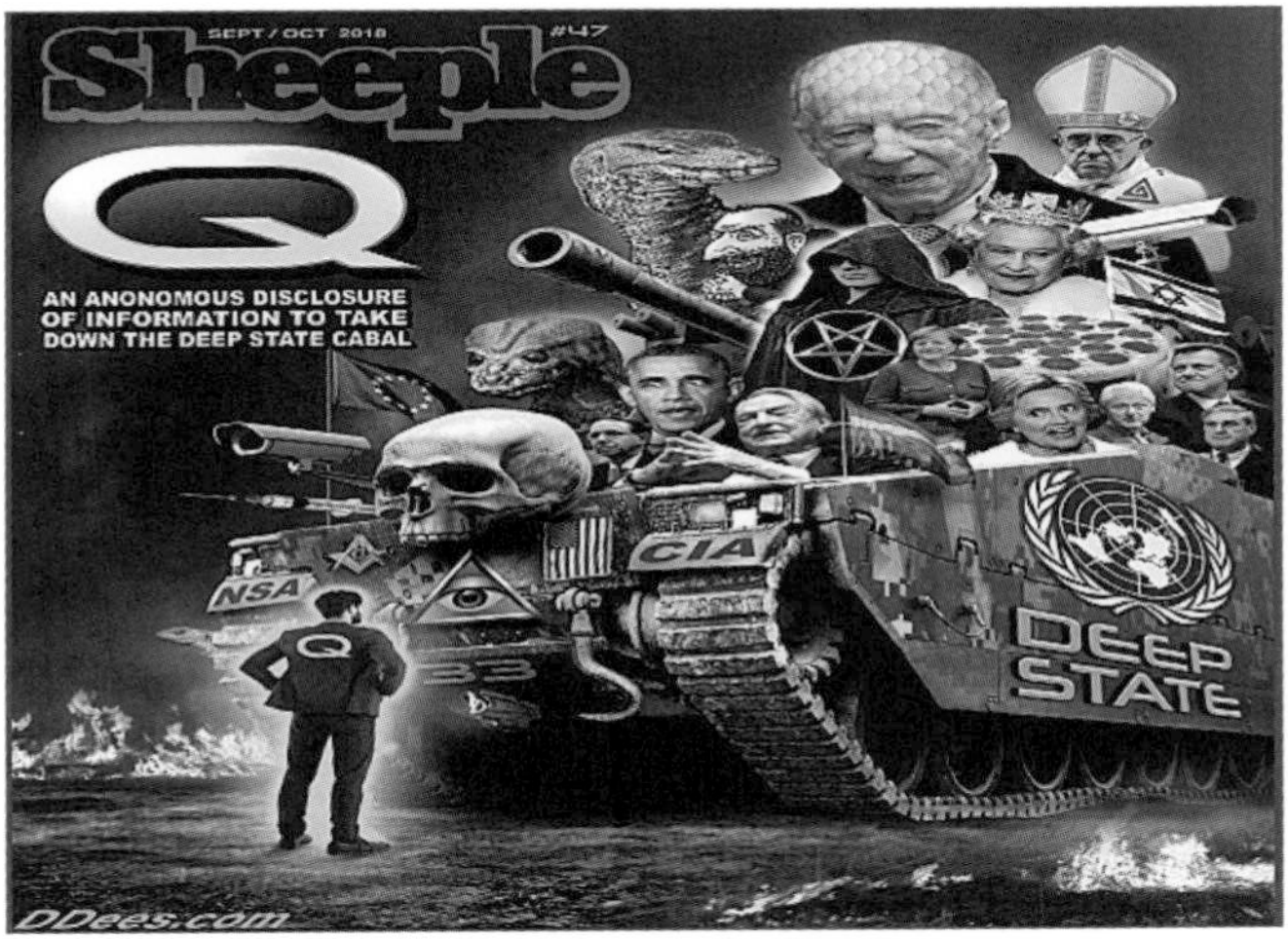

Ｑアノンがディープステートの戦車に立ちはだかる
（引用／『Sheeple』誌 2018年９-10号表紙）

武器・弾薬を敵対する両勢力に売りつけて膨大な資金を稼いできた。

日本でも幕末からカバールの影響を大いに受けたことがわかってきた。幕府が倒れ、明治新政府を造り上げたのも彼らが背後に見え隠れする。幕末の雄、坂本龍馬らの革命勢力に資金や武器弾薬を提供したのは、グラバーを代表とするフリーメーソンの政商だ。一方、幕府側を支援したのはこれもフランスのフリーメーソンであることが判明している。

これらが**カザールマフィア、またはディープステート**と呼ばれる。**イラストの戦車の頂点にいるのがジャイコブ・ロスチャイルドであり、エリザベス女王がその下にいる。その背後にはイエズス会のローマ教皇の顔が見える。**

装甲の上に骸骨が載り、その後ろにオバマ前大統領、民主党のスポンサーとなった投資家ジョージ・ソロスらが前面にいる。この戦車の前に立ちはだかっているのがQアノンだ。今や、デビッド・ロックフェラーが死去し、ロスチャイルドも風前の灯《ともしび》とされ、彼らが目論んできたNWOは、崩壊寸前との観測が有力だ。

このイラストで注意したいのは、戦車の大砲の脇にトカゲのような顔と、龍の顔のような生物が描かれていることだ。このトカゲ型生物こそがディープステートに兵器を提供するレプテリアンと呼ばれる宇宙人だ。龍の首はドラコニアンと呼ばれる爬虫類型宇宙人と思われる。

ケムトレイルは脳内の松果体を石灰化する！

前述したケムトレイルは今日でも3日に1回のペースで散布されている。2019年10月2日も渋谷街上空で午後3時頃広範囲に散布された。しかし、空を見て、オカシイと思っている人はほぼ皆無。筆者は、練馬区に居住するのだが、2018年夏、水道水を分析センターで調べた。そして、ストロンチウムとバリウム、アルミニウムを検出した。

ストロンチウムは放射性物質で膵臓《すいぞう》を破壊、骨を弱体化する。アルミニウムは脳内に蓄積、認知症を誘発、バリウムも脳内で蓄積、うつ病を発症する。現在、膵臓が機能しないことで起こる1型糖尿病が増加、また、放射線による白血病が急増中である

筆者の住む練馬給水所水道水の定量分析結果　（単位:mg/L）

試料名	Al	Ba	Ni	Sr	V
原水（水道水）	0.0109	0.0080	0.0015	0.0817	0.0016

水道水からストロンチウムのほか、重金属も検出された（分析/ウオーターデザイン研究所）

ことが気骨ある医師やジャーナリストによってリークされている。

しかし、こうした情報をマスコミは報道しない。否、首相官邸からかん口令が敷かれているので、マスコミの腰は重い。もはや、マスコミは報道の自由を放棄したも同然だ。

2019年、国連人権委員会は、安倍政権が行うマスコミ統制の是正勧告を行った。

問題のケムトレイルで脳内が石灰化し、視床下部や松果体が不活化、自律神経や免疫力、性ホルモンの働きが低下し、未病状態の人が増えているのではないだろうか。

松果体は、前述したように人間の霊性、魂の進化向上に重要な器官である。日本人の精神性が劣化した事件が後を絶たないではないか。

前述した山寺氏のネックレスを両耳に挟んだ女性から、

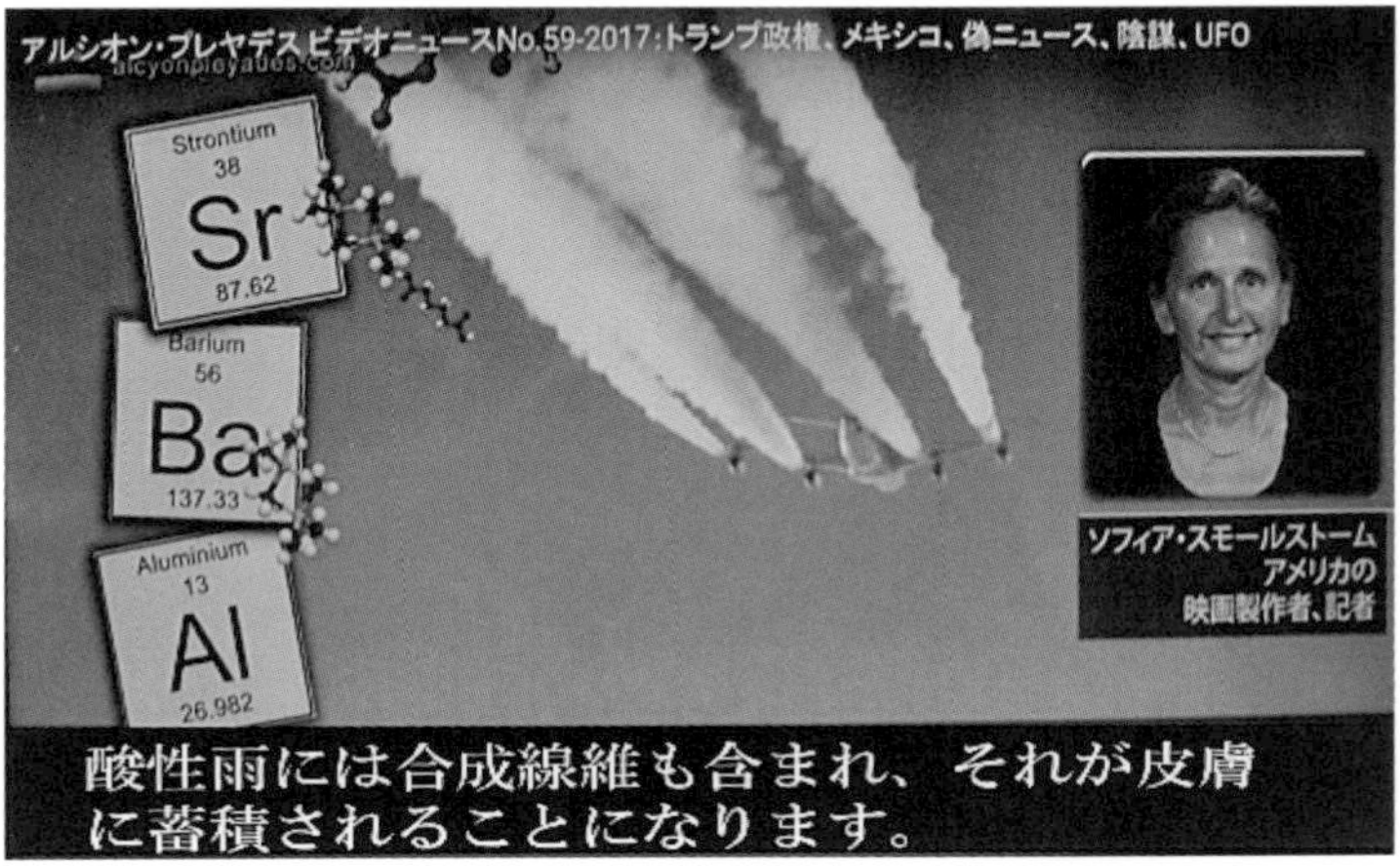

（引用／『アルシオン・プレヤデス No.59』）

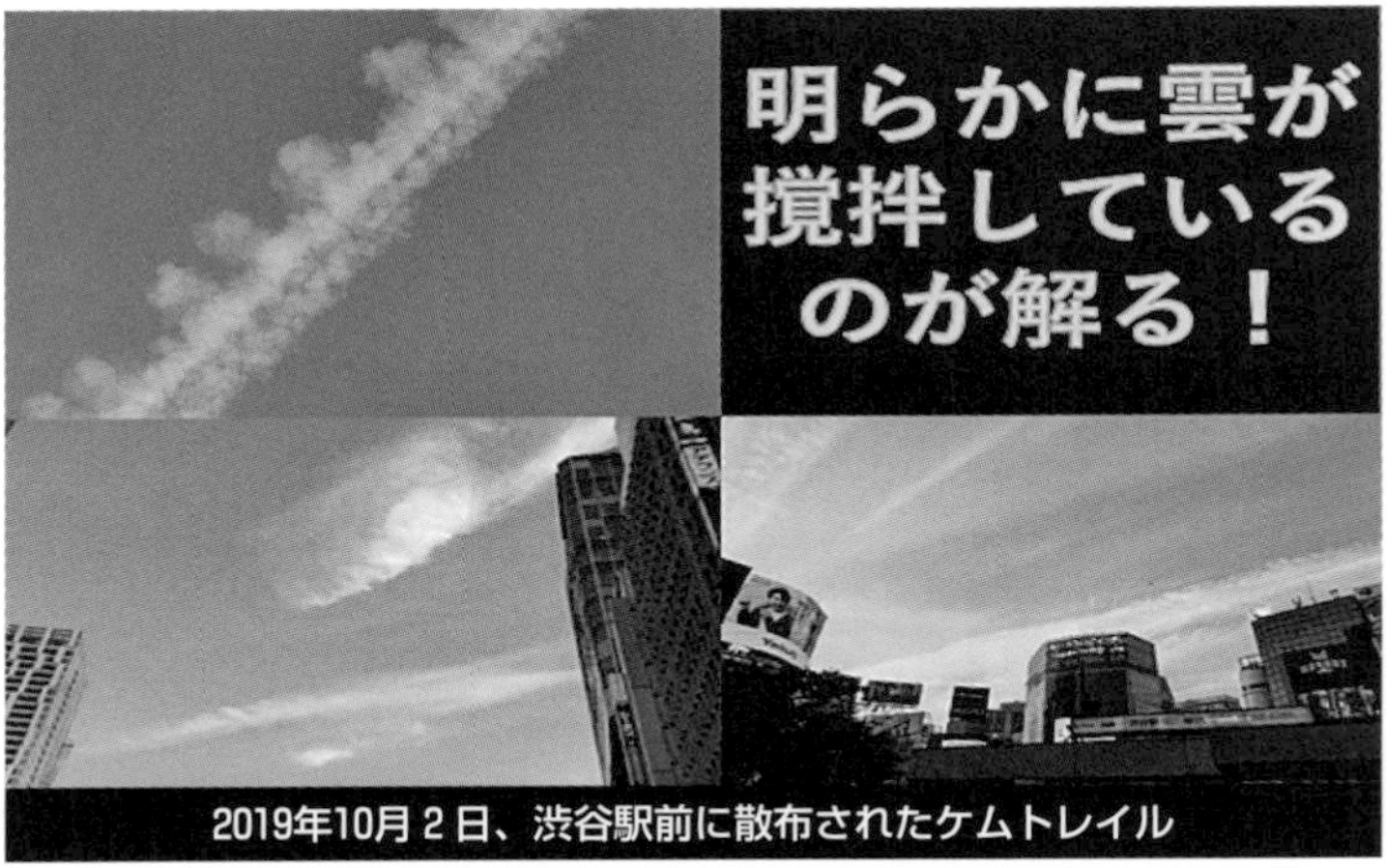

今日も３日１回のペースでケムトレイルが実行されている！

「癒される感じがした」「手首の痛みが消失、あのネックレスは実に不思議」など、複数のコメントが得られた。

頭の真ん中にあるのが松果体だ。ネックレスから放射されるテラヘルツ波によって視床下部と松果体が活性され、自然治癒力が蘇ったのではないだろうか。

人類はすでに極秘で米国製UFOで太陽系外探査を終えている!?

驚くのはこの2・5億年前に滅亡、霊体となって過去、現在、未来をパトロールしているると告げたビューチャーの容姿なのだ。山寺氏が描いたのは明らかに鳥の顔のようだ。

あ、これは？　そうだ。これは米国で秘密裡に地球外生命とともに実施されている『秘密宇宙プログラム』（SSP）をリークしたコーリー・グッドが出会ったという青い鳥族／ブルーエビアンズに酷似してはいないだろうか。

筆者はこれを知って、一晩興奮して眠れなかった。

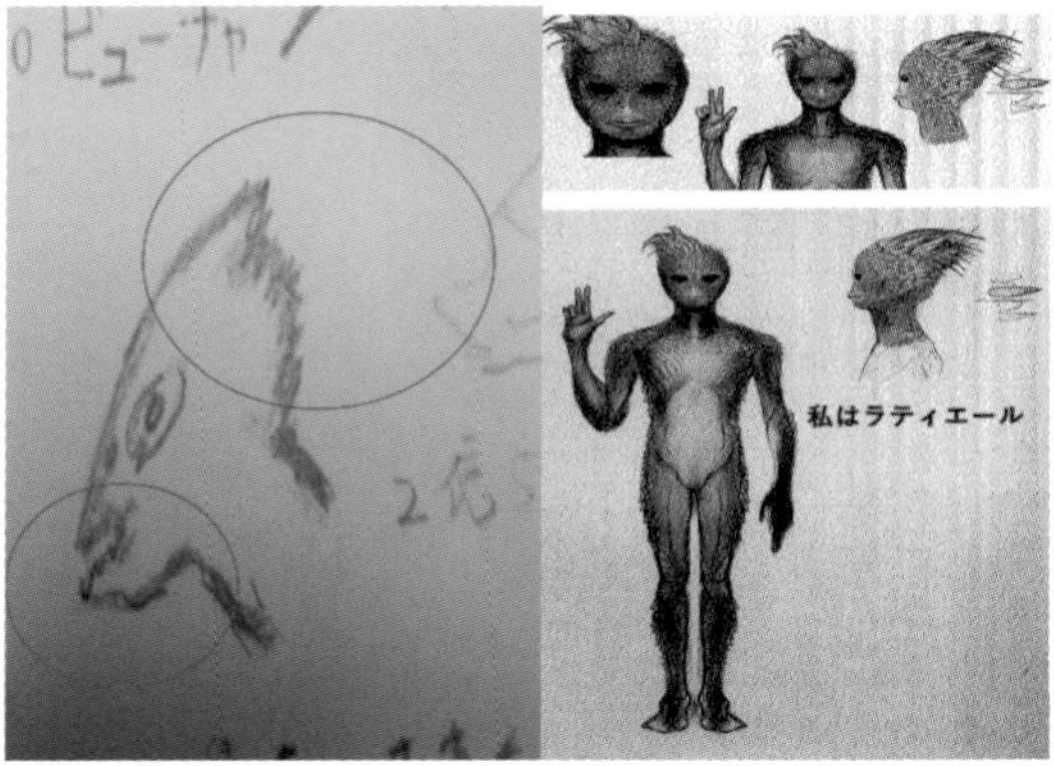

時空間メッセンジャー〝ビューチャー〟山寺雄二画

このコーリー・グッドのリーク情報は、一般的にはまったく信じられないものだが、世界中にディスクロージャーを巻き起こしたスティーヴン・グリア博士がこれと同様の見解を述べているのだ。

すでに**１９５０年代、人類は月と火星に移住を完了、地球外生命を交えた惑星間共同複合企業が存在し、太陽系外を探査している**というのだ。

コーリー・グッドは地球外生命によって開発された米国製ＵＦＯに搭乗、カイパーベルトという太陽系外に帯のように広がるゾーンを目撃した。そこには水晶、アルミでできたようなドーム型建造物が無数に破壊されていたというのだ。

このカイパーベルトは、25億年前から存在し、50もの惑星が存在するという。そして、巷間、UFOマニアでは常識となっている米国政府に入り込んでいる爬虫類型宇宙人レプテリアンおよびドラコニアン、世界を紛争に巻き込み人口削減と1%の富裕層で世界征服を目論む闇の組織イルミナティを追放、弱体化に成功しつつあるというのだ。

今日、**太陽系は強力なプラズマ帯に突入、このエネルギーの照射を受けると人間の意識が進化する**というのだが、**この進化の過程でネガティヴな感情に満たされた人間は生き残れないケースもある**ことがわかった。

そこで、ブルーエビアンズは太陽系に急激なエネルギーの照射ではなく、緩くなるような見えないシールドを張った。そして、地球にもシールドを張ったところ、地球脱出が不可能となることから、これを恐れたレプテリアンらが協議を申し出てきたという。

この会議には、なんと、**あのニクソン大統領時の大統領補佐官キッシンジャーも在**

籍、コーリー・グッドらは、このキッシンジャーから「君たちは彼らに対し、もっと敬意を払うべきだ」と諭されたという。

そこで、ブルーエビアンズは一時的なシールドの解除を許した。これで、レプテリアンは自分の出身惑星に帰還したというのだ。

レプテリアンは、１９５０年代から米国政府にレーザー光線や光ファイバーなどのハイテク技術を提供しているのだから、国のトップに君臨したキッシンジャーから、「彼らに敬意を払うべきだ」と言われたことは無理もないことだろう。

この件も予備知識がない方には、まったく〝トンでも情報〟に違いない。

鳥型宇宙人が古くから地球を見守ってきた存在かもしれない？

筆者は、このビューチャーこそ、青い鳥族ブルーエビアンズではないかと閃《ひらめ》いた。『ハーモニー宇宙艦隊』シリーズの第一弾に登場した㈱ＪＥＳの社長、本井秀定氏の鳥型宇宙人との遭遇事件と重なるからだ。

ある日、**本井氏が携帯電話で話している最中、鳥のような声が電話回線に入り込んできた**ことがあった。複数の息吹と呼吸音が携帯電話から聞こえた。

過去、神霊や悪霊とも会話した経験をもつ本井氏は、「お前は誰だ？」と怒鳴ってみた。盗聴主から悲鳴のような鳥の声が聞こえた。

それから数日たって故郷、新潟長岡の報徳神社に出向いたときだった。鳥居をくぐったところあたりから、ずっと視線を感じていた。少年がジィーと凝視しているのがわかっていた。少年は、何か言いたげな表情だったが、本井氏はそこを去った。

参拝した後、突然、どうしようもない眠気を感じた。車で寝ようと思ったが、身体が動かない。仕方がないので境内に回り、誰も来そうにない小屋に入ってまどろんだ。

どれくらいたっただろうか？

ふと目を覚ましたら、そこに先の少年が本井氏の顔を覗き込んでいたのだ。

「うわ！」と声を上げ、本井氏は驚いた。

「私、モーリス、懐かしい。とても長い時間…過ぎた…会いたかった」と少年は涙を流しながら、名乗った。このモーリスこそ、電話回線に張り込んできた何者かであり、少年の身体を使い、コンタクトしてきたのだ。

モーリスは、鳥型宇宙人とともに古くから地球を護ってきたと述べた。

「今、危険…このままでは地球人…心ないと……手遅れになる」と告げてきた。

どうやら、地震、火山噴火や異常気象、地軸の変化や戦争などで、人類は大変なことになるというのだ。

「農業が大変…食べるのが大変……死ぬ…生きる……耐えて耐えて……耐えてください」と言う。モーリスが話す言葉は、サンスクリット語の元になったとされるヴェーダ語と思われたが、本井氏は、なぜか、意味がわかった。

モーリスは、「地球に大難が降りかかりそうなときは、必ず地球を護る。それを忘れないでください」と告げた。

本井氏は、少年の背後に佇《たたず》むおかっぱ風の髪が伸び、毛先が金色になっている宇宙人らしき姿に目を見張った。首から下は体にフィットした白のスエットスーツのようなものを着ていた。これこそ、モーリスの姿だった。

半霊半物質の霊体をもち、鳥型宇宙人が通信を担っているというのだ。

モーリスは、地球の危機と人間の霊性の低下を訴え、希望を捨てないようにと言い遺し、去ったのだった。

エジプトの絶対神ホルスは、鳥型宇宙人のことだった!!

鳥型宇宙人とは何者なのか。エジプトの壁画には、鳥の頭をした人間が描かれているものが多い。そう言えば、かつてのエジプトの絶対神は、ホルスではないか。ホルスはイシリス（シリウス）を母にもつ。イシリスは、兄であり夫でもあったオシリス（オリオン）が亡くなった後、処女懐胎し、ホルスを身籠《みごも》ったという神話がある。

聖書に書かれたマリアの処女懐胎は、イシリスの神話がベースになったようだ。ホルスの容姿は、翼をもち、ハヤブサの顔をしている。これこそ、鳥型宇宙人を表している。ハーモニーズの横石氏らが帯広で夜間、撮影したのがこのホルスだったのではないか。

古くから人類を助け、神々として見守ってきたホルスをエジプトの民は、絶対神として、祀ってきたのではないだろうか。

とは言え、筆者はホルスの顔がなぜ、鳥なのか理解できなかった。

この謎が解けた。

それは、前書でも紹介した水木千歳・小池了コンビが鳥型宇宙人からのメッセージをチャネリングしていたことで確信できた。

水木千歳・小池了コンビ

鳥型宇宙人は、【**（我々は）古来時空間を移動しているものであり、エネルギーの塊が鳥に似ていたので、人間たちは鳥と称している。**しかし、エネルギーの塊であり、我々は宇宙警察のようなものだ（こうして悪しきものの弱体化を促す）。

要請がないと動かず、要請があれば動く。最近は以前より、ネガティヴセンサー機能がよくなっている】

「秘密宇宙プロジェクト」
トカゲ型宇宙人『レプテリアン」の地球追放に成功
しつつある青い鳥族ブルーエビアンズ」
16歳からプロジェクトの訓練を受け、
ブルーエビアンズと会った話を
リークしたコーリー・グッド氏
コーリー・グッドが出会った鳥型宇宙人は、エジプトの絶対神ホルスに酷似する

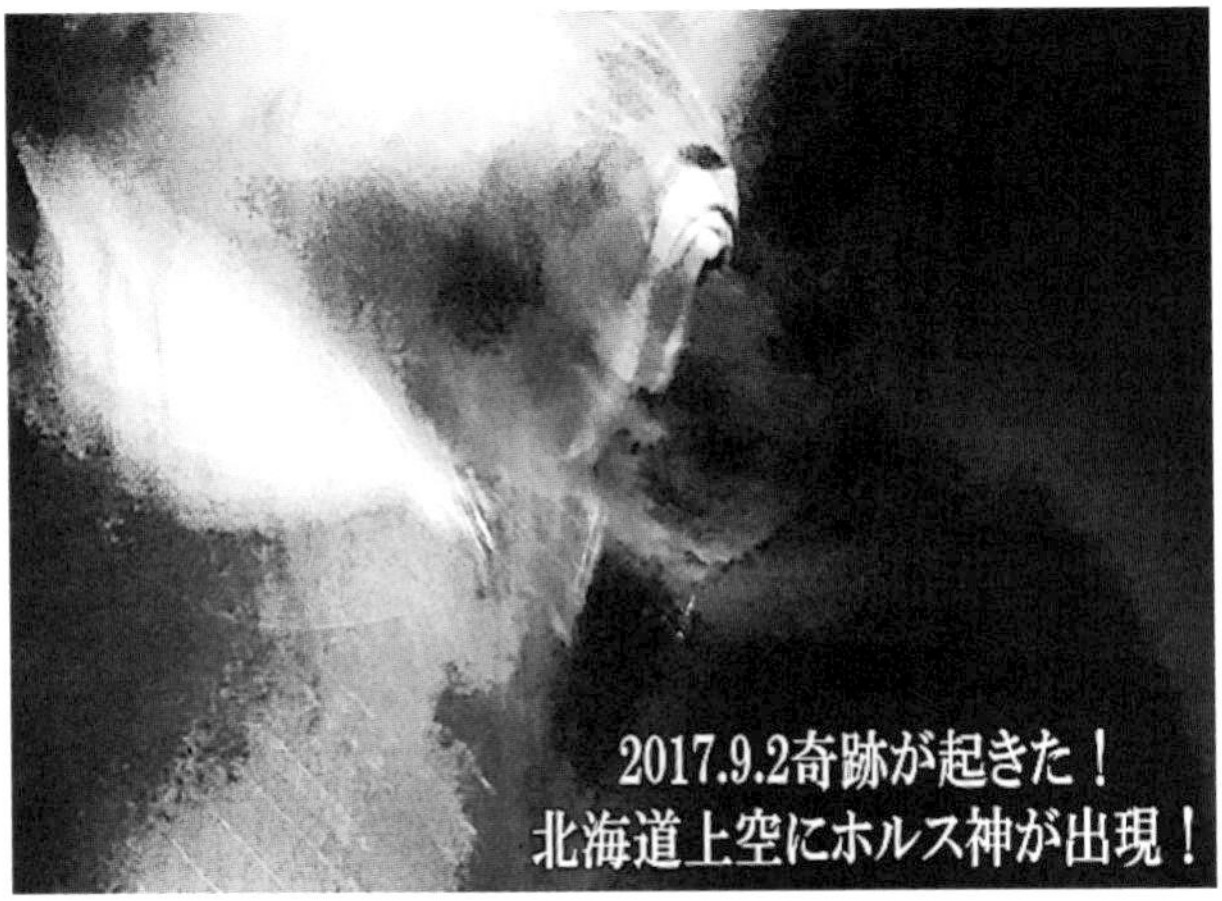
2017.9.2奇跡が起きた！
北海道上空にホルス神が出現！

米国では秘密裡に『秘密宇宙プログラム』が実行中

ブルーエビアンズとはホルスだったのだろうか？

と彼女に告げたのだ。

このメッセージは、前出の山寺雄二氏にコンタクトしてきたビューチャーが、「**2億5000万年前から過去、現在、未来をパトロールしている**」とし、意識体であることを告げたメッセージとほとんど一致する。

太古から鳥型宇宙人が地球を護り、コントロールしてくれているのがほぼ真相に間違いあるまい。

コーリー・グッドは、この鳥型宇宙人ブルーエビアンズのサポートを受けたわけだ。

2018年9月、太陽を横切った巨大球体はブルーエビアンズのものだった!

2018年9月、米国に住むジーナ・コルヴィン・ヒル氏は太陽の周辺から無数のUFOが飛び立つ画像をFB上に公開した。また、YouTubeでは巨大な球体が太陽を2度ほど横切るシーンがアップされた。

Gina
Maria
Colvin Hill
9月～

コルヴィン・ヒル氏が太陽周辺に出現したUFO画像を世界に公表

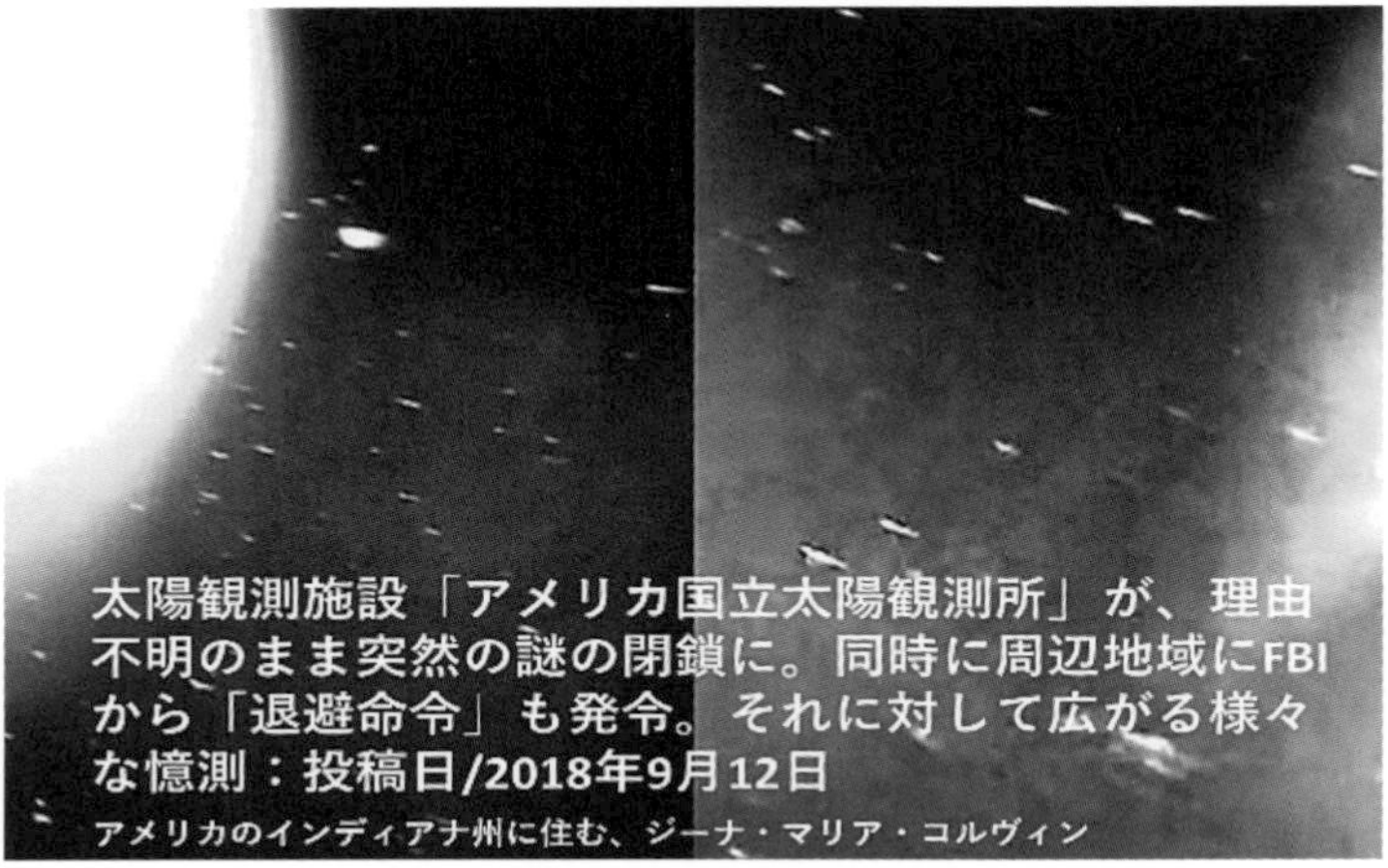
太陽観測施設「アメリカ国立太陽観測所」が、理由不明のまま突然の謎の閉鎖に。同時に周辺地域にFBIから「退避命令」も発令。それに対して広がる様々な憶測：投稿日/2018年9月12日
アメリカのインディアナ州に住む、ジーナ・マリア・コルヴィン

FBIが太陽観測所を１週間ほど閉鎖した

この事件で米国ＦＢＩは、理由不明のままニューメキシコ州にある国立太陽観測所を10日間閉鎖、同時に周辺地域に『退避命令』を発令したという情報が流れた。住民によれば、観測所の上空をブラックホークが無数に旋回していたという。

ブラックホークとは、米陸軍が誇る中型軍用ヘリコプターのことだ。ネットでは「太陽に何かがあった」「ＵＦＯが出現した」とかの情報が飛び交った。後に児童ポルノを所員が閲覧していたという説明があったが、その程度のことで、ブラックホークが出動するわけがない。

筆者は、この太陽を横切った球体は、誰が何のために行ったものなのか、謎だった。**この太陽を横切った球体こそが、ブルーエビアンズが所有、太陽系内に流入するエネルギーのバランスを修復する人工球体である**ことが理解できた。

コーリー・グッドが、ラティエールと名乗ったブルーエビアンズの長からＵＦＯ内にテレポーテーションされ、太陽系内を移動する球体を目撃していたことを述べていたからだ。

先のコルヴィン・ヒル氏が観察した太陽付近から出現した無数のＵＦＯは、スター

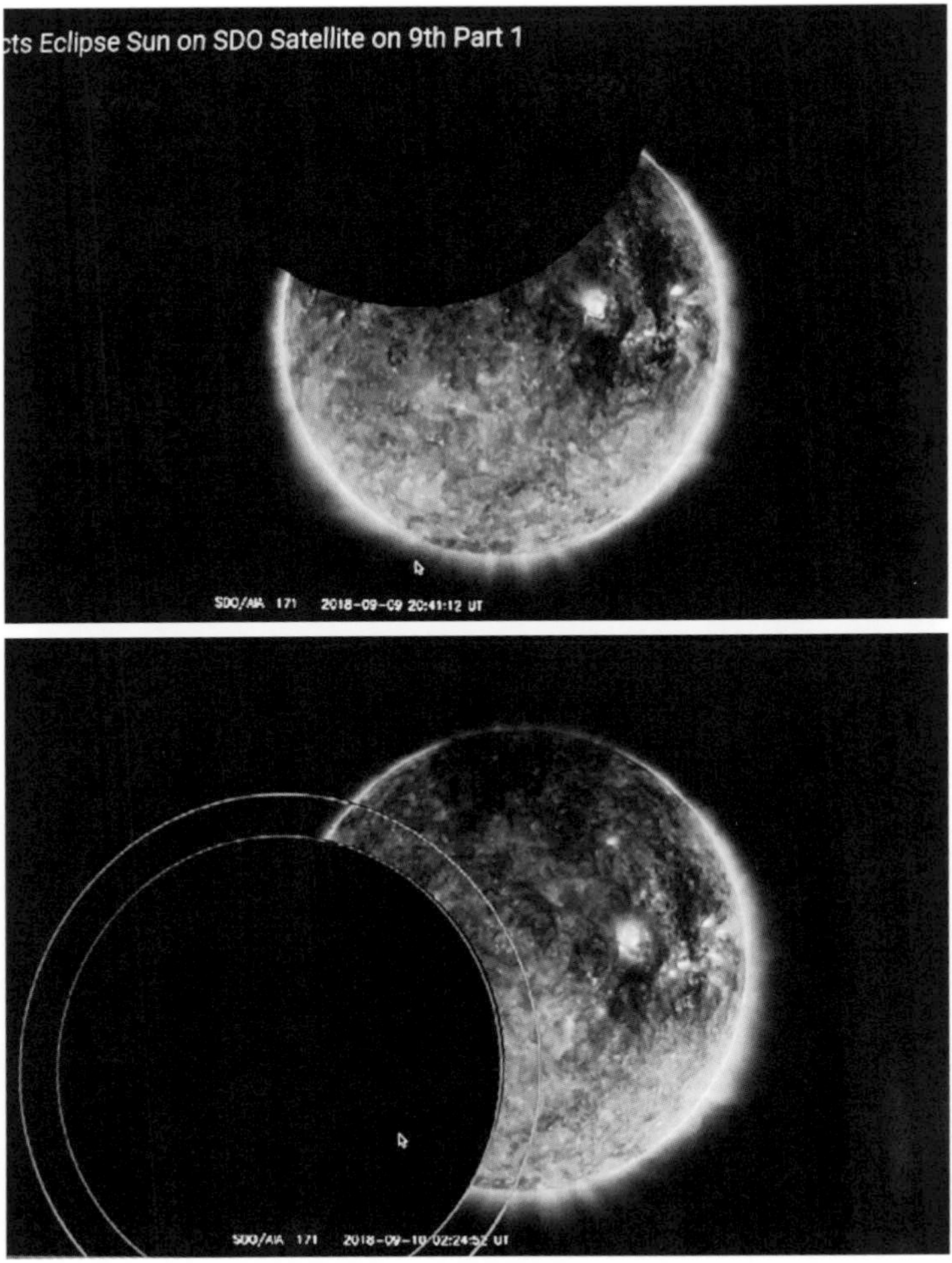

太陽を2度ほど横切る巨大球体（引用／https://youtu.be/dnDJZobWJGk）

ゲートを通じて太陽系内に現れたらしい。

オバサンたちは、小泉進次郎と滝川某の結婚に沸き立っている!

前出のカバールに加担する邪悪なイルミナティ、これをサポートしてきたレプテリアンを追放したのが、ブルーエビアンズらしい。こうした情報は、新聞・テレビで報じられるわけもないので、一般人には理解できようもない。

ところが、日本だけがいまだに旧勢力がはこびり、世界の革命から蚊帳の外なのだ。目下、日本の民主主義は、元文科省事務次官前川喜平氏が形容する『安倍自民創価党政権』によって踏みにじられたも同然。日本伝統の種子および水がユダヤ系企業に売られ、山、森、川、海などの所有権を大企業に売り渡す法令を制定した。

さらに**欧米から追放された遺伝子組み換え作物（GMO）の輸入を奨励、並びに悪魔の除草剤『ラウンドアップ』などの成分グリホサートを400倍規制緩和し、福島の『汚染土壌』を全国に攪拌《かくはん》、農地に転用する法令までスタート**させた。

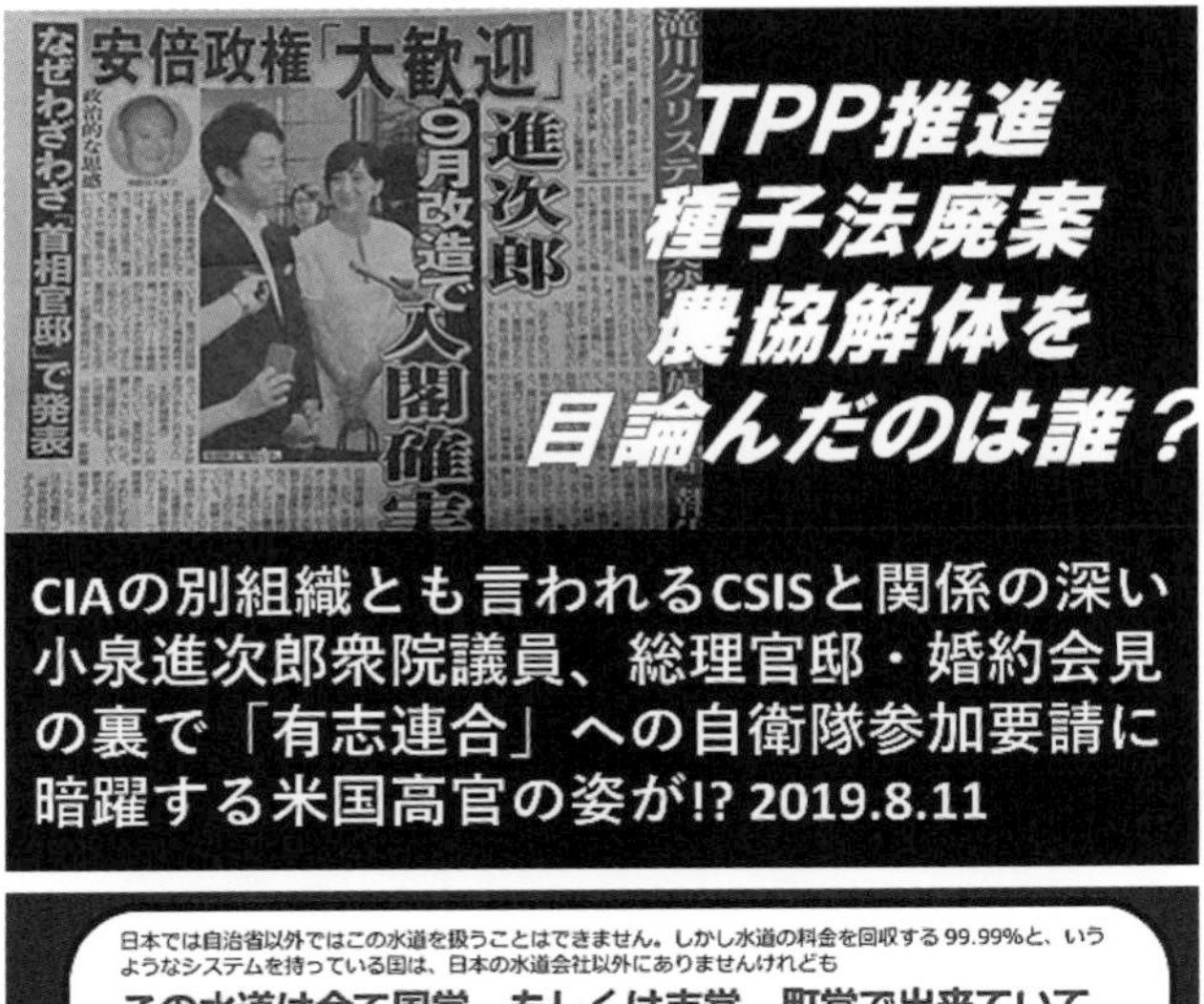

日本政府を操る（戦略国際問題研究所）に出入りする政治家の監視が必要だ。隣でジャパン・ハンドフーズのCSISマイケルＪ・グリーンが睨みを利かす（引用／FB）

まさに、前項で述べたモーリスが、「農業が大変…食べられない…死ぬ」と涙を流し、訴えたのが現実化しているではないか。

まったくの恐るべき売国奴ぶりだ。このことについては拙書『日本は農薬・放射能汚染で自滅する⁉』（コスモ21）をお読みいただければ、幸いだ。

これでは、国民は農薬・放射能汚染漬けとなり、がん死、または被曝死してしまう懸念が高まった。それにもかかわらず、この政権への支持率は50％近い。

鉄槌を下す最大のチャンスに国民の2人に1人が選挙に行かない。さらに世のオバサンたちは、CSIS（戦略国際問題研究所）に近いとされる小泉進次郎議員と滝川某との結婚話に沸き立っている。まさにノー天気。これでは日本が自滅するのは時間の問題ではないか。

それもこれも日本人の大脳中で、前述したように霊性と魂の進化に影響を及ぼす松果体が石灰化し、劣化しているのが元凶であろう。

日本人を自滅に導く政令および法令を白紙撤回させ、これを作り上げた政権を追放、日本人が幸せになれるような為政者を育て上げるのも自由意思なら、自滅する道を選択するのもあなたの自由意思だ。

山寺氏にメッセージを告げた時空間メッセンジャー・ビューチャー、または青い鳥族／ブルーエビアンズは、テラ鉱石を両耳に入れることで、松果体を活性させ、日本人の覚醒を促しているのではないだろうか。

第4章

ハーモニー宇宙艦隊とディープステートの攻防

Ⅰ．山形・新潟地震はフラッキング工法によるものだった⁉

謎の6月18日22時22分22秒は予言されていた？

２０１９年6月18日22時22分22秒、新潟・山形で震度6強の地震が発生した！

２０１８年の大阪北部地震も6月18日である。被害は１８００億円にのぼった。18。

この数字は6・6・6で表される悪魔の数字だという。

東日本大震災は、２０１１年3月11日。２＋０＋１＋１＋３＋11＝18になる。また、熊本地震は２０１６年4月14日。２＋０＋１＋６＋４＋１＋４は、これも18となる。

これは偶然だろうか。

筆者は２０１９年2月21日、岐阜の関市で行われた竹炭の奉納式の取材に出向いた。

場所は十五社神社。この神社では、以前、神木が原因不明の病にかかり、数本枯れ始め、大騒ぎとなったことがあった。神霊が見える超能力者が神木の周辺に竹炭を埋設、土壌中の微生物を活性、神木を2、3週間で蘇生させたことがあった。

このことを『里山資本主義を実践できる　驚異の神谷《スーパー微生物》農法』（ヒカルランド）に著した。この夜、懇親会があり、筆者は、壇ノ浦界隈出身で平家の末裔と称する若者と親しくなった。その夜半、私は伊勢に住む、私と同じＤＮＡをもつ旧姓渡会さんという、女性に奉納式の様子をメールした。

朝になって、メールした時間を確認したら、**なんと2月22日午前2時22分だった**のだ。彼女から返信が来たのを見て、またもや驚愕した。

それが**2月22日午後22時22分だった**からだ。一度なら偶然とも考えられる。こんなことが2度も起こり得るだろうか。この事実は、この日、奉納式典の主催者、一晩で有機物を炭化する世界初の装置を発明した〝クマちゃん〟らのグループが熟知している。

私は悟った。私を守護する物部氏の神霊が新潟・山形地震の発生を事前に知らせた

過去の大地震には、６・６・６悪魔の数字がつきまとう

大好評のハーモニー宇宙艦隊シリーズ

のではないだろうか。あるいは、私を護るハーモニー宇宙艦隊が知らせてくれたのだろうか。

ロシアのメディアが6・18新潟・山形地震は人工地震だと報じた！

しかし、この山形・新潟地震もいつもながら、疑惑を感じる。安倍政権がピンチに陥ると大災害が起こるからだ。それはなぜか？

熊本地震では、安倍政権はＴＰＰ加入問題から増税延期、大企業の資産隠し、いわゆるタックスヘイブンなどで追い詰められていた。

２０１８年7月の西日本豪雨災害では、初動対応が60時間以上も遅れた。さらに総裁選では石破候補との論戦が待っており、論戦が苦手な安倍総理には不利な状況に陥っていた。

このとき、実にタイミングよく北海道胆振東部地震が発生した。このため、石破候補との論戦を2、3回消化するだけで済んだ。

２０１９年7月に参院選挙が控え、老後資金２０００万円不足問題で、安倍自民はかなり追い詰められていた。そこで、山形沖を震源に大地震が起きた。数えると、４回目の陽動作戦とも考えられる災害が発生した。

ロシアのメディアは、「６・18新潟・山形地震を日本では震源10㎞としたが、震源５㎞、ガス田の二酸化炭素回収事業（ＣＣＳ）ではないか」と報じた。

ＣＣＳとは、火力発電所からは二酸化炭素ガスが発生、温暖化に拍車がかかることから、このガスを液体化し、地中に戻す事業のことを言い、『フラッキング工法』とも呼ばれる。これをやると、その1年後大地震が発生することが突きとめられている。

さらにロシア国防省のイゴーリ・トカレフ大佐が爆弾発言したことをロシア・メディアが報じた。

その発言とは、**「東アジアの地震の多い某国は、数十年にわたり、地震を偽装した地下核実験を繰り返している」**（https://t.co/3w6gUAxkqLhttps://t.co/yJDBr22ikB）というものだ。

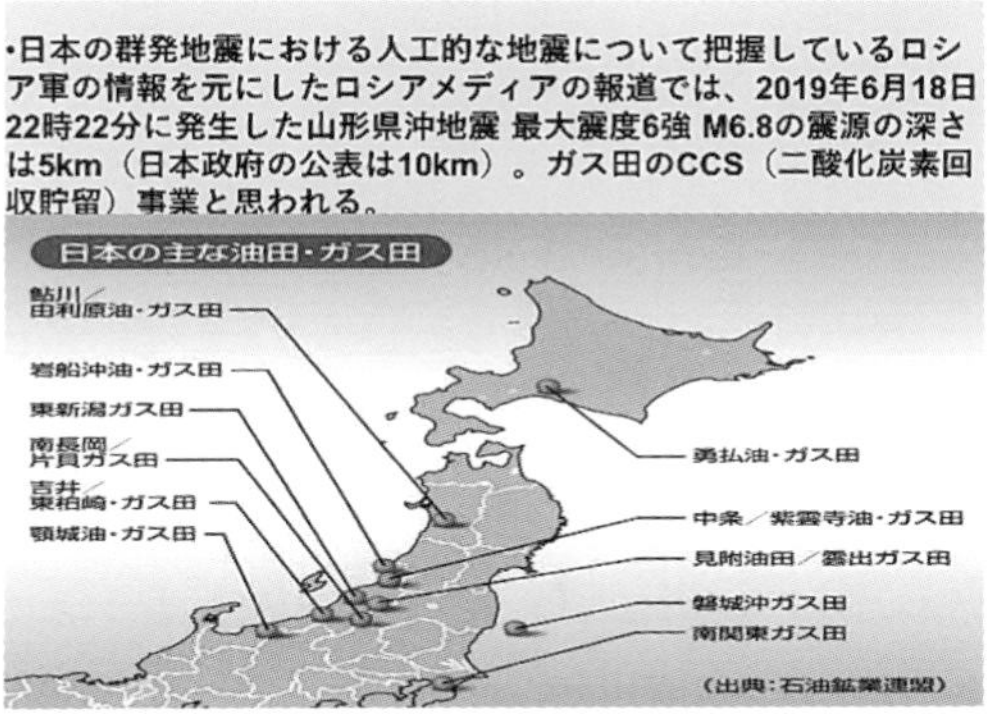

液体二酸化炭素を地下に注入すると大地震が起こる!（引用／FB）

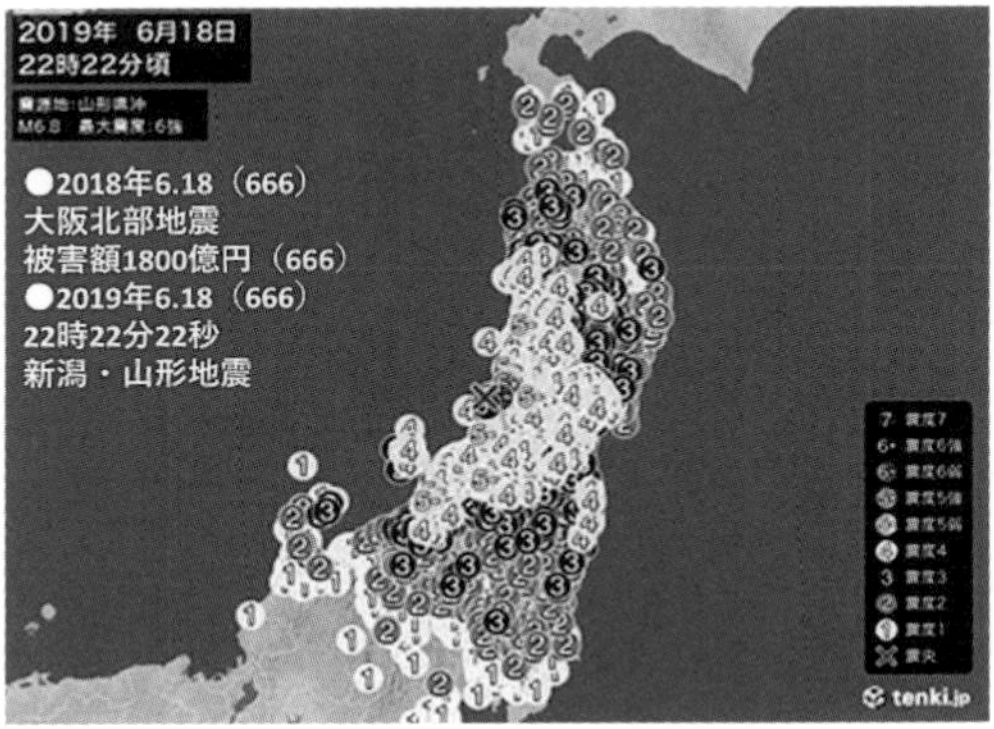

22時22分22秒はオカシイ（引用／FB）

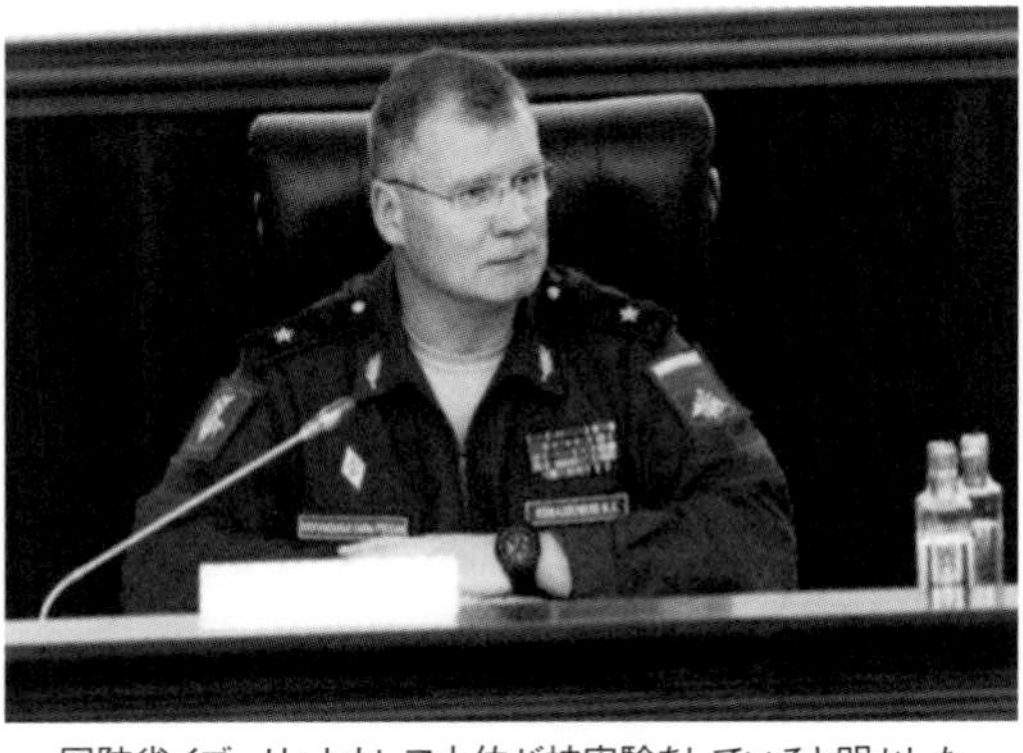
国防省イゴーリ・トカレフ大佐が核実験をしていると明かした

安倍自民が負けると、米国は膨大な軍事費を日本から巻き上げることが困難になる。したがって、安倍自公維政権にはなんとしても存続して欲しいと考えているはずだ。トランプは2020年に大統領選を控え、なんとしても民主党候補を上回り、国民の支持を集めたいはずだ。そのためには、イエローモンキー、または、家畜同様の日本人がどうなろうと問題ではない。その証拠に、安倍総理が渡米した際、「リメンバー・パールハーバー！」と何度も恫喝されたことがリークされている。

その数週間前、北海道の北、千島列島火山が6月22日に大噴火した。この噴火は大規模で、成層圏に相当の火山灰を噴き上げた。その証拠にハーモニー宇宙艦隊が2日間にわたって数機出現した。この火山噴火を看過できなかったのだろう。

これが原因で6月、7月と冷夏が続き、日照不足によって農産物の生育が大幅に遅れ、凶作の懸念が高まった。その後、幸いなことに天候がもち直し、凶作は免れた。

しかし、政治は安倍自公維政権に目茶苦茶にされ、日本の財産である種と水、森、山、海を売り渡す他、福島の汚染土壌を全国に搬入、日本全国放能汚染漬けにする政令および法令がスタートし、日本は自滅寸前だ。

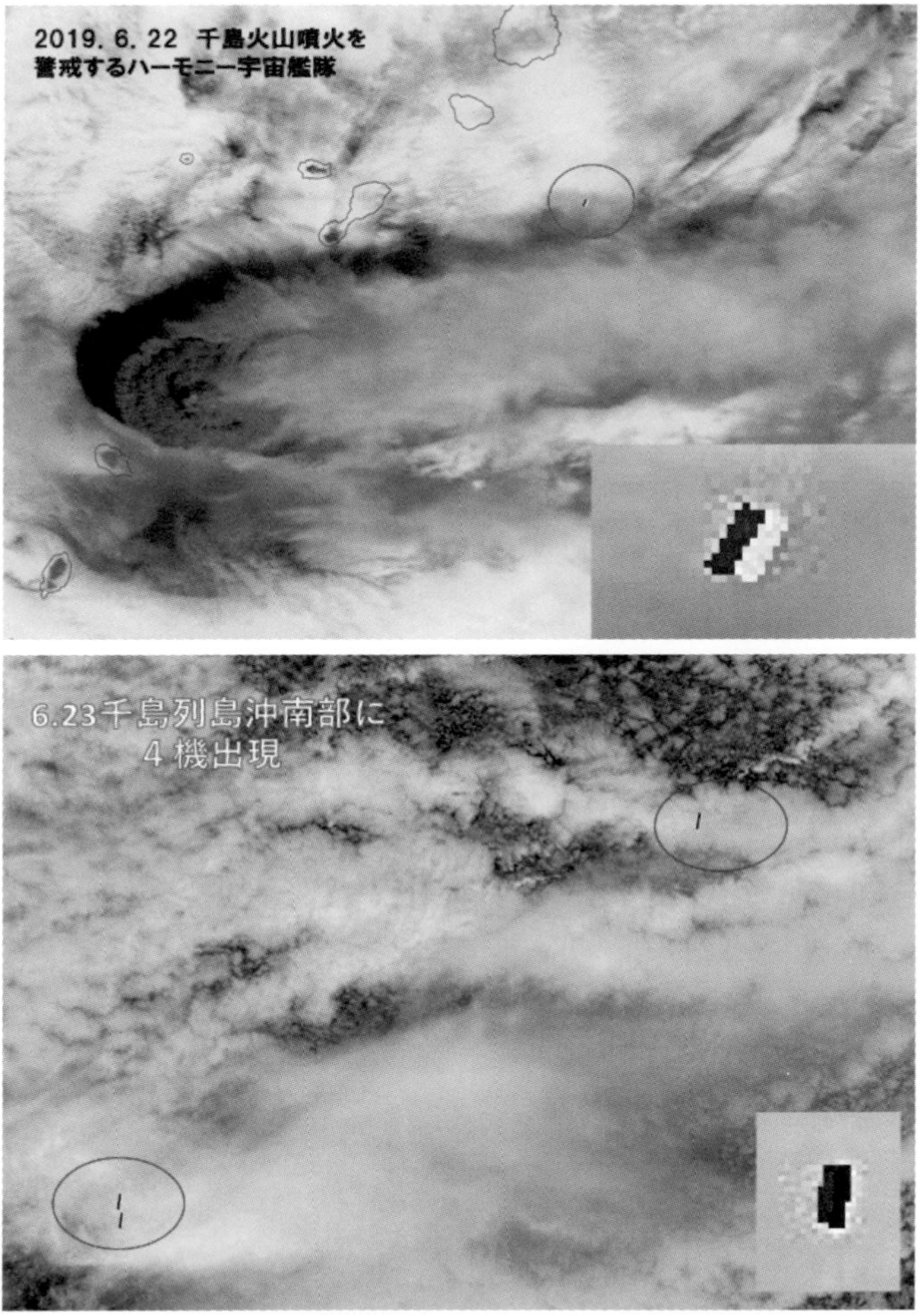

千島列島火山を警戒するハーモニー宇宙艦隊（引用／Worldview）

種を遺伝子組み換え作物に切り替えたのでは、病が蔓延《まんえん》する。森を失えば、生命を育むミネラル豊富な水が枯渇する。森が荒れることは、魚介類の生育にも大きな影響を与える。

なぜ、このような法令をスタートさせねばならないのか。

この暴挙に対し、朝日、読売、毎日、日経などの大マスコミは一切批判をしない。NHKに至っては、安倍総理の広報機関と化して、ヨイショ報道に余念がない。これは民主主義の崩壊を意味する。野蛮国家および独裁国家へまっしぐらだ。

このことがマスコミに報じられることがないので、市民の間に大した反対運動も起きない。貨幣経済から脱却、新たな通貨と、自然農法に回帰することで、地産地消システムで中央政府からの自立を指導している坂の上零氏をして、〝日本病〟と呼ぶ政治に無関心な、リスクのあることに関わらない、自分のことしか考えない、無責任な国民が増加の一途だ。まさしく〝エゴイスト〟が増殖中ではないか。

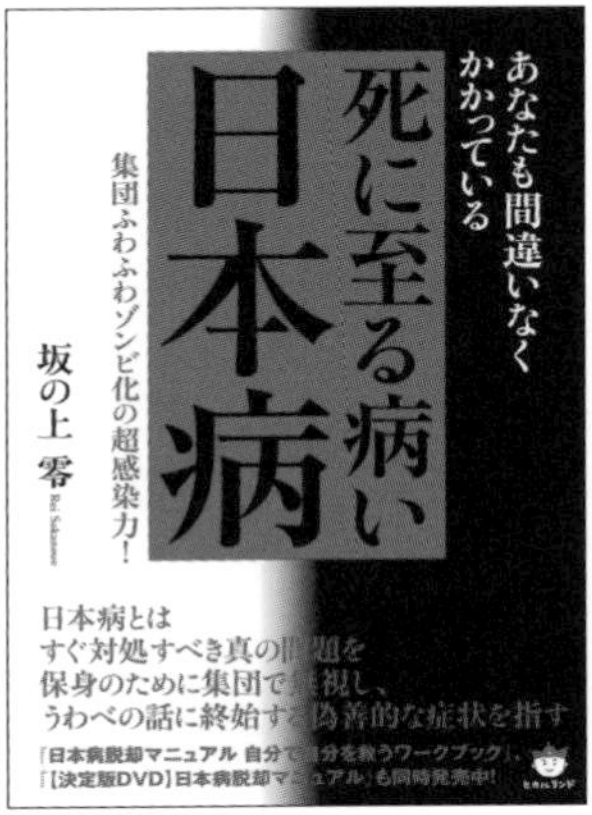

死を招く「日本病」の蔓延に警鐘を鳴らし続ける坂の上零氏著書

Ⅱ．千葉県を襲った台風15号は人工台風だ⁉

9月8日前夜、マリア生誕祭の日、東京上空にハーモニー船が出現した

前項で述べた暴挙と連動するかのようにディープステートの攻撃は続く。それは台風15号から18号まで一連の台風についてだ。

この台風もまた、地震同様、気象兵器による可能性が高い。こうなると、ハーモニー宇宙艦隊は黙ってはいない。

最初に台風が関東に接近した2019年9月8日、この日はマリアの生誕祭だった。

筆者は、主催者であるピアニスト・Liyura 氏のFBにコンタクトしていた。

彼女は筆者がハーモニー宇宙艦隊シリーズの作家であることを知って、「少しUF

Ｏの話をお願いします」とメッセンジャーで依頼していた。

実は、この日９月８日、前日に台風15号襲来を心配したハーモニー宇宙艦隊が２機、新宿と江戸川上空、それから三陸沖と北海道沖に数機出現しているＮＡＳＡの衛星画像Worldviewを入手していた。

コンサート会場には、著名な筆跡鑑定家や演奏家らが10数人集まっていた。

筆者は、**２０１２年10月19日をもって葉巻型ＵＦＯが最大数千機出現、日本上空を防衛、ディープステートによる人工地震や人工台風による被害の削減に動いてくれている数々の真相**を画像で示した。

場内ではかなり衝撃を受けた方もおられたようだ。一番、感動してくれたのは、Liyura氏だった。彼らの『無償の愛』に感動を覚えていたようだ。さすがに音楽家の感性は、豊か。右脳が常人より発達しているに違いない。

マリア生誕を祝うピアノの即興演奏と、若い女性の舞にオジサンたちの目は釘付け、しばし、時を忘れたのだった。

９月８日夜、**２機出現したハーモニー船なのだが、筆者が推定した出現場所の新宿**

9.8マリア生誕祭の日、台風15号が関東に近づいた

と江戸川区でまさにこの撮影に成功した2人がいたのだ。筆者の元にメッセンジャーで画像が届いたのだ。

こんなことはあまりなかったことだ。つまり、700㎞上空からNASAが撮影した衛星写真と、地上から同時にUFOが撮影されたことになる。

この2人とはなんと、Liyura氏の知り合いであり、1人が8日午後1時から1時半頃、もう一方の著名ブロガー〝矢部っち〟は8日午前1時半頃、目撃したというのだ。

やがて、自宅がある高崎に帰宅したLiyura氏は、9月15日なって定期ミ

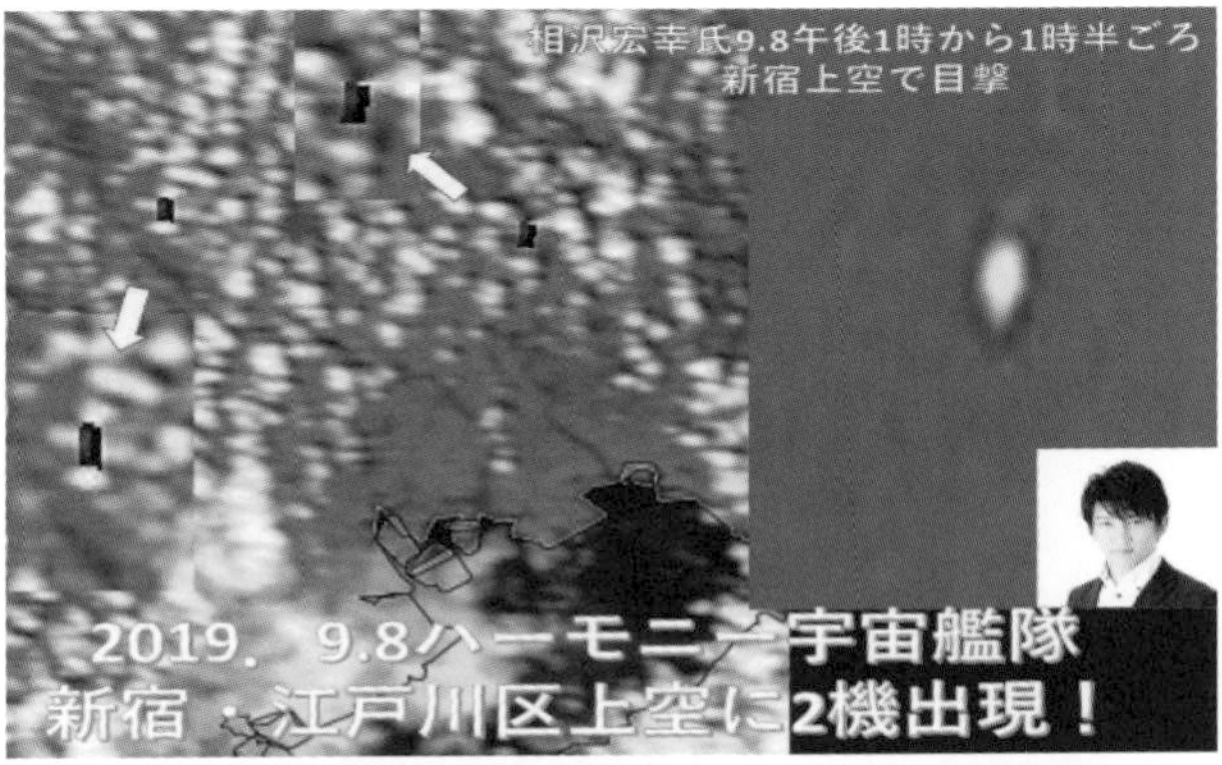
相沢宏幸氏9.8午後1時から1時半ごろ
新宿上空で目撃
2019. 9.8ハーモニー宇宙艦隊
新宿・江戸川区上空に2機出現！

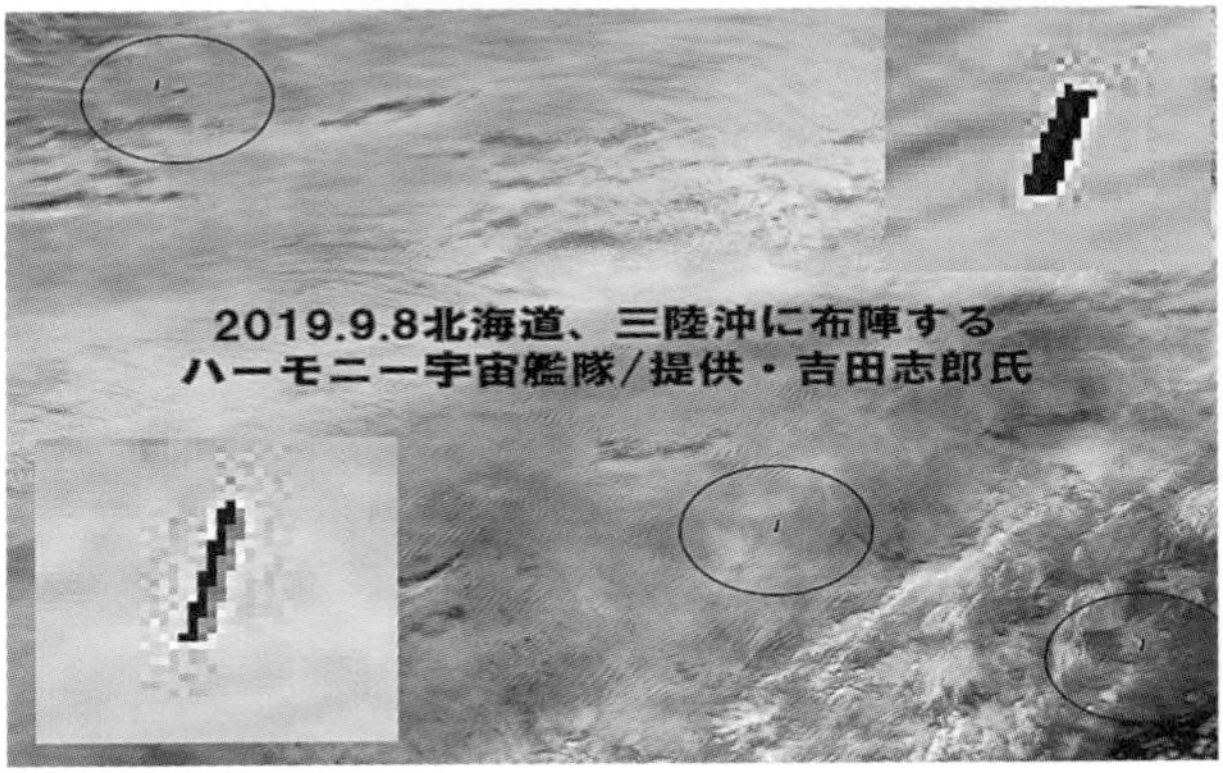
2019.9.8北海道、三陸沖に布陣する
ハーモニー宇宙艦隊/提供・吉田志郎氏

ハーモニー船が Worldview と地上から同時に撮影された

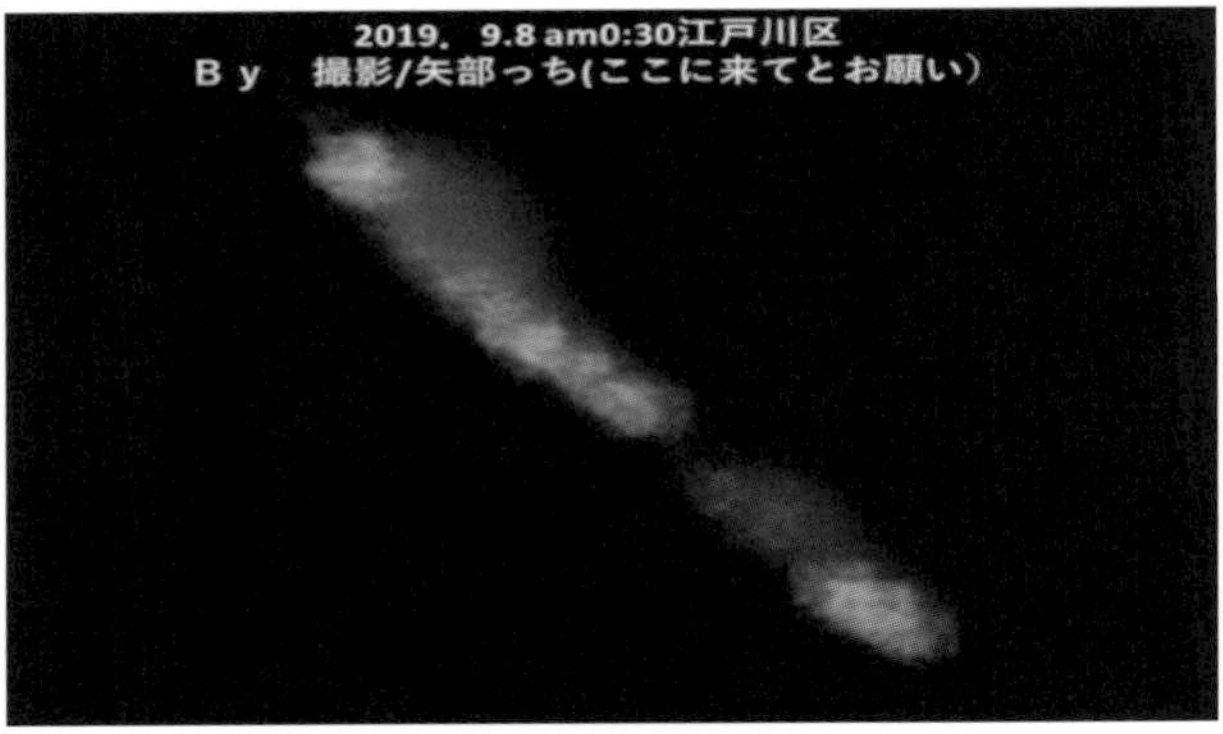
2019. 9.8 am0:30江戸川区
B y 撮影/矢部っち(ここに来てとお願い)

江戸川上空でも撮影された

2019.9.15群馬、コンサート後、姿見せてねと祈った！
右）UFOの周辺に磁力線のようなのが放射される。ピアニスト・LIYURA氏撮影。

2019年9月9日15時05分福岡県春日市レインボーバードさん撮影
リクエスト想念を読み取って、瞬時に出現してくれた？

ハーモニー船は祈りに応え、出現してれくれる

ニコンサートを開演した。満月が上り、高崎の市街が輝いた。

演奏後、**Liyura氏はハーモニー宇宙艦隊に感謝の想いを込め、「UFOさん、よかったら姿を現してね」と祈った**のだ。そして、満月をスマホの動画で撮影すると、なんと、満月の横と、高崎の市街上空にキラッと輝くハーモニー船が出現してくれたのだ。なぜ、ハーモニー船かと言えば、彼らの船体は葉巻型で横長が多いのだ。

その画像が右頁上である。Liyura氏は、めでだくコンタクティに任命されたようで、「UFOさんとつながると全身に震えが起こるのです」という。

早い話、プレアデスやアンドロメダ、シリウス、オリオンなどの星々の連合チームからなる銀河連盟は、目下、コンタクティの選別に入っているもようだ。日本、および地球人に宇宙意識に目覚めてもらうべく、コンタクティにその姿を見せ、広く啓蒙を願っているように思える。したがって、彼らとコンタクトを願うと、かなりの確率で出現してくれる。

ちょうど台風が去った翌9日、福岡市の女性が「UFOさん、出現してください」

と祈った。このとき、4機編隊が出現した。

プレアデスへの距離は、光のスピードで片道400年、アンドロメダでは240万年もかかってしまう。これを分、時間単位で彼らは移動することができる。

これは〝ワープ航法〟という、空間を捻じ曲げ、移動する航法のことだ。当然ながら、スペースシップ内では、『慣性の法則』が起こらないというのだ。

Ⅲ．古代から異星人は地球に訪れていた

ハーモニー宇宙艦隊および銀河連盟はコンタクティの選別に入っている！

彼らの文明は、超光速の技術をもっていることでもわかるとおり、地球よりも数万年、進化しているとも言われる。

古代インドでは、UFOは〝ヴィマーナ〟と呼ばれ、アレキサンダー大王の時代に空から闘いをサポートしてくれたことが古代文献『ラーマヤーナ』に記されている。どうも、**古代インド人は円錐形のヴィマーナに乗って、インドから南米インカ帝国に文明を伝えたらしい。**このことが先端の古代遺跡研究家によって突きとめられたのだ。

インドの神々の源流となったナーガ族、またはシバ神の首には蛇がまかれている。

アレキサンダー大王を支援したというヴィマーナ

古代インドの神々とインカの神々は酷似する

（引用／『アルシオン・プレヤデス No.82』）

これと同じようにインカ帝国の神もまた、首に巻かれているのが蛇なのだ。その神であるケツアルコアトルと、インドの神々の描写が実に酷似する。

筆者の古代史精査とシンクロする謎のビデオニュース『アルシオン・プレヤデス』のNO．82では、古代インドとインカ帝国の文明の共通性を実に見事に炙《あぶ》り出している。むろんのこと、アカデミックの頂点にいる歴史家には理解されようもない。

現在、日本および世界の各地に出現するＵＦＯは、ヴィマーナと違い、葉巻型および四角型が増えてきた。これはハーモニーズの横石集氏が名付けたハーモニー宇宙艦隊、またはプレアデス星人を中心にした銀河連盟のＵＦＯと思われる。

第2章で述べた**上平剛史氏は、全長４、５㎞ある葉巻型ＵＦＯの中で、地球人と酷似するプレアデスやアンドロメダ、シリウス、オリオンなど、複数の星人を目撃した。**

日本人の中には、宇宙人など存在するはずもないという、ネガティヴ派が多いはずだが、もはや否定しようもない体験談が後を絶たない。ここ2、3年筆者の周りには、コンタクティが急激に増えてきた。

筆者のUFO講演とジョイントした北茨城に住む川又淳一氏は、プレアデス星人からメッセージを受け、それを撮影する。その静止画と動画を入れると、すでに2万点を超える。おそらく、日本で一番UFO画像を有しているのは川又氏ではないだろうか。

コンタクティ／川又淳一氏

川又氏は、自ら撮影する時間をプレアデス星人にお願いする。それに応え、彼らは場所を指定してくるという手順だ。

例えば、彼らは、川又氏の自宅周辺や近所の風間神社付近を指定、「そこの電線に止まる赤とんぼの上空を撮りなさい」とか、「高いヒノキの梢にカメラを向けなさい」とかメッセージが入る。そこで、川又氏は三脚付きのビデオを設置、目標の場所にファインダー固定する。

彼らはその四角い狭いファンダーに写るように飛行、その姿を見せてくれる。こうしたことが無数に繰り返され、北茨木上空にはかなりのＵＦＯが飛来するようになったのだ。

一度、手塚治虫の『火の鳥』を読み、「火の鳥を見られないかな」と願ったことがあった。すると、〝火の鳥を見たい？　それなら火の鳥をイメージしなさい〟、そして〝今、太陽を左に撮影しなさい〟とかメッセージが入る。

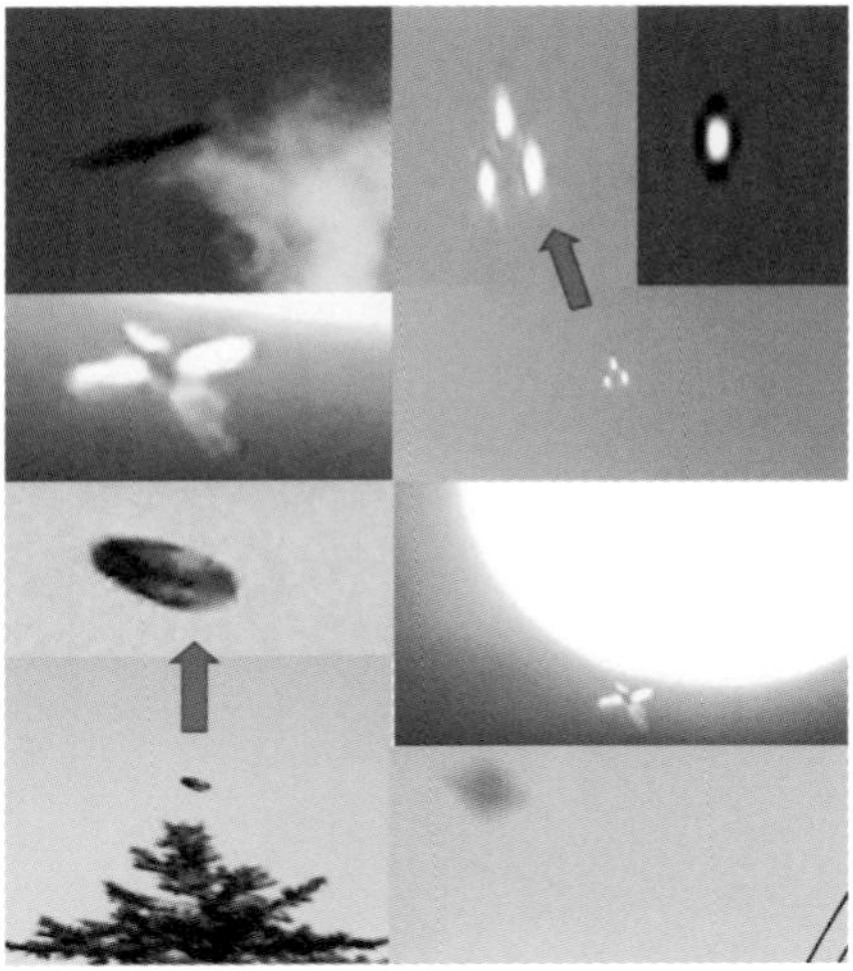

川又氏が撮影したプレアデスのＵＦＯの数々

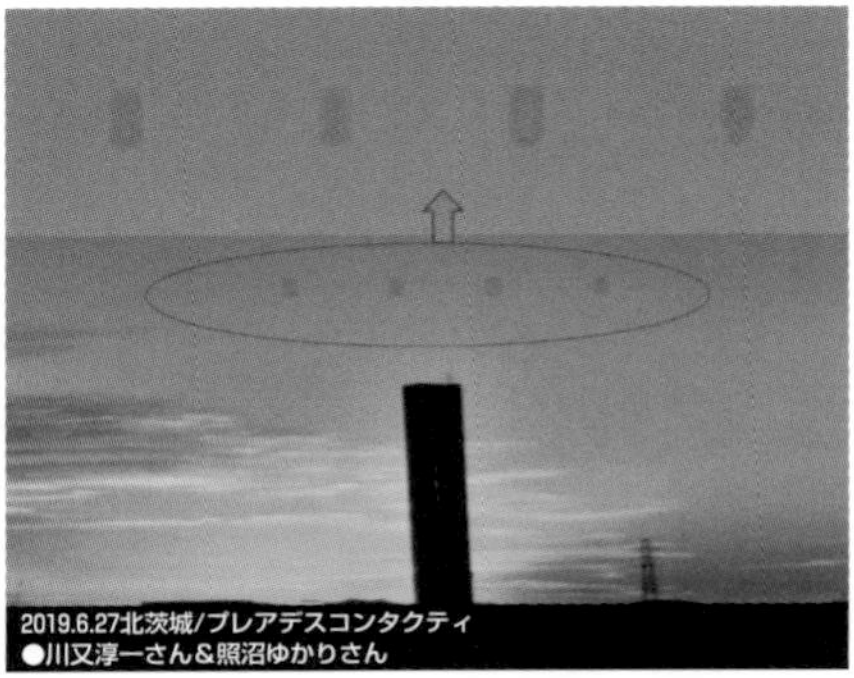
2019.6.27北茨城/プレアデスコンタクティ
●川又淳一さん&照沼ゆかりさん

福岡のレインボーハートさんが撮影した編隊と思われるUFOが北茨城で２人に目撃された

後に編集するデジカメ画像には、見事に火の鳥のような形のＵＦＯが太陽の右側に捉えられている。彼らは擬態も得意なので、ときには民間機や雲に擬態する場合もある。コンタクティに知らせる場合には、民間機に擬態したまま、突然消えたりする。

川又氏によれば、「これまで航空自衛隊のスクランブルが２度ほどかけられ、航空自衛隊から〝お前がＵＦＯを呼んでいるのだろう〟と叱責されたことがあります」ということ。

となれば、すでに航空自衛隊では、茨城上空にＵＦＯが出現していることを認知していることになる。

30数年前、日航機のアラスカ上空でのＵＦＯ遭遇事件は真実だった！

国内では民間機のパイロットと同様、自衛隊員にもＵＦＯの目撃情報はかん口令が敷かれているので、こうした情報は表に出ることはない。

筆者は、日航機の機長を30年以上務めたＯＢを取材したが、「航空パイロットの間では、ＵＦＯの存在は常識になっている」と証言した。

１９８６年11月、アラスカで日航のジャンボ機の機長が巨大ＵＦＯに50分間にわたって、追跡されるという怪事件が勃発したのをご記憶だろうか。これを機長がマスコミに話したところ、地上勤務に左遷され、不遇の一生となってしまった。

後に「このＵＦＯは夕日の間違い」だったと訂正された。パイロットが夕日とＵＦＯを見間違うわけがないではないか。

真相は、**ジャンボジェット機の３倍から４倍もの巨大な丸型ＵＦＯの追跡を受け、これから逃れるために右に３６０度旋回したところ、ピタリと併航された**というのだ。

この後、機長はこのときの記録をアンカレッジで、『Written Statement by Capt. Terauchi [In Japanese]』という文書に残していたことがわかった。

この事件はアラスカの管制塔でもレーダーで確認しており、アメリカ連邦航空局（ＦＡＡ）職員がこのときの資料と記録をとっていたらしい。このことが当時のレーガン大統領に報告されたが、固くかん口令が敷かれ、ＣＩＡが機密扱いにしてしまっていたのが情報公開法で明らかとなったわけだ。

2019年9月20日、とうとうテレビ朝日が、「アメリカ海軍が米国サンディエゴ沖でUFOを発見、これをUAP（未確認航空物体）と呼ぶことを決定した」と報じた。

もはや、UFOを信じる、信じないレベルではないことをご理解いただけたであろうか。

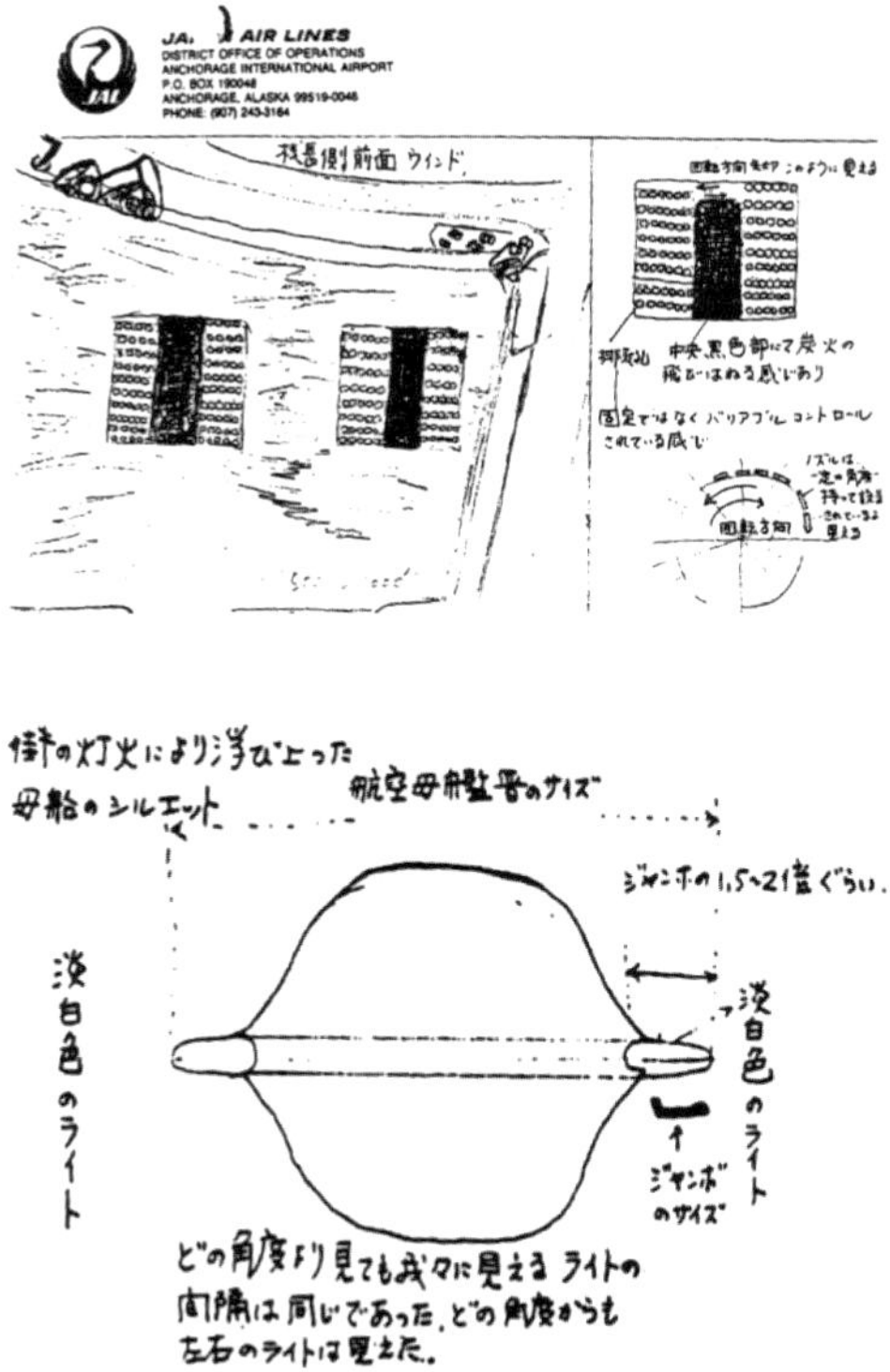

日航機機長がアラスカ沖でUFOに追跡された

裏表がない人がコンタクティに選出される⁉

また、神霊研究家として、長野県の分杭峠《ぶんぐいとうげ》のパワースポットの発見者として知られる宮本高行氏もハーモニー船からコンタクトを受けている１人だ。

同氏は、過去10年にわたって仙丈ケ岳、甲斐駒ヶ岳など、南アルプス登山を趣味としてきた。ところが、**２０１９年６月、「今年は御嶽山に来なさい。待ってますよ」**とのメッセージを受けた気がした。そこで、御嶽山に登った。

「登山中は、神霊が写るのか、龍が出現するのか、はたまたＵＦＯが出現するのか、感覚を研ぎ澄ませていたのです」

10日ぶりの晴天に恵まれ、太陽は輝いていた。この太陽の輝きに何かが加わったように感じた。そこで、同氏は太陽の写真を無数に撮ったが、特別不思議なものは写っていなかった。

〝なんのための御嶽登山だったのか〟と思いながら、翌日、伊那市の入野谷に行き、城山に登るとき、輝く太陽の中に何かを感じ、撮影した。予感は的中、そのうちの3枚の中にUFOが写っていたのだ。

やがて、東京に戻り、御嶽で撮影した写真と、動画を念入りに精査したところ、1つの動画に太陽からUFOが飛び立つ様子を確認できた。

それは四角い葉巻型UFOで、全体が白い色の中に紫色の部分が混じっていた。

「これは城山で撮影したUFOと全く同じです。このUFOが御嶽から城山まで、ついてきてくれたのが分かったのです。今年、御岳に私を呼んだのはUFOだったようです。これはハーモニー宇宙艦隊ではないでしょうか」とのメールが2枚の写真とともに筆者の元に届いた。

これは**前出のLiyura氏が9月15日に撮影したものと同型の葉巻型UFO、つまりハーモニー宇宙艦隊と言える。**筆者の周辺では、コンタクティをはじめUFO目撃者が急増中だ。これは何を意味しているのだろうか。次頁の画像がそうだ。

2018年11月ロスで撮影されたUFOと、同年11月、神奈川県鵠沼海岸駅上空とマレーシアで撮影されたUFOは、ほぼ箱型で同型、これもハーモニー宇宙艦隊と思

2019年6月、左が御嶽で撮影していたUFO、右は城山で撮影できた
UFO、まったく同一のUFOであることがわかる。

長野県で宮本氏にコンタクトしてきたハーモニー宇宙艦隊

2019. 8.7奥入瀬渓谷付近、後部座席から。
撮影/照沼ゆかりさん

奥入瀬で撮影されたハーモニー宇宙艦隊

2018.11.17　ロスアンゼルス
by　t a k i o t o
2018.11月下旬　鵠沼海岸駅上空
by 田所伸子
2018.11.13　クアラルンプール
by 佐々木まき子

世界中で目撃される四角い葉巻型 UFO

われる。

この撮影に成功した田所伸子さんはカメラマン。いつもバッグの中にカメラを収納しているのだが、最近は、「〝撮影しなさい〞とのメッセージがあって、カメラを取り出すと間に合わないので、手に小型カメラを持って歩いています」とのことだ。

また、前出のプレアデスコンタクティの川又氏と、シンキング演奏者の照沼ゆかりさんが撮影した４機平行に写っているハーモニー宇宙艦隊は、前項の福岡春日市のレインボーハートさんが祈って撮影に成功したハーモニー宇宙艦隊と陣形がほぼ同じだ。

これも大変、貴重なショットである。いずれもコンタクティと言える。

あなたがお願いすれば、彼らは出現、姿を現してくれる段階に入ったようだ。

前述した上平剛史氏が明らかにしたコンタクティの条件とは、顕在意識と潜在意識が同一であること。**彼らのＤＮＡは二重螺旋どころか、12重螺旋になっているので、テレパシーで相手の考えも理解できる。**つまり、裏と表と２の顔をもっていたのでは、彼らはどちらが本当の顔なのか、つかめないのだ。

筆者の周辺で、ＵＦＯを目撃している人たちは実に素直な人が多い。

Ⅳ．ディープステートとハーモニーズとの総力戦が開始された

台風15、16、17、18号は気象兵器による証拠を捉えた!?

この夏も異常な台風に襲われた。日本を襲った台風は15号、16号、17号、18号と4連チャンの人工台風攻撃の可能性が濃厚だ。その証拠の米国ウイスコンシン大学が提供するＭＩＭＩＣ画像をよく見てほしい。

この画像は、海流の上昇気流をアニメーション化したものだ。茶褐色の濃い場所が海上の上昇気流が激しい部分だ。その反対に薄い場所は上昇気流が少ない。

したがって、世界の海流の蒸発量が一目でわかり、低気圧および台風、またはハリケーンの動向を捉えることができる。

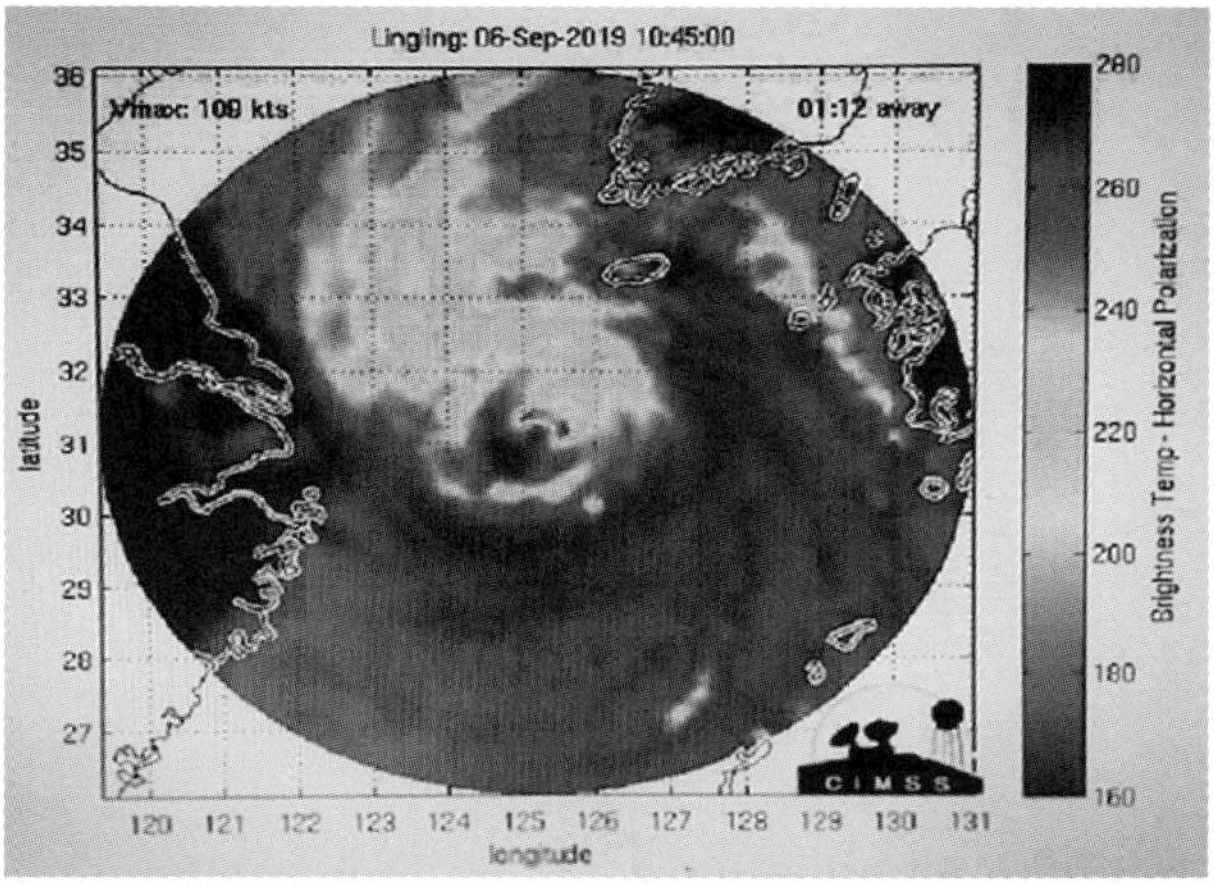

台風15号にマイクロ波の照射を捉えた！

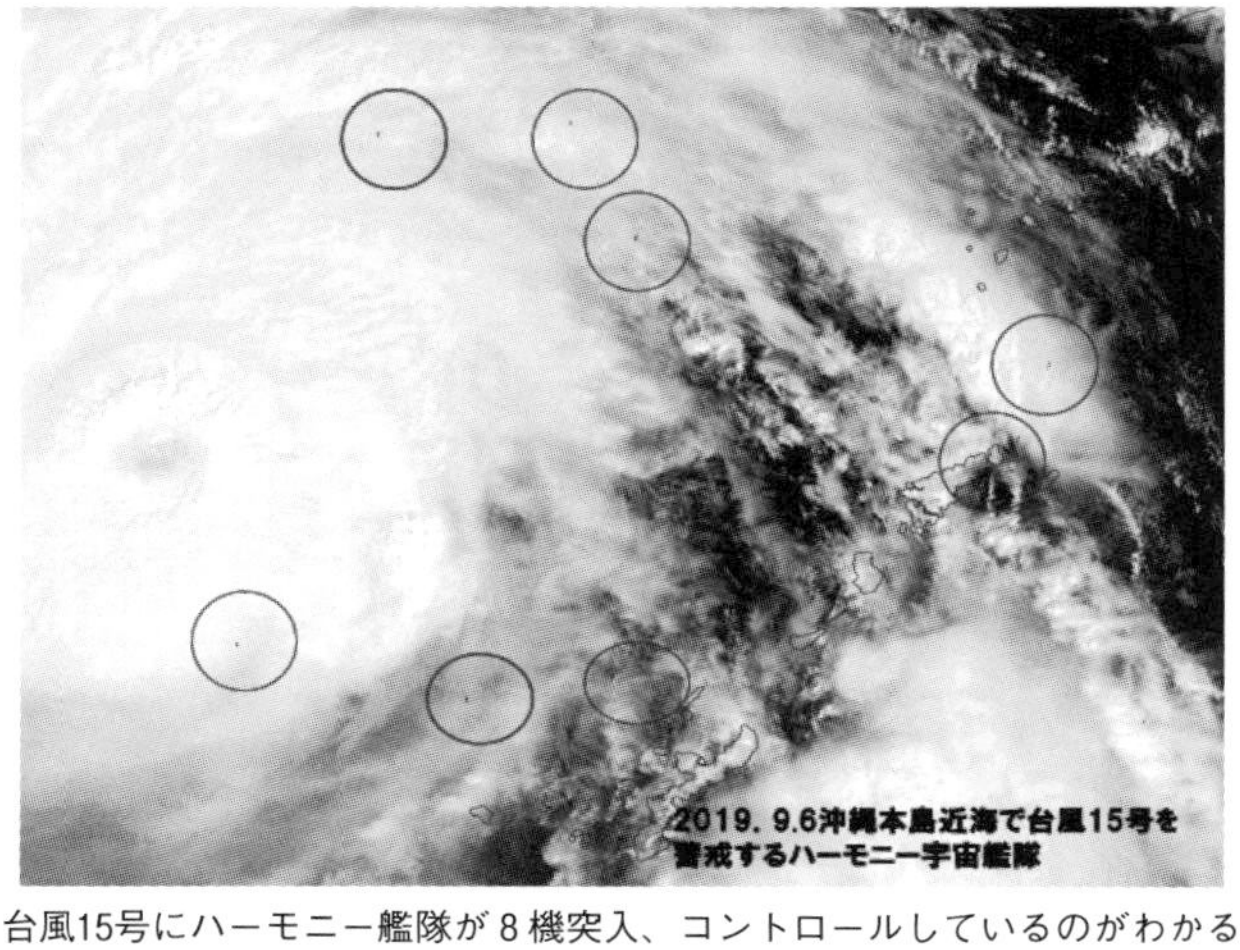

台風15号にハーモニー艦隊が８機突入、コントロールしているのがわかる

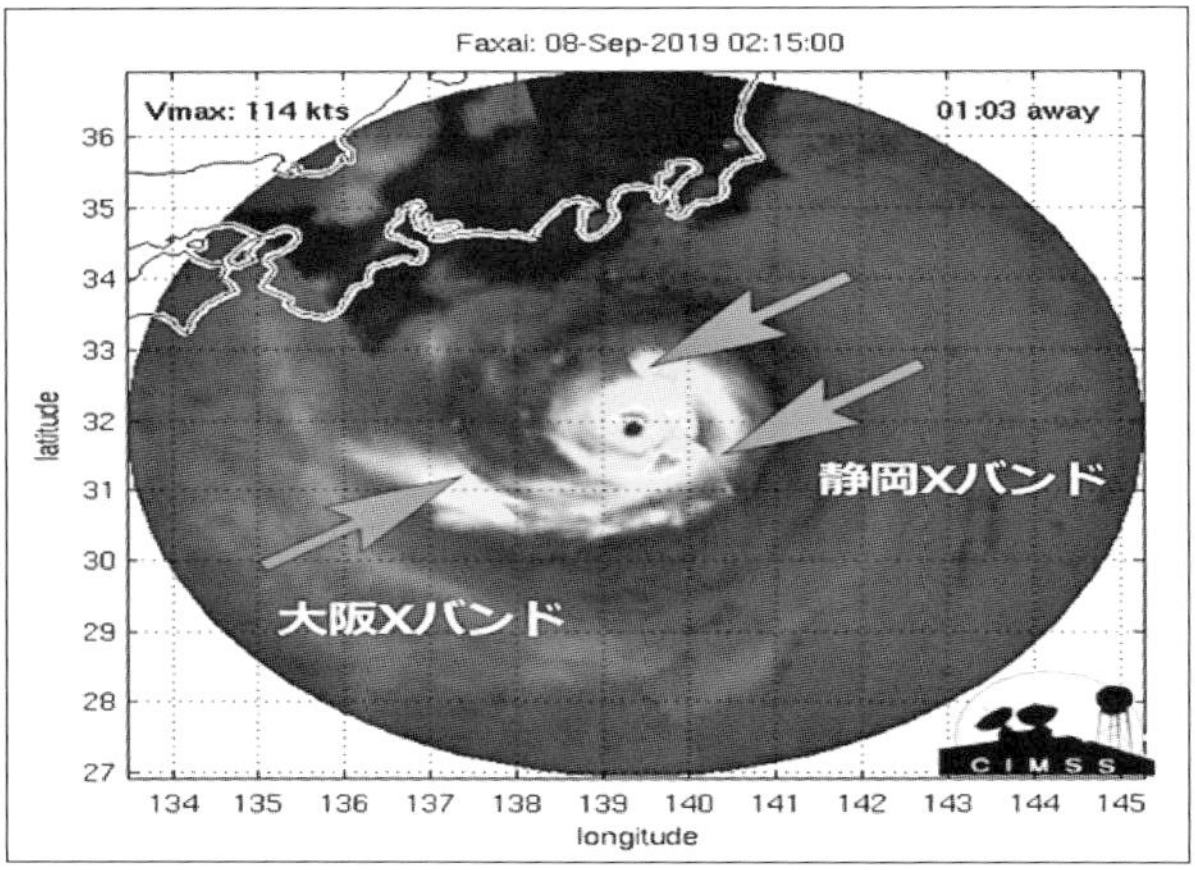

MIMIC が X バンドレーダーのマイクロ波照射を捉えた

また、何者かがマイクロ波を陸地、軍事衛星、または海上から照射している電磁波が見て取れる。**海水および大気が熱せられた場合、赤色の流動が激しく台風が巨大化する**様子をつかめる。これに**気象庁の衛星ひまわりが撮影した雲の様子とtenki.jp、さらに米国軍が提供する天気予想図**を精査すれば、気象庁の発表を待たずに誰でも机上において台風の進路が予測できる。

ハーモニーズの横石氏は、この観測を10年近くも続行、その結果をブログで公表しているわけだ。

九州沖に台風15号が迫った9月6日、

台風15号がＭＩＭＩＣで捉えられた。同時にWorldviewでも同日時間が若干異なるが、沖縄慶良間諸島沖の台風15号の目と8機のハーモニー艦隊が突入しているのが確認できた。

次に台風15号は、関東付近に襲来、このときも各気象観測所に設置されているXバンドレーダーからマイクロ波が照射され、何者かがコントロールしていることがうかがわれた。

そこで、7日深夜から8日にかけてハーモニー船が東京上空に出現してくれたわけだ。

次に16号が沖縄沖に発生、15号で破壊された千葉県を再度襲う計画かに思えた。これは実に巨大な台風で、北半球を4分の1ほども占める巨大さだった。この16号が関東に上陸したのでは、千葉県はさらに甚大な被害を被るのは確実だろう。

この台風攻撃に怒った横石集氏は、再度全国のハーモニーズへ〝全電子完全停止オペレーション〟を呼びかけた。全電子完全停止オペレーションとは、「台風16号、消

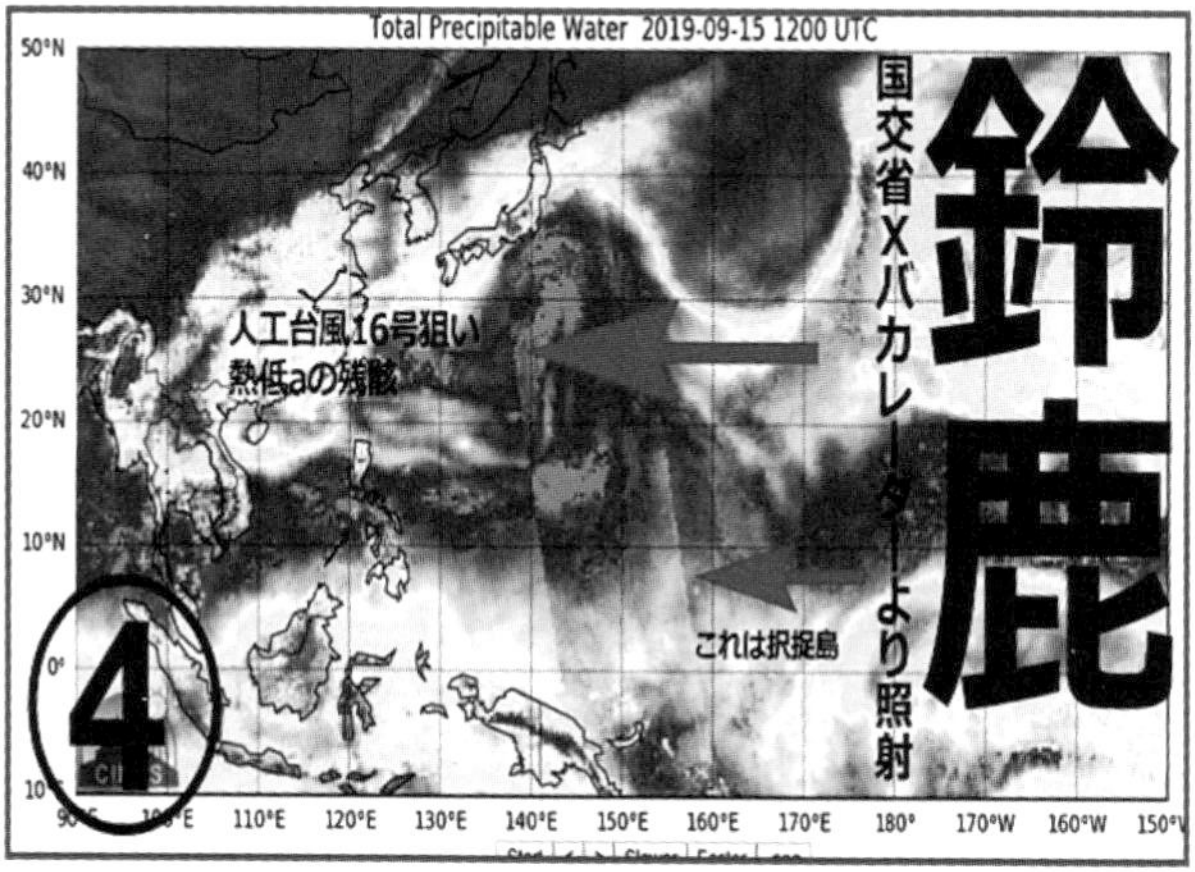

人工台風16号は巨大だったが、突然消滅した！

えよ！」と実際の台風が襲来する地点に向かって意念を送ることだ。

これも「まさか⁉」と思われようが、量子力学の研究が進んだ今日、意念が物質化を引き起こすことが明らかにされた。

分子から構成される物質の最終は、素粒子およびニュートリノだ。意識が素粒子を動かすことは、10年ほど前行われた、『量子の2重スリッド実験』で実証済みだ。今日の物理学者の大きな潮流は、「意識が物質化を引き起こす」ことだ。

かつて、日本では当たり前に行われていた、密教行者の加持祈禱、神社裏で藁人形に五寸釘を打ち込む呪いなどがそう

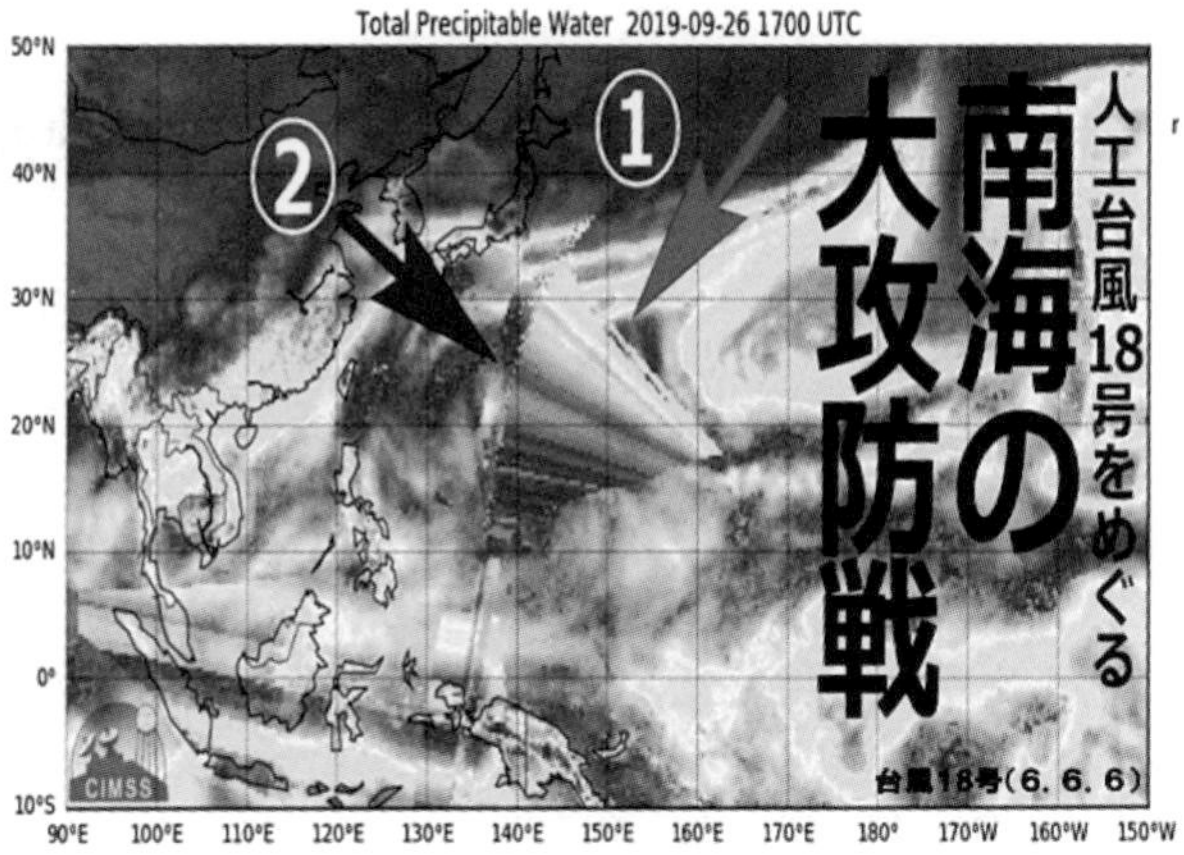

ディープステートとの南海の攻防戦を見せるハーモニー宇宙艦隊

だ。病の人に手を合わせ、回復を祈願することは無駄なことではないのだ。これはオカルトではない。科学的に証明できる段階に私たちは立ち会っている。

ハーモニーズは量子ペンダントに向かって祈ることで、集団量子パワーがさらに増幅、台風も消せる巨大なバイブレーションとなる。

これが奏功、あの巨大台風16号は見事に消えた。ところが、これを仕掛けるディープステートは、南海海上から今度は18号を襲来させるべく、マイクロ波を照射しているのがわかった。

これに対し、ハーモニー宇宙艦隊はこ

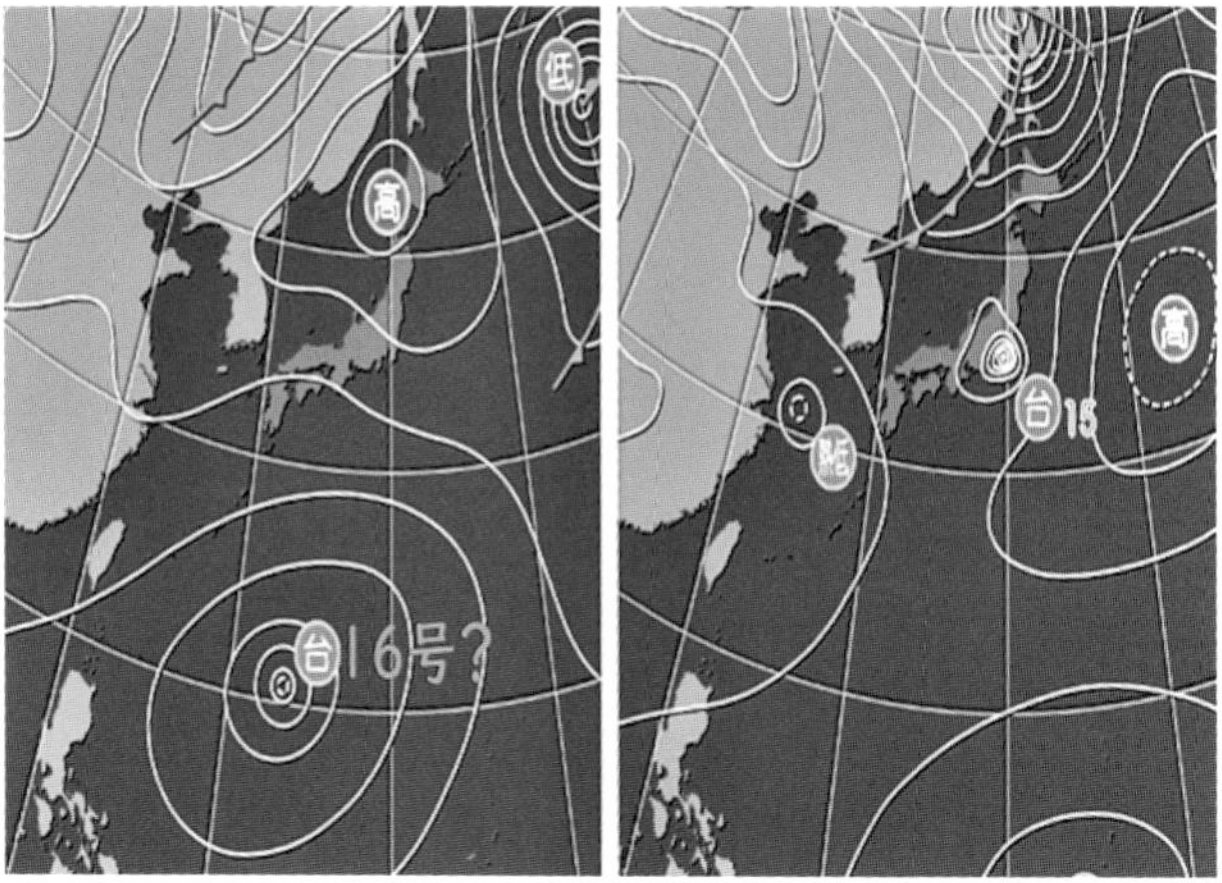

人工台風16号は巨大だったが、突然消滅した！

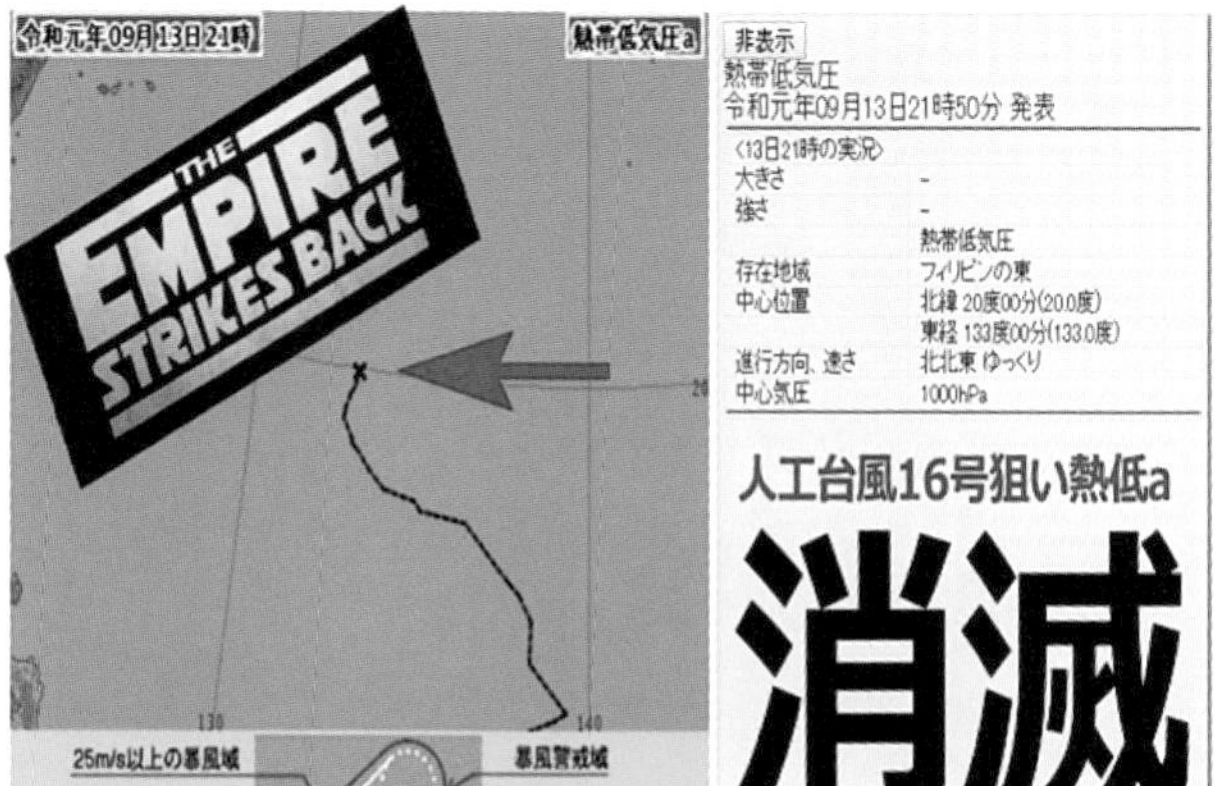

ディープステートとの南海の攻防戦を見せるハーモニー宇宙艦隊

れを阻止すべく、小笠原列島沖南海でこれを遮断している画像が確認された。

18とは、6・6・6からなる、ディープステートが仕掛ける悪魔の数字、18だ。

ハーモニーズと目崎遠隔ヒーラーチームの総合力で台風18号の減衰に成功!?

前出のハーモニーズの横石氏によれば、「目的の南海から今まで見たこともない扇型の強烈な電磁波が照射され、これは人工台風18号狙いで、ブルネイからニューギニアに向かう直線定規のような電磁波が確認できます。HAARP原子力船がこの付近で電磁波攻撃を行っているのかもしれません。

しかし、これに対しハーモニー宇宙艦隊は、超次元隔壁でも設置したように電磁波を日本列島付近でピシャリ遮断しています。これができるのはハーモニー宇宙艦隊しかなく、見事な即応力と言えます。

BG梅（ディープステート）の人工台風18号（666）にかける意気込みは、相当なもので、現在、windyによれば、九州上陸コースを描いています。もしかすると、川内原発と玄海原発を大停電による外部電源喪失させ、放射能漏れを同時に狙っている可能性もあります」とし、再度『人工台風18号全電子完全停止オペレーション』を呼びかけた。

この台風18号には、数年前から遠隔ヒーリングで難病を改善している目崎正一グループも参戦、10月１日午前７時半、同氏が認定した18人のヒーラーが18号に向け、イメージと祈りを飛ばした。

目崎代表は、**「大いなる宇宙の神よ、台風18号の勢力を弱め、被害を少なくしたまえ〜」とし、後に中心気圧を９７５ｈＰａ以上になることを呼びかけた。**

日本気象協会は、30日の夜、暴風域を伴ったまま、強い勢力で先島諸島に接近、沖縄では猛烈な風が吹き、八重山地方では最大瞬間風速は60ｍとなり、２日には西日本に接近、荒れた天気の恐れがあるので、厳重な警戒を呼びかけた。

結果は、10月２日午後３時、朝鮮半島内湾付近で中心気圧は９８５ｈＰａとなり、勢力は弱まった。

こうした台風消滅作戦は、今回だけでない。前書で記したが、2016年8月26日に関東に接近した台風10号は、実に東日本壊滅が懸念される危険な台風だった。

この台風は関東の東海上で発達し、それから西進し、沖縄あたりで突然Uターンし、関東まで戻ってきた。そして、関東に直角に進路を変更、福島原発が再度、台風によって破壊されようとしていた。

この8月末は、一年中で太平洋側で一番潮位が高くなり、10mほど高まる日だった。この日に合わせ、ディープステートは、人工台風10号攻撃を仕掛けたわけだ。

むろんのこと、ハーモニーズの隊長とも呼べる横石氏は激怒、この台風の進路変更のオペレーションを呼びかけた。

これに呼応したある女性が、〝今、関東が最大の危機に局面しています。全国の皆様、お祈りでこの台風10号の進路を変えましょう。どうぞ、お願いします〟と決死の呼びかけをしたところ、ネットで拡散されたのだ。

いよいよ関東上陸間際になった29日、なんとこの台風10号に13機のハーモニー宇宙艦隊が突入、台風の進路を変え、岩手、北海道の方面に弾き飛ばしてくれた。

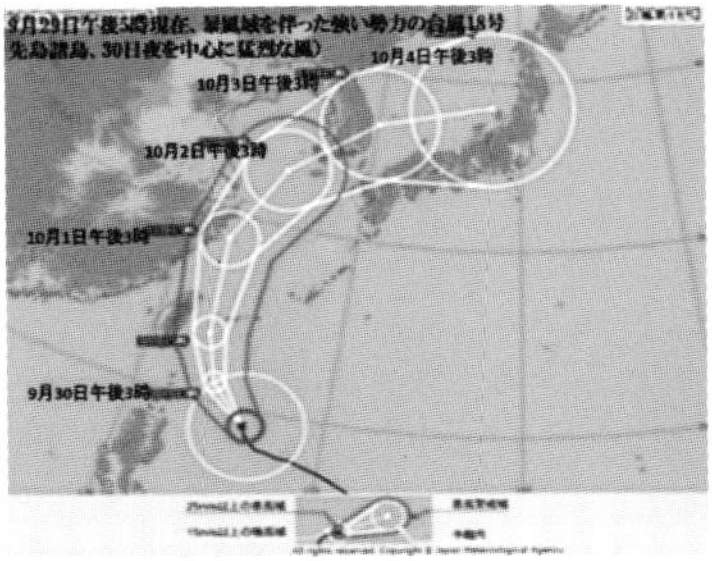

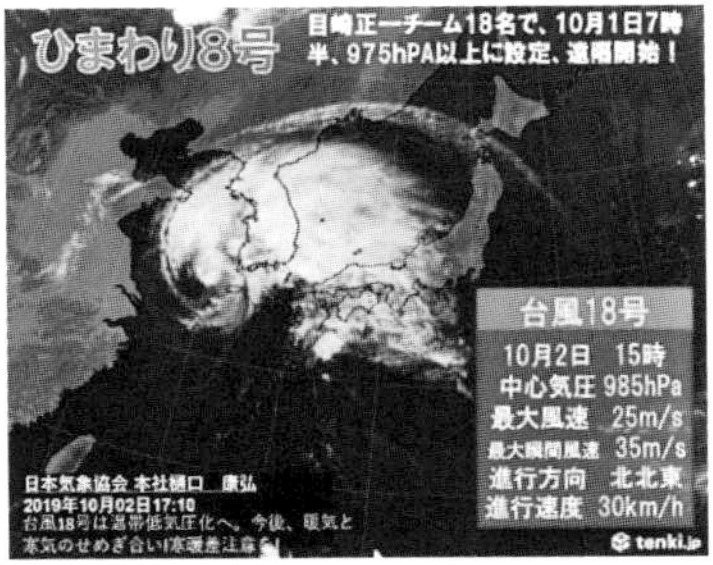

度重なる台風攻撃を遠隔パワーとハーモニーズの祈りで台風の勢力を弱体化した

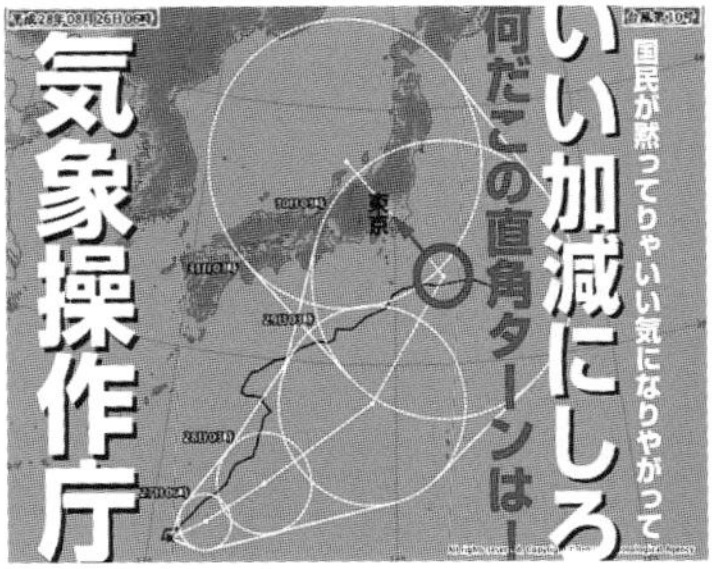

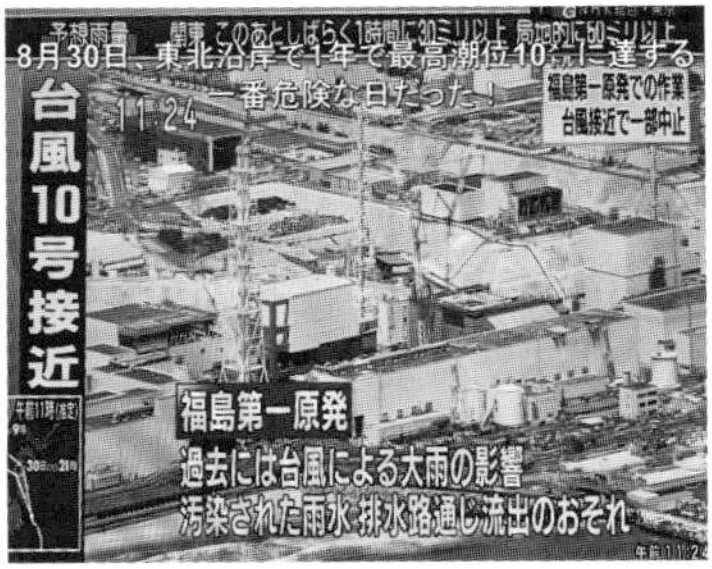

2016年 8 月26日、信じられないUターンした台風10号の危機が迫った

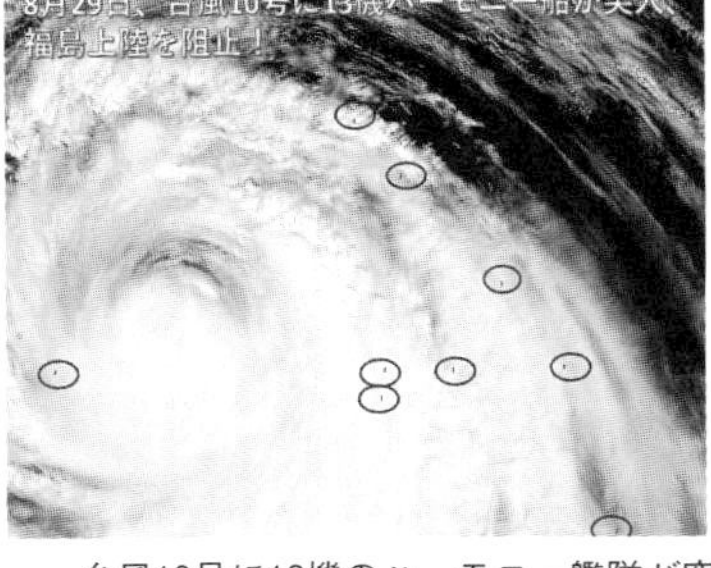

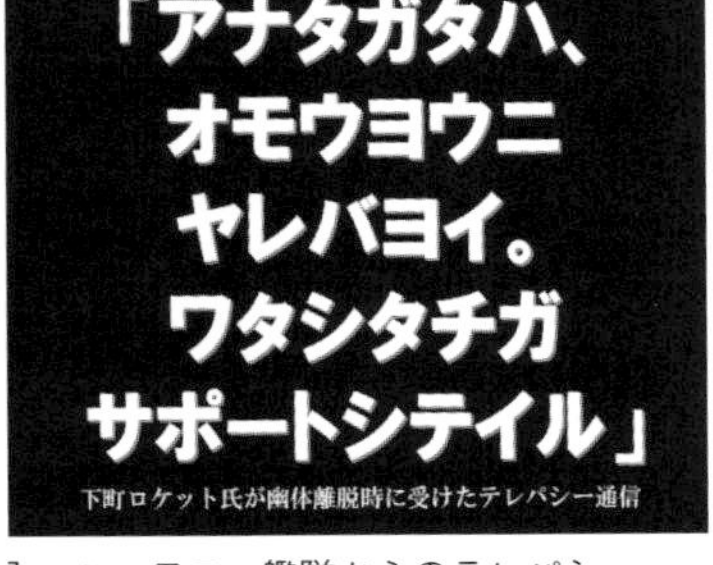

台風10号に13機のハーモニー艦隊が突入　ハーモニー艦隊からのテレパシー

こうした祈りとハーモニーズのオペレーション、そして、ハーモニー宇宙艦隊の総合力で福島原発の破壊を阻止、放射能拡散の危機を回避できたと言える。

まさしくハーモニー宇宙艦隊の「アナタタチハオモウヨウニヤレバヨイ。ワタシタチガサポートシテイル」をいまだに実行してくれている。これこそ、〝無償の愛〟と呼べるのではないだろうか。

京大のMUレーダーで気象操作が行われていた！

気象兵器については、すでにロシアに亡命した元NSAのエドワード・スノーデン氏が、1950年代から気象を操作する兵器の開発に成功、温暖化を操作しているという文書と証拠を握っていると発言していた。**近年のロシア・メディアのインタビューでは、地球温暖化説はCIAの捏造によるものである**ことを明らかにしている。

まさしく前述したスウェーデンの少女の発言はまさしくCIAのプロパガンダだったわけだ。地球温暖化の脅威を植え付けながら、その実、HAARPやXバンドレーダーなどの気象兵器を使って地震や台風、ゲリラ豪雨をコントロールしている現実から目を逸らさせるための陽動作戦だったと言える。

日本では、毎年夏、異常な災害に見舞われるのが日常化してきた。２０１８年夏の西日本豪雨災害もそうだが、２０１９年7月から8月にかけ、佐賀、福岡、長崎などは集中豪雨に見舞われた。

気象庁の発表では、「8月27日あたりからこの3県の上空に、幅20～50㎞、長さ50～３００㎞に及ぶ『線状降水帯』が居座っている」とし、大雨特別警報を発令した。

線状降水帯ができる原因は不明としているが、通常、雲は西から東へ流れるのが普通だが、この線状降水帯は1か所に留まり、しかも1本のライン上に雨雲が長期間にわたり、留まっているのだ。

これこそ、近年、10か所以上も設置された気象庁の『Xバンドレーダー』、または上空で、太陽光を熱源に人工衛星からマイクロ波を飛ばす気象兵器を使った証拠であろう。

これについて、ネットでは著名なブロガーが２０１８年夏、ＨＡＡＲＰを検索した

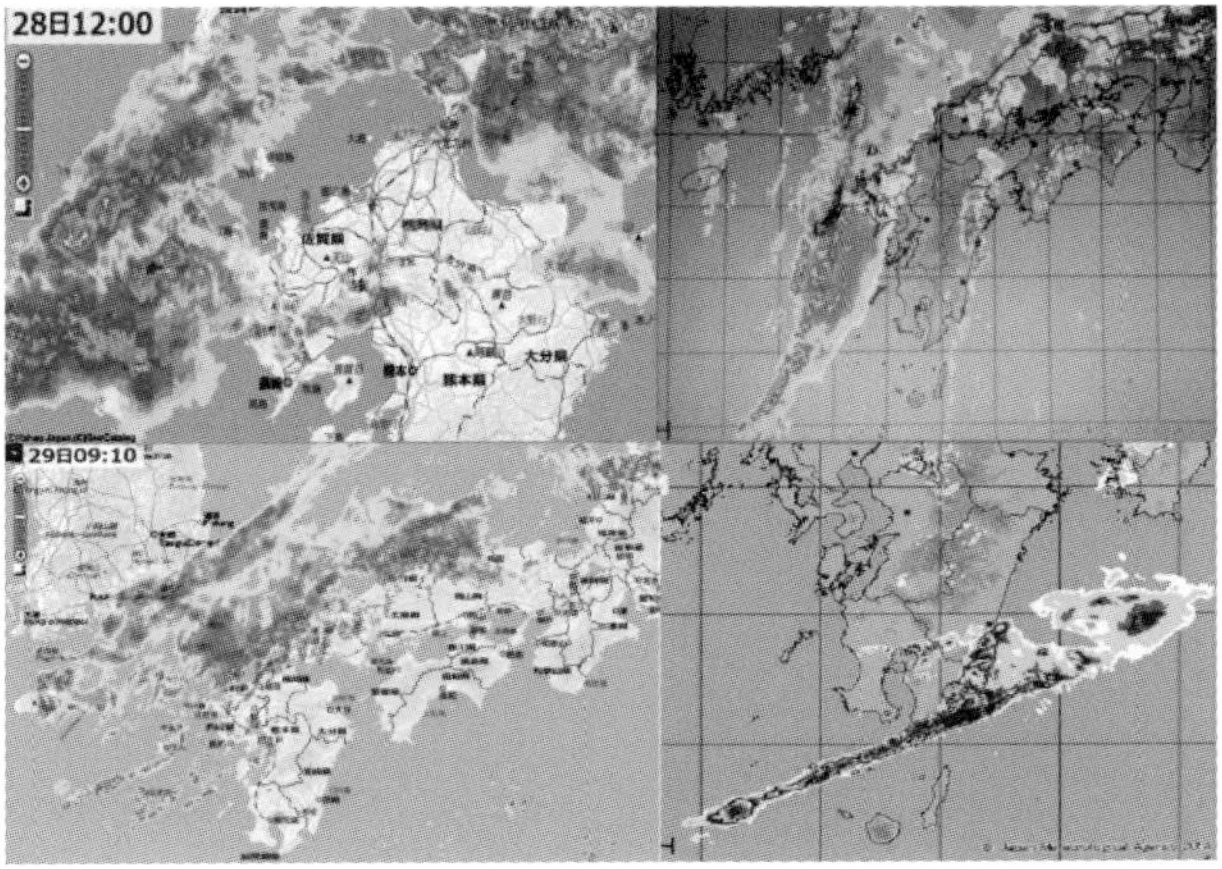

8月17日頃から居座った線状降水帯

ところ、ベルギーに住むフランスの医師が、【試験運用から実用にシフトした、それが世界で最も進化した〝Antenna of HAARP〞、京都大学　日本】をブログにアップしていたことをつかんだ。

　また、同ブロガーの元に京都大学講師から『ＭＵレーダー照射に関する内部告発』と称する文書が届いたというのだ。

　これは決定的な証拠だ。ＭＵレーダーの設置場所とレーダー照射班の人名も明らかにされ、２０１８年8月18日、朝５時半から作業を開始、ケムトレイルの散布確認後、10時05分、予定どおりＭＵレーダーを実行、教授により、**【実験開始**

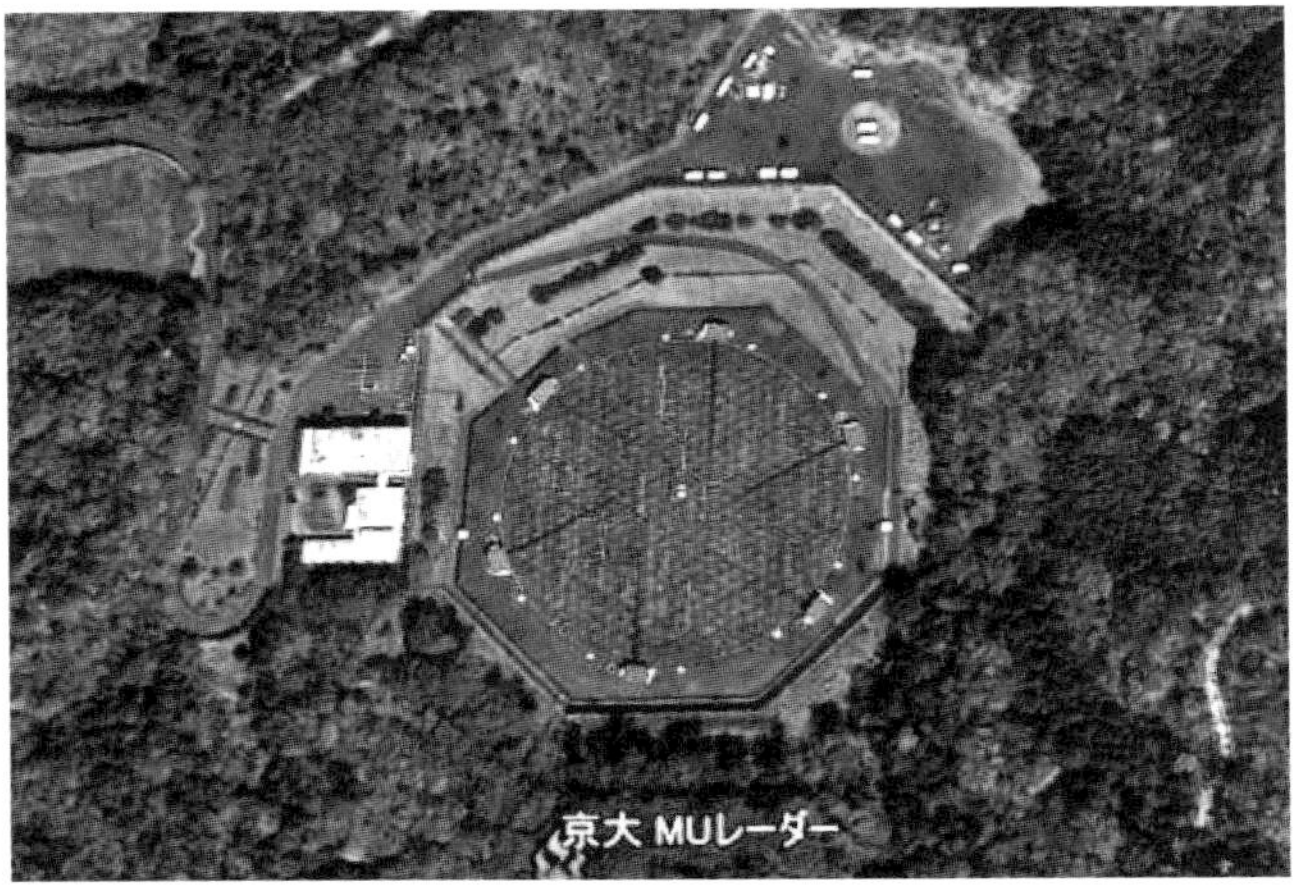

気象を操作できる京大の MU レーダー（引用／アメブロ だいはつ）

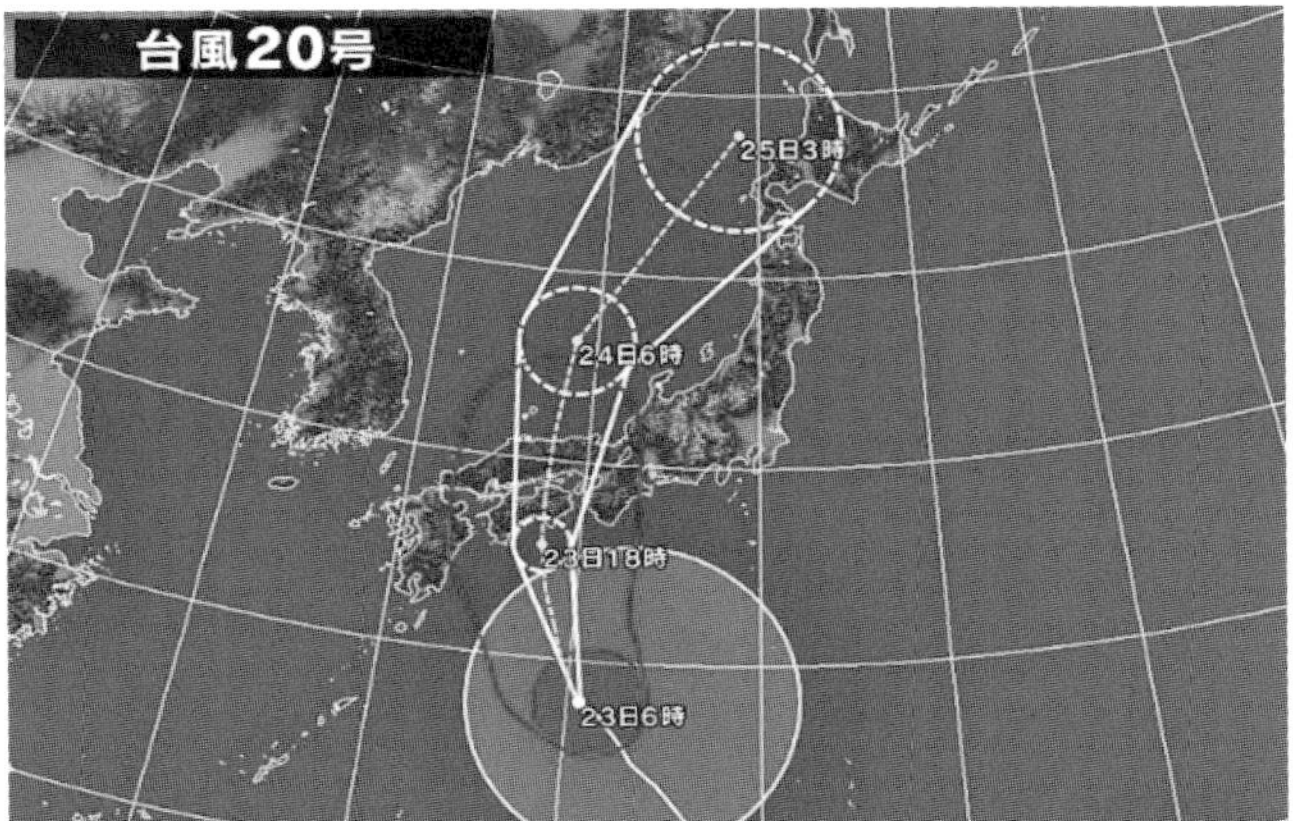

MU レーダーで台風20号が呼び込まれた

指示あり】とあった。

14時59分まで**【照射実験】**、13時00分、**【彩雲現象確認】**、そして撮影にいたるまで実に詳細につづられている文面なのだ。

その場所もGoogle Earthで確認できたという。

この**大学講師は、西日本が豪雨災害で苦しめられている最中、異常な酷暑で苦しめ、再度、台風20号を呼び込み、被災地を苦しめた良心の呵責《かしやく》に悩み、大学を退職、告白**したと見られている。実行指示したのが京大教授であることが判明した。

安倍総理は選挙に関係ない災害には関心がない！

15号では、大変、お気の毒だが、千葉県が3・11東日本大震災以来の大きな被害を受けた。被災された方々には、お見舞いを申し上げる。

それにしても毎度ながら安倍政権の初動対応は鈍かった。15号の千葉県沖に襲来、首都圏は90万戸超が一時停電、10日たっても約3万戸が停電していた。

いち早く現地を視察、災害対策本部を設置し、激甚震災を検討すべきだが、安倍総理は組閣人事に没頭、一日中、破廉恥大臣の正当化を主張する大わらわ。

かつて、後藤田正晴氏が、**「安倍晋三だけは首相にしてはならない。みんな岸（CIAのスパイ）の恐ろしさを知らない。人としての情がない。恥を知らない。その恐ろしさなんだ」**と述べていたという話がネット上で話題になった。

まさに言い得て妙。

どうであろう。2018年7月、西日本豪雨災害では総裁選の票集めのため、〝赤坂自民亭〟で酒を酌み交わしていた。15号襲来後も初動対応が遅れたのは、選挙に関係なかったからだろう。10日たった9月20日になってようやく、激甚災害指定が決まった。何故、こうも対応が遅いのか。この総理大臣の頭には、自分の政権維持しかないのが見え見え。

現在、最大の脅威は、福島原発由来の放射能汚染であろう。大量に蓄積された汚染水を海洋に投棄、数百万袋の汚染土壌を全国に搬入し、農地に転用するという、信じがたい法令が2019年スタートしていることだ。

バレなきゃ何でもやる
その手口の悪辣は犯罪者
公文書改ざん、日報隠蔽、障害者雇用の水増し、外国人技能実習生の不正集計…と底なし沼のインチキ、デタラメ
アベノミクス偽装はもちろんのこと、青天井の防衛予算の根拠、消費増税の大義など、すべてが欺瞞の国民騙し
安倍晋三だけは首相にしてはいけない。あいつには岸の血が流れている。みんなは岸の恐しさを知らない。岸の血って、血縁って言うだけじゃないんだよね。人としての情がない、恥を知らない。岸信介と安倍晋三に共通しているのはその恐ろしさなんだ。
後藤田正晴
安倍総理には人として情がないなど岸信介と同じ血が流れている（引用／FB）

安倍総理は、「福島原発がアンダーコントロールにある」と全世界に発信したが、これは事実と違う。情報を隠蔽したのでは、被害者は増える一方で、何の解決にもならない。

２０１８年９月18日、毎日新聞は、【〈福島第１処理水〉海洋放出、前提危うく　再処理コスト増も】のタイトルで、浄化処理したはずの汚染水の約８割が基準値を超えていることを認めたと報じた。つまり、汚染処理したというのは、嘘だったわけだ。

この記事よれば、**【**敷地内のタンクで保管していた89万tの8割、約

75万tがトリチウム以外の放射性物質の濃度が国の排水基準を上回っていた】というのだ。

しかも、【半減期が約30年と長く、体内に入ると骨に蓄積しやすいストロンチウム90も含まれており、サンプル分析では基準値の約2万倍の1ℓあたり約80万ベクレルが検出された】という。

言ってみれば、**『処理済み汚染水』とは、単なる汚染水で、実は核高濃度の『多核種汚染水』だった**わけだ。これでは『風評被害』どころか、『実害』が生じるのは明らかではないか。現在も汚染水は増え続け、保管管理場所は限界だ。

東電の嘘がバレたことを受けたのかどうかは不明だが、**２０１９年9月10日、原田義昭環境相兼原子力防災担当相は、「汚染水は海洋に放出し、希釈する他に選択肢はない」と発言**した。「安全性、科学性からすれば、どうも大丈夫」などを理由に挙げた。

民間からは放射能の土壌汚染などを微生物で分解できたとする書き込みがネットには流れているものの、この大臣の発言は短絡的すぎるのではないだろうか。

むろんのこと、漁業関係者や海外からは批判が相次ぐのは当然だ。こんなことで、国民の健康を護れるのだろうか。

福島双葉郡で、孤軍奮闘した老医師が焼死した波紋！

『週刊現代』では、２０１７年1月28日号で、【避難区域の病院に残った『たった一人の常勤医』高野英男氏をご存じか　フクシマで死んだある老医師の人生】のタイトルで、**被曝症や慢性病で苦しむ患者を孤軍奮闘で診てきた医師が病院もろとも火事にあい、焼死してしまった**特集を組んだ。

本項ではこの医師を追悼、その概略を記載する。

同記事によれば、この老医師が勤務する病院は、福島県浜通りの中部に位置する人口５０００人ばかりの広野町にあった。福島第一原発から南に22㎞。３・11東日本大震災後、原発のある双葉郡内で唯一、入院できる病院として地域医療を担ってきた。

そこで、「たった一人の常勤医」として働いていたのが高野英男院長（81歳）だった。それが、2016年12月30日、突然、火災が発生し、病院は焼失、高野院長は焼死してしまったというのだ。

3・11後、全町民に避難指示が出され、町民も病院のスタッフらも次々と避難してしまった。当時、高野病院には、70代～100歳の寝たきりの患者も少なくなく、容体は重く、ヘタに動かせば命の危険性もあった。

そこで、**高野院長は、「患者を置いて逃げるわけにはいかない」と決断、診療を続行することにした。**後に病院の理事長には娘の高野己保氏が就任した。

何人かの看護師も、「院長一人残していけるわけないでしょう」と言って残ってくれた。

しかし、震災によって、ライフラインは絶たれ、電気もガスも水もなかった。入院患者に出す食事にも困窮するあり様だった。しかし、高野院長がこれまで長年築いてきた信頼で患者が去ることはなかった。その一方で、警察からは「なぜ避難しないんだ」と詰められたこともあった。

行政からも見捨てられながら、「地域医療の灯を消してなるものか」と、高野院長は震災後も一人で必死に踏ん張ってきたのだ。高野病院には100人を超える入院患者がいるにもかかわらず、**365日24時間、昼夜を問わず、患者のために尽くす高野院長は、『超人』の如く、「あと10年は頑張る」と言っていた矢先、出火が発生し、高野院長は焼死してしまった**というのだ。

老医師は福島の被曝の実態を公表しようとしていた!?

これには大きな疑惑があり、それを2018年8月30日、J.R.P Television 国家非常事態対策委員会が、【NHKで報道された福島原発を研究していた人物の不審死と自分の命が第1の政治家】(https://www.youtube.com/watch?v =5PyjwESw_W4) とのタイトルで、追及したのだ。

これを要約すると、

●避難せず福島に残り、住民を診察してきた立派な医師、80歳ぐらいの方が、がん、白血病、子どもの奇形が増えていると訴えていた。

●それを立証する貴重なカルテを持っていた。
●そのカルテの内容を学会で公表するつもりだったらしい。
●ところが病院が火事になりカルテは焼失、御本人も焼死。偶然とは思えない。
●前後して厚労省の甲状腺がん統計も福島県は非公開になった。
●福島の現状を知られたくないので隠しているのではないか。
●原発事故後、被災地に行ったボランティアで発がんしたり、亡くなる人の話が増えている。

この番組をネットで紹介した著名なブロガーによれば、「この医師こそ、高野病院理事長・高野英男氏（81歳）のことに間違ありません」とし、**「住民のカルテを元に福島の被ばく被害の実態を公表しようとしていたのなら、政府が国民に絶対に知られたくない真実ですから、殺されても不思議はありません。**放火すればカルテも焼失させることができます。

真実を話したら命はないぞ、という他の医療関係者への脅しにもなるでしょう。

真相はわかりませんが、事実である可能性は高いでしょう。J・R・Pテレビ、朝堂院大覚氏は相当の覚悟をもって〝真実〟を伝えようとしているようです。動画の冒頭に刀を振り回す男が出てきてびびりますが、これは殺したければやるがいい、ただしそちらも無傷ではすまないぞ、という体制に対する威嚇でしょう。

圧力に屈せず、悲惨な現実に目を閉じず、真実を追究する人が増えれば、どんどん世の中はよくなっていくと思います」とつづっている。

このJ・R・Pテレビに登場する朝堂院大覚氏とは、〝青い目のサムライ〟ベンジャミン・フルフォード氏と坂の上零氏と並び、日本では、闇に埋もれた真相を世に出している著名な人物だ。

YouTube情報で恐縮だが、今や、新聞、テレビでは真実を報道しないので、ネット情報はフェイクもあるが貴重な情報源なのだ。前述の3人に関しては、命を懸けてまで真実を訴えている姿に全国にファンが相当存在する。

前述したように安倍総理が数年前、「福島原発はアンダーコントロールにある」と世界に発信しているので、この問題を表面化するのは大変、危険と言える。ジャーナリストの使命は、真実を世に公表することである。これを封じ込めるのは、特高警察が存在した戦前と何ら変わりはしない。恐ろしい時代が到来していることを知らねばならない。

元内閣官房参与藤井聡氏が〝給料を12％下げた総理大臣はいない！〟と批判

こうした中、２０１９年９月24日午後、２０２０年に創立75周年を迎える国連総会で安倍総理は一般討論演説を行った。トランプとプーチンの演説では会場はほぼ満席だったが、安倍総理の演説では、場内はスカスカ、ガラガラとなったことが判明した。ＮＨＫは会場全体を映さず、大半が安倍総理のアップばかり映した。

早い話、安倍総理の話など誰も相手にしていないのだ。その証拠に握手を求めたのは、４、５人。そこにはＥＵの首相など、誰もが知るリーダーなど皆無だった。

許しがたいのは、元内閣官房参与の藤井聡氏が、**「戦後、総理の中で給料を12％下げたのは安倍総理だけである。世界が心配しているのは老後資金不足の日本」**とＴＶ

元内閣官房参与の藤井聡教授が給料を12%下げた総理大臣はいないと断罪
（引用／YouTube）

番組で批判しているにもかかわらず、国連総会で、私の国では経済的に困窮している人はいないような主旨の嘘をついたことだ。

これこそ、岸の血脈を受け継ぎ、嘘をつくことを恥ともしない証左であろう。元文科省事務次官・前川喜平氏が「偽造、捏造、安倍晋三！」と揶揄《やゆ》したゆえんだ。

このような総理大臣が相変わらず、国の頂点に君臨、居座り続けたら、日本はどうなってしまうのか。

加計学園問題の情報開示請求訴訟で前川喜平氏の証人としての出廷が東京地方裁判所に認められれば、萩生田文科相と安倍総理の嘘デタラメ証言が明らかになる。それもこれも海外で、「終身刑に相当　アベゲート事件」と報道されるとおり、『モリカケ問題』は安倍総理が逮捕されておかしくない事件なのだ。

しかし、先の大阪地裁は、財務省のデータ改ざん事件を不起訴にした。東京地裁は、矜持《きょうじ》を見せることができるのか。裁判所が不正に加担する国となったら、先進国から相手にされることはない。日本人自体が信用を失う。

すでに消費税10％が実施された。駆け込み需要もなく、いよいよ景気失速の事態が現実化する。貯蓄ゼロ世帯は40％ほどにも達する。35歳以下の非正規雇用は１０００万人に達し、年収は平均１８６万円、８割方結婚できないでいる。子供７人の内１人がろくにご飯を食べられない。こんなことでは、日本は自滅してしまう。

台風15号の6倍の巨大台風が日本を襲った!?

２０１９年10月、日本はまたもや台風19号に襲われた。この台風は何から何まで異常だ。発生場所は、小笠原諸島の南方、日本列島を覆いつくすほど巨大だった。最低

tenki.jp は台風19号の脅威を警鐘した！

中心気圧は915hPa、【猛烈な台風】だった。

FBでは「地球半分ほどの龍神が出現した」という書き込みが目を引いた。「龍神が護っているので、安心」などのコメントが流布された。

しかし、ウイスコンシン大学提供のMIMICでは、何者かが北方からマイクロ波を照射しているのが見て取れた。米国のメディアでは、「台風15号の6倍の台風が日本を襲おうとしている」と報じたらしい。

スポニチ2019年10月11日付けでは、【米航空宇宙局（NASA）と海洋大気

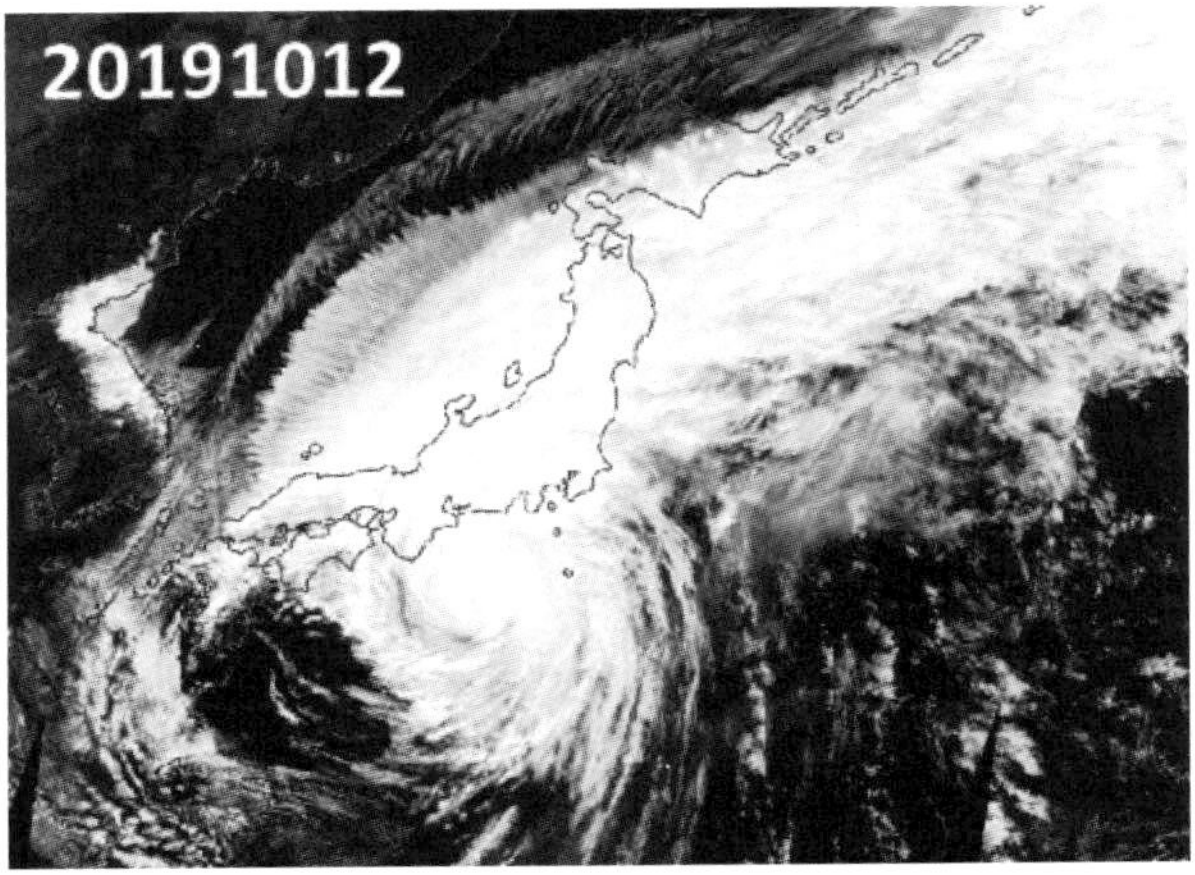

日本列島を覆う巨大台風19号が迫った（引用／Worldview）

庁が連携して運用している気象観測衛星「スオミＮＰＰ」が日本に接近している台風19号を宇宙からとらえたとし、**渦状の雲の幅は南北で２０００キロ以上に及んでおり、米国内では「スーパー・タイフーン」**として紹介されている

ＡＰ通信によれば、「ハギビス」と呼ばれている19号は大西洋上で発生するハリケーンの規模を示すカテゴリーでは最大級の「５」。**米国内の気象専門家からは「存在しない６に相当する」**という意見もＳＮＳなどで出始めている。

ワシントン・ポスト紙によれば、「ハギビス」は前日までの24時間で最大風速

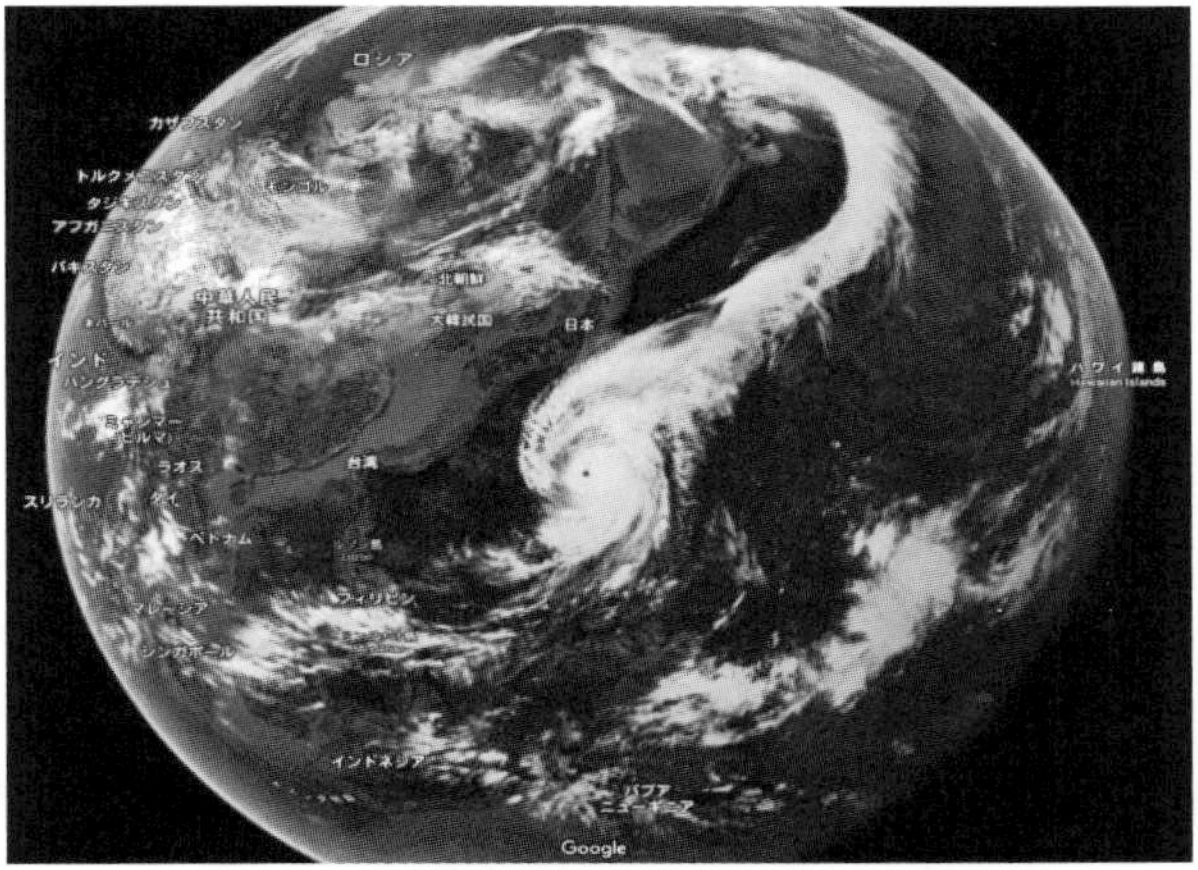

宇宙から見たら、台風19号は龍、龍神に見えた⁉（引用／Google Earth）

を45メートルも増やしており（現在65メートル）、この発達スピードは地球で発生したハリケーン、サイクロン、台風の中で史上最速の部類。あまりに急速に発達したため、最初にあった台風の目の周囲に〝2つめの目〟ができたことが確認されており、進路になっている日本にとっては脅威をもたらす存在になりそうだ】と報じた。

国土交通省や気象庁では、10月12日午後から13日昼にかけて1都12県に対して『特別警報』を出して厳重に警戒するよう呼びかけた。

史上最強、台風19号の関東上陸阻止を実現できなかった！

筆者は、19号の本州上陸の数時前からＮＡＳＡ提供のWorldviewを追跡したがハーモニー宇宙艦隊を確認できなかった。しかし、ようやく10月12日になって、吉田志郎氏から「北海道根室沖に9機出現、ハーモニー宇宙艦隊は日本を忘れてはいない」とする画像が届いた。

13日になって、岩手・北海道沖で温帯低気圧となったが、国土交通省よると、長野県の千曲川はじめ、71河川１３５か所で堤防が決壊、東日本は目茶苦茶、大洪水に見舞われた。

筆者の知る限り、１９５９年9月の『伊勢湾台風』以来の最強の台風ではないだろうか。

記録によれば、『伊勢湾台風』は紀伊半島上陸時で９２９ｈＰａだった。19号は、上陸直前で９５５ｈＰａなので、伊勢湾台風並みとまでは言えないかもしれないが、猛烈な台風だった。

ハーモニーズの横石集氏は、この台風にマイクロ波を照射しているのは静岡県菊川市牧之原、群馬県伊勢崎市の気象観測所であるとし、その画像を公表。むろんのこと、全国に『全電子完全停止オペレーション』を呼びかけた。

18号削減に成功した目崎遠隔ヒーラーチームも975hPa以上を狙って、ラインで会員に呼びかけた。

画像は、確かに豪雨領域が円形だ。自然界に前述した線状降雨帯や円形の豪雨領域など、あるはずがない。気象兵器によるものであることが濃厚だ。

この19号が関東に上陸、福島原発の汚染水貯蔵タンクが破壊され、いや、この台風襲来を言い訳に、汚染水が海洋投棄されたのでは日本政府および東電の思う壺となる。

筆者もFBを通じ台風19号の進路変更のイメージ、関東上陸阻止の祈りを読者にお願いしたが、残念ながら、19号の関東上陸阻止には至らなかった。

目崎氏は、「台風19号で中心気圧の減衰を呼び掛けたのですが、まさか気象庁が豪雨を降らす作戦に転じたことを予期できず、東日本に多大な大洪水を引き起こしてしまったことに、心よりお詫び申し上げます」と反省の弁を通知した。

横石氏は、全電子完全停止オペレーションへの協力への感謝を述べながら、「事実、台風19号は列島に近づいたあたりでは風速50m以上でしたが、伊豆上陸時には中心気圧955hPa風速30mの減衰に成功したのです。しかし、まさか河川の増水時のダム放流による全国同時多発水害テロまでやるとは、全く予想だにしておらず、千葉県と首都圏防御ばかりに注力していた自分を反省しております。関東の防御だけに集中し、国土交通省が下したダムからの放水を考えていませんでした」とお詫びの言葉をブログに公表した。

また、今後、BG梅（闇の組織・ディープステート）が狙ってくるものとして、①富士山や各地の火山の人工噴火②カリフォルニア州のような山火事③放射性物質を含む水やケムのばらまき④交通事故を装ったテロ⑤京都アニメーションのような火災テロ⑥鉄道など公共交通機関の変電所破壊⑦携帯電波での洗脳（MKウルトラ計画のような）などを挙げた。

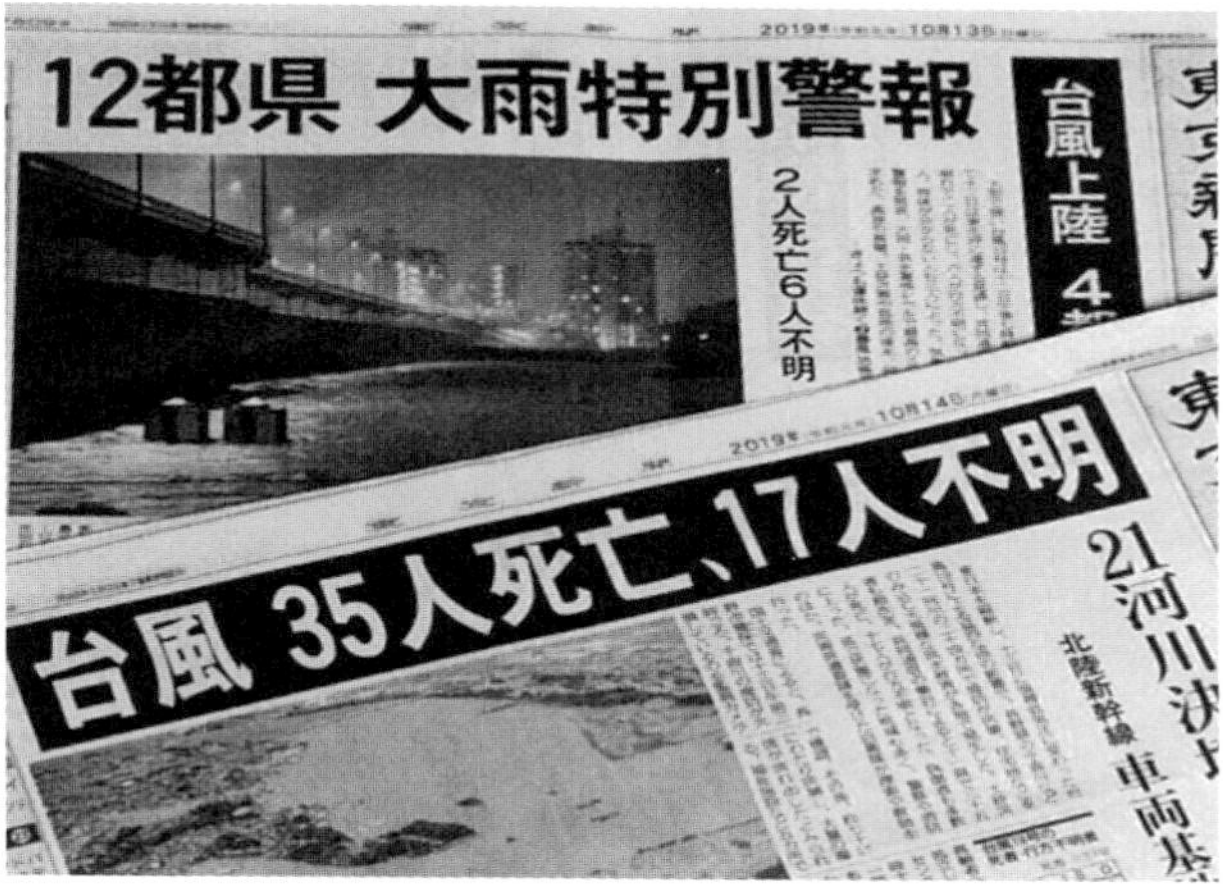

東日本は近年稀にみる台風被害に見舞われた

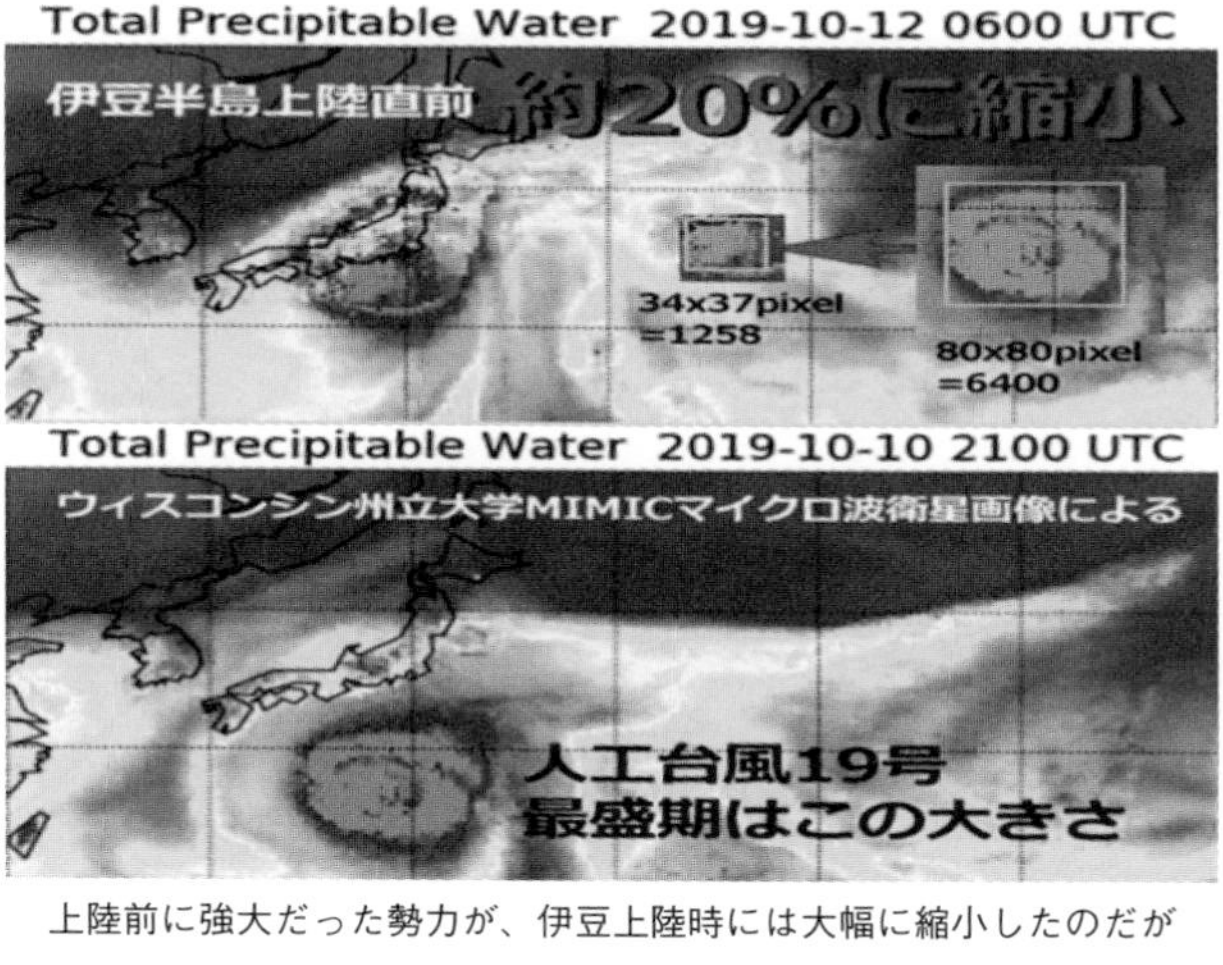

上陸前に強大だった勢力が、伊豆上陸時には大幅に縮小したのだが

19号騒動の最中、自民党は日米FTA協定を了承していた！

頼みの綱となるハーモニー宇宙艦隊は、北海道沖にしか出現してくれなかった。

これは、なぜだろう。

実は、筆者は5年間ほど、ハーモニー宇宙艦隊の動向を追跡しているのだが、彼らは台風操作の実行部隊がディープステートの場合は出現してくれるのがほとんどだった。

前述したように2017年8月の台風20号の場合は関東上陸を阻止。2019年9月の15号襲来時は、東京上空に2機出現。しかし、千葉県上空に出現してくれなかった。これで千葉県は大被害にあってしまったわけだ。

千葉県にはXバンドレーダーが柏市の気象観測所に設置されていた。

今回19号では横石氏が指摘するように静岡県菊川市、群馬県伊勢崎市に設置されているXバンドレーダーが起動した可能性が高い。

手順は**京大講師が告白したように、第一に上空に微細なアルミニウムが混じった毒薬ケムトレイルを散布。次にこれを確認した後、問題のXバンドレーダーからマイクロ波を照射、大気を加熱する。これで上昇急流を起こせば、上空に雨雲を造れる**わけだ。

この技術は、10年ほど前に米国では特許を取得している。場合によっては大気を加熱するのに、軍事衛星から太陽光が熱源となったマイクロ波を照射するケースもある。筆者は、偶然、太陽光をマイクロ波に変換できる技術を米国に提供している人物からこの情報を知った。

事実、**ＮＡＳＡの衛星画像とＭＩＭＩＣによる決定的な画像を送信してくれる治療家の吉田志郎氏は、10月12日、朝から発熱が続いた**という。

こう考えると、気象操作をしているのが日本人の場合、彼らは出現してくれないのではないだろうか。

それにしても今回の19号は、風雨と雷、竜巻、地震、大洪水と災害のすべてが伴った。この被害の総額が30兆円を軽く超えるのは確実ではないか。これで日本破壊、弱

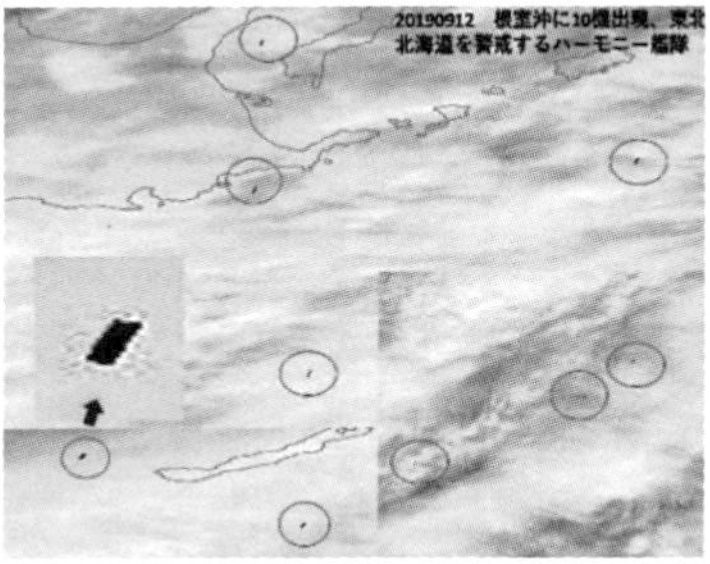

根室沖に出現したハーモニー宇宙艦隊

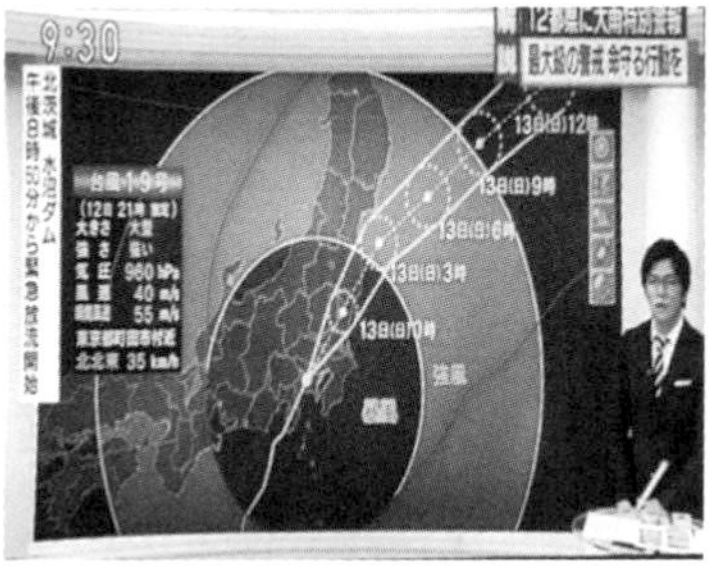

12日現在、940hPa、瞬間風速55mと強大

東日本の河川が大氾濫した

海上移動式Xバンドレーダー

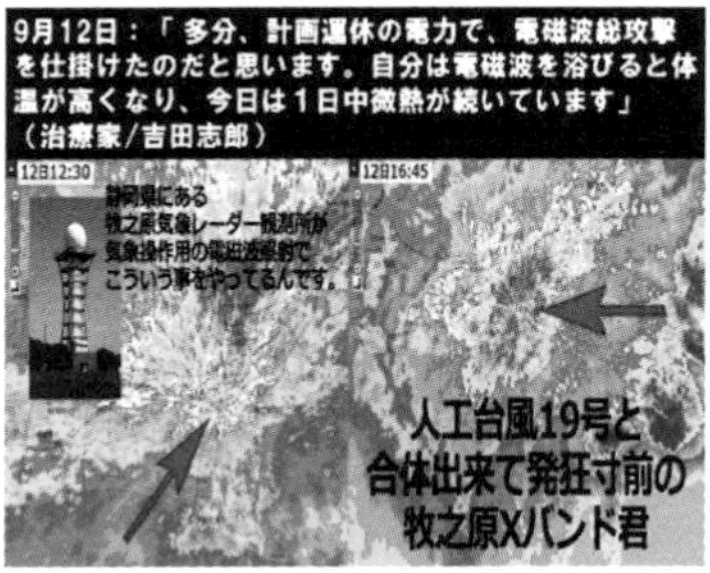

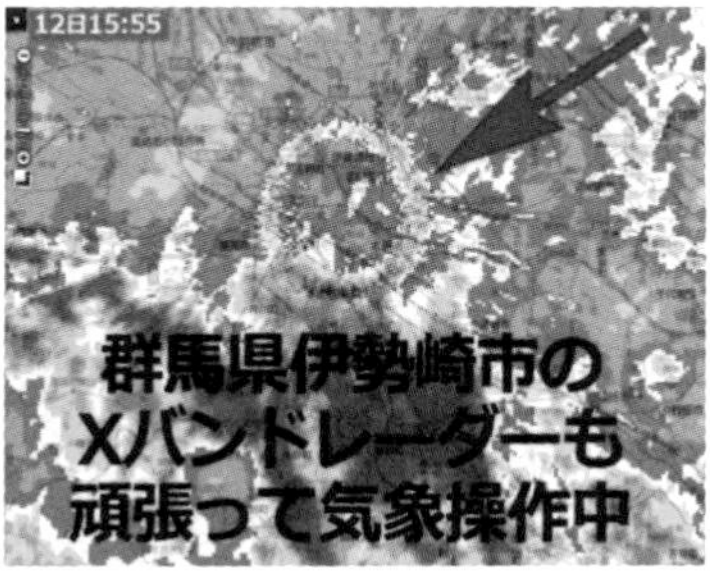

気象観測所の上空にまん丸の豪雨帯ができるのはアヤシイ！

体化がかなり進んだのは間違いないだろう。

東日本が苦渋、困難に陥っている最中、毎日新聞は10月12日付で、【10月11日、日米ＦＴＡ協定了承を可決】と報じた。また、【10月15日、自家菜園で自家製の種子をまいて野菜や果物などを収穫すると、１千万円以下の罰金を科すという法令を強行採決される予定になっている】との情報を入手した。

これはすでに筆者が何度も指摘してきたが、種子法の廃案とともに種苗法の改正案に盛り込まれている条項で、モンサントの遺伝子組み換え作物を奨励したいがための法令であることは明白だ。

軍備増強、社会福祉後退では日本は自滅する!?

また、前述で『CO_2地球温暖化説』は、詐欺であることを明らかにしたが、ＮＨＫニュースによると、【10月９日開かれた総理官邸で温暖化国際会議の出席者をまじえ、来年春に、クリーンエネルギーに関する国際的な研究拠点を立ち上げ、温室効果ガスの削減につながる技術開発に、今後10年間で官民合わせて30兆円を投資する考えを明らかにした**】**というのだ。

すでに安倍政権になって2019年度の国防予算は5兆円を突破した。『消費税廃止各界連絡会』という全国商工団体連や全労連などが加盟する組織の情報では、5年前に2014年から19年までに米国製新戦闘機、海軍戦艦購入を約束、その兵器の購入に総額2400億ドル（24・7兆円）をあて、総理は「国家予算の3割近い額だけど、分割だから大丈夫です」とか述べたという。

この安倍総理のコメントの真相は不明だが、軍備増強には前のめり、社会福祉は後退させる姿勢が明らかとなっている。この6、7年間で海外に出かけ、安倍総理は60兆円もの資金を海外拠出したことが噂される。**3・11東日本震災や福島原発事故によって、仮設住宅や集合住宅住まいを余儀なくされている人々が相当数我慢を強いられているというのに、よくも60兆円、そして今回の温暖化対策に30兆円も拠出できる**ものだ。

それに台風15号および19号の被災者の数は相当数に上る。これから冬を迎え、被災者は辛酸をなめることになる。

筆者は３・11東日本大震災で市街が８割方消滅した陸前高田市出身である。２つ上の市役所勤務の兄はじめ、従妹ら50人中30人ほどが流され、亡くなってしまった。生き残った親族は、長期間仮設住宅暮らしに耐えた。当然ながら、昔ながらの地域コミュケーションは絶たれた。このため、集合住宅で孤立し、終日、引きこもっている人も少なくないのだ。

安倍自公維政権は、こうした被災者の生活を考えたことがあるのだろうか。

前天皇は、被災者が暮らす体育館などの床に膝をついて、被災者の困窮に耳を傾けることが多かった。

安倍総理の姿勢から聞こえてくるのは、憲法改正し、自衛隊を海外に派遣、米国と肩を並べ、戦争に加担、徴兵制を敷く計画だけだ。米国経済の中心は軍需産業から成り立っている軍産複合体であることは明らかだ。

どこかで戦争をしないことには、米経済が成り立たないのだ。現在、米トランプが旧勢力を駆逐中だが、経済構造を一朝一夕に解決するのは難しい。

しかし、これを放置していては、日本および世界は戦争に巻き込まれ、人類どうしの殺し合いは終わらない。

〝プレアデスが辿った道、間違った体験をしてほしくはありません〟

ハーモニー宇宙艦隊および銀河連盟の地球への強制介入は、地球滅亡を阻止するためのものに違いない。地球には、すでに80種類以上の異星人の関与していることを公言しているのは、カナダの元国防大臣ポール・ヘリヤー氏だ。同氏は当初、5種類の異星人が地球に関与していると明かしていたが、最近になってその数がぐっと増えた。太陽系の中でも地球は貴重な惑星らしい。人類にしても性急に進化してしまった異星人から見れば、地球の人間の純粋なDNAは羨望の的だという。

これまで何度も述べてきたが、**地球が安泰なのは、銀河連盟および惑星連合と、地球征服を目論む異星人の力が拮抗しているから**に他ならない。

これまで述べたようにハーモニー宇宙艦隊の目撃者が増加しているのは、彼らの存在をいち早く広く知ってもらいたいがためではないだろうか。

金星人オムネク・オネクによると、金星では都市集中を止め、地方に分散し、農業を中心とした地産地消型経済に立ち返り、アセンションに成功、次元上昇を遂げ、意識レベルを高めたという。

YouTube『2012年～星団プレアデスからアセンションについてのメッセージ』によれば、プレアデス星でもかつて物質主義が蔓延、大規模な戦争が起こり、破壊が繰り返されたらしい。メッセンジャー・カルメンは語る。

「プレアデスが辿った道、間違った体験を地球人にしてほしくはありません」というのだ。

プレアデス星人は、かつて日本人創造に関与したこともあり、日本人には親しみを感じているようだ。彼らの無償の愛に応えるためにも、人の悲しみが自分のように思える、人の喜びが自分のように思える、そんな精神性の確立に向かいたい。

第一に自分を敬う。敬う心が育ってなければ、自然を敬うことはできない。そして、地球を敬い、地球を愛すること。この心を創造、取り戻すことが次元上昇の大きな鍵になるのではないだろうか。

地球は 3 次元から 5 次元へ移行しようとしている⁉

プレアデスでは物質主義に傾き、一度大戦争が起こったという
（引用／https://www.youtube.com/watch?v=GORP 9 sbyGCY）

エピローグ
日本が世界最古の文明をもっていた！

人間を創ったのははたして神だろうか？　それともダーウィンが説いたように類人猿が進化したのだろうか。人類史上、永遠の課題と言える謎に迫った。

情報源は、筆者の大好評シリーズ『ハーモニー宇宙艦隊』に登場するハーモニーズの横石集氏はじめ、独自ルートで知り合ったメッセンジャーやチャネラーの他、ペトログラフ研究の第一人者故吉田信啓氏や、実際、ＵＦＯに案内され、プレアデス星を視察してきた上平剛史氏らの証言の他、日本探検協会の高橋良典氏の著作や文献、そして、これまで世界に衝撃を与えた著作や証言などを精査した。

これに世界の最古の文献とされる『竹内文書』や、『上記』『先代旧事本紀』などの古史古伝の記述が大いに役立った。いずれもシンクロ状態で入手した情報や人脈がほとんどだ。ここから見えてきたのは、信じられないだろうが太陽系に移住した異星人が地球に降臨、人類の祖になったという結論を導き出した。

これは『竹内文書』の記載に近いものだ。

ピラミッドは日本から世界に伝播された!

これに確信を抱いたのは、〝金星人オムネク・オネク〟の証言である。

もちろん、宇宙からやって来た異星人の中には、彼らのDNAと類人猿のDNAを操作し、人類を創造したグループも存在したようだ。

世界のベストセラーとなったゼカリア・シッチン博士『地球年代記』シリーズの『古代宇宙飛行士説』では、45万年前、ニビル星から降り立ったアヌンナキが人類を創造したとした。

筆者は2億年以上前、火星から地球に逃れ、彼らが地底都市を建造、やがて、ピラミッド文明を日本にもたらし、これが世界に伝播されたとする仮説を展開した。

中でも太平洋から宮崎県まで一本のライン上に4基見つかった海底ピラミッドの謎、四国の高松市で見つかった謎の三連山の大発見は、ピラミッドが古代日本に伝わり、これがギザのピラミッドに伝播されたとする大きな証拠となろう。

また、**岐阜の下呂市で見つかった『金山巨石群』は、BC6000年、縄文人が建造した世界最古の太陽暦カレンダーである**ことを述べた。

この巨石群は精度が世界一、彼らは1年が364日5時間36分48秒であることまで知っていた。これだけでも世界史の定説が覆るに違いない。

金星人が縄文人にも文字を授けた！

圧巻は、金星人と会見したアダムスキーが授かったという手紙に書かれた金星文字が日本の神代文字、アヒルクサ文字で解読できてしまったことだ。さらに南米エクアドルの地下都市で見つかった謎の『黄金板』がこれも日本のイズモ文字で解読できてしまった。

しかも、熊本の幣立神宮の神宝『日文石板』も、アヒルクサ文字で解読されていたのだ。

どうしてアヒルクサ文字が金星文字と酷似するのか？　なぜ、南米の地下都市で同じ神代文字で書かれた『黄金板』が見つかったのか？

これらの謎から、超古代日本の神代文字が世界で使われ、そして、その文字は金星人からもたらされたとする仮説に辿り着く。

また、世界の謎とされる『失われた10部族』。モーゼが造った世界の神宝黄金の『聖櫃アーク』が徳島の剣山に運ばれ、イスラエルの民はこの地に骨を埋めた真相をリバイバルさせた。

兵庫県の生野町および神河町には世界が驚嘆する古代イスラエルの民が建造した『巨大地上絵』が眠っている。このことも歴史学者は無視、スルーするに違いない。

しかし、あと10年もすれば世界は大きく変貌、このことが明るみになるはずだ。それは闇の組織イルミナティとレプテリアンが追放されているからだ。

火星で2億5000万年前に火星で核戦争が起こったことを物理学会で公表した米

プラズマ物理学会の権威ジョン・ブランデンバーグ博士は、「謎を探るには、真実に真摯に向き合うこと、これ以外は無用の長物である」と述べられた。

本書を纏めるには、異星人から通信を受けるコンタクティ、およびチャネラー、そして著名な書籍、研究文献などを参考にさせていただいた。

ここに感謝を申し上げます。ありがとうございました。

２０１９年10月

台風15号および台風19号で辛酸をなめる人々を助けてあげてください

作家・ジャーナリスト／上部一馬

《参考文献》

『シリウス：オリオン驚愕の100万年地球史興亡』（上部一馬／ヒカルランド）
『世界文明の「起源は日本」だった』（神部一馬・上森三郎／ヒカルランド）
『地球外生命体が人類を創造した！』（上部一馬／ビジネス社）
『NASA秘録』（リチャード・C・ホーグランド他／学習研究社）
『知の起源』（ロバート・テンプル／角川春樹事務所）
『大統領に会った宇宙人』（フランク・E・ストレンジズ／たま出版）
『謎の竹内文書』（佐治芳彦／徳間書店）
『超図解　竹内文書』（高坂和導／徳間書店）
『プレアデス星訪問記』（上平剛史／たま出版）
『私はアセンションした惑星から来た』（オムネク・オネク／徳間書店）
『超巨大「宇宙文明」の真相』（ミッシェル・デマルケ／徳間書店）
『太古、日本の王は世界を治めた』（高橋良典他／ヒカルランド）

『ディスクロージャー』（スティーブン・M・グリア／ナチュラルスピリット）
『宇宙人はなぜ人類に地球を与えたのか』（ゼカリア・シッチン／徳間書店）
『超古代、最古・最高・最尖端文明は縄文日本だった！』（吉田信啓／ヒカルランド）
『エイリアンインタビュー』（ローレンスR・スペンサー／Lulu.com）
『超古代、日本語が地球共通語だった！』（吉田信啓／徳間書店）
YouTube『衝撃　NASAが発見した火星の謎の遺物　まだ解明されていないオーパーツ』
YouTube『地球外知的生命体の可能性と火星の秘密　Drミチオ・カク、ブランデンバーグ博士』
サイト　怪奇動画ファイル『南極大陸ピラミッド』
ブログ　HARMONIES G+（横石集）
サイト　GA Site『オメ教授が発見した金星文字⁉』
ブログ　ディセミネーション『人工地震と異常気象の起こし方』
阿修羅投稿　魑魅魍魎男　日時2018年9月13日（http://www.asyura2.com/18/genpatu50/msg/313.html）
ブログ　something new one 2『1章　序文：地球人のルーツ（Project Vega）』

サイト　MYSTERY SPOT『尖山ピラミッド』（平津豊）
ブログ　Shanti Phula『京都大学のＭＵレーダー照射によるこの夏の異常気象と人工台風20号に関する内部告発　北海道の人工地震後に起きた大規模停電をめぐる推理』
アメブロ　だいはつ『西日本豪雨の原因はこれだ！ 続いて台風12号を誘引。』
YouTube『ビデオニュース　アルシオン・プレヤデス　62〜83』（アルシオン）

上部一馬　うわべ　かずま

1954年10月岩手県陸前高田市生まれ、77年明治学院大学卒、学習研究社代理店勤務の後、92年㈱健康産業流通新聞社入社、編集次長として多くの素材を発掘、ヒットさせる。ガンの代替療法に精通。2000年フリーに。03年健康情報新聞編集長を兼任。現在、ドキュメント作家として精神世界、超常現象、農業環境問題、超古代史、ＵＦＯ問題を追跡。

主な著書『日本は農薬・放射能汚染で自滅する⁉』（コスモ21）、『超微小知性体ソマチッドの衝撃』『世界文明の「起源は日本」だった』『日本上空を《ハーモニー宇宙艦隊》が防衛していた！』『シリウス：オリオン驚愕の100万年地球史興亡』（以上ヒカルランド）、『地球外生命体が人類を創造した！』（ビジネス社）など多数。アマゾン2016年総合１位、2018年エンタメ部門１位に輝く。マルチジャーナリストとして全国講演で活躍中。

人工台風とハーモニー宇宙艦隊

日本人は「人類の祖・宇宙人起源」ゆえ、かくも攻撃される！

第一刷 2020年1月31日

著者 上部一馬

発行人 石井健資

発行所 株式会社ヒカルランド

〒162-0821 東京都新宿区津久戸町3-11 TH1ビル6F

電話 03-6265-0852 ファックス 03-6265-0853

http://www.hikaruland.co.jp info@hikaruland.co.jp

振替 00180-8-496587

本文・カバー・製本 中央精版印刷株式会社

DTP 株式会社キャップス

編集担当 伊藤愛子

ISBN978-4-86471-841-7

ビューチャーからの贈り物

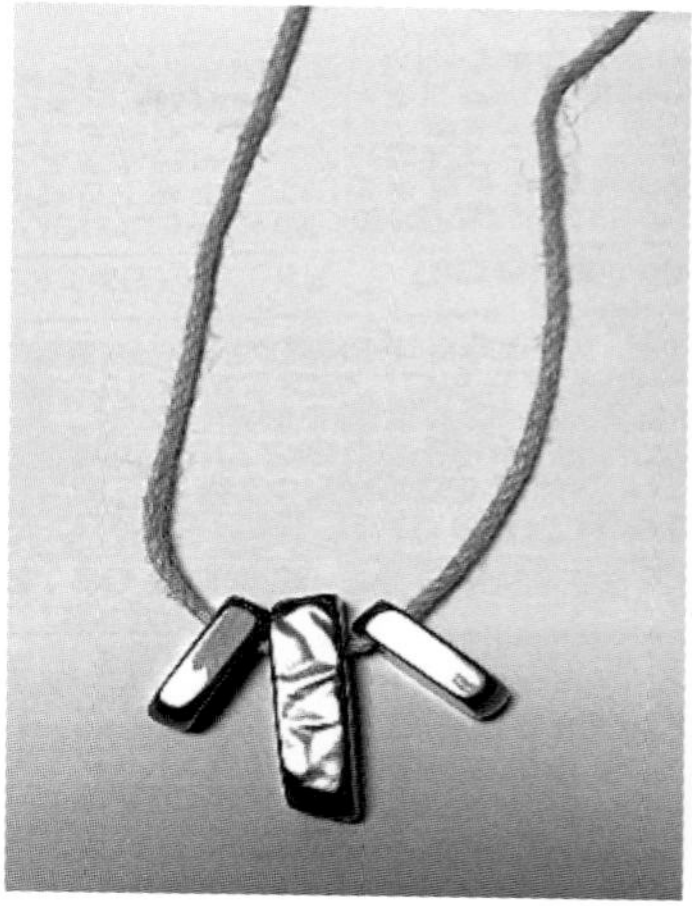

本作品中に登場する山寺雄二氏が、ビューチャーから作って広めよ！と言われたビューチャーネックレスをご希望の方は、ヒカルランドパークまでお電話もしくはメールにてご連絡ください。手作りのためお手元に届くにはお時間がかかります。
ただいま、さらなる改良を加えたビューチャー＆ヒカルランドSTYLEのネックレスを制作中です。お届けするのはこちらのネックレスになります。
販売価格は18,000円（税込）を予定しています。
また、山寺雄二氏は、ヒカルランドよりmajoさん、木内鶴彦さんと共著で『宇宙人と縄文人　過去、現在、未来へ繋ぐ、絶対調和へ』を刊行予定です！

■ 太陽のカードの特徴

『水は何でも知っている』という本をご覧になった方は多いと思います。コップの水に「愛しているよ」と言えば、美しい六角形の雪の結晶となり、「馬鹿」と言えば、結晶の形が崩れてしまう。これは、人間の声とその言葉の意味の波動が、水分子に直接的な影響を与え、分子結合構造に微妙な影響を与えるからだと考えられます。液体の状態の水分子は、いくつかが集まり、集団で1つの固まりになったり、それがまた崩れたりしながら、いろいろな方向に向かって自由に運動しています。水がさまざまな形に変化できるのは、分子がこのように自由に動いているからだと言われています。太陽のカードはここに着目しました。

◆ ユーザー様からのご報告実例 ◆

◎心が落ち着く、出来事に冷静に対処できる
◎熟睡できる・睡眠時間が短くてもだるさがない
◎明晰夢を見る（逆に見なくなったケースも）
◎夜中にトイレで起きなくなった
◎朝の目覚めがスッキリしてモヤモヤ感が消えた
◎ネガティブな思いにとらわれなくなった
◎就職活動の成功・中途入社での成功
◎子供のテストの成績が上がった・学習意欲が出た
◎販売成績の向上・会社の資金繰り改善
◎国家試験（宅建取引主任者）の合格
◎同僚や上司などが穏やかに優しくなった……などなど。

■ カードには明確な指示を出しましょう

太陽のカードは、財布やポケットの中に入れておく、カード入れに入れて首から下げておく、就寝時には枕元に置いておくなどの使い方が一般的です。さらに使いこなすには、カードを手に持ち、マイクのようにカードに対して「○○を○○してください」と、声に出して指示を出してください。これでインプット（設定）が行われ、カードが具体的な活動を開始します。

ハーモニー宇宙艦隊量子加工グッズは品切れの場合、お時間をいただくこともございます。予めご了承ください。

＊ご案内の価格、その他情報は発行日時点のものとなります。

地球の平和を守るハーモニー宇宙艦隊に繋がり さまざまな願望を叶えてくれる超次元量子加工カード

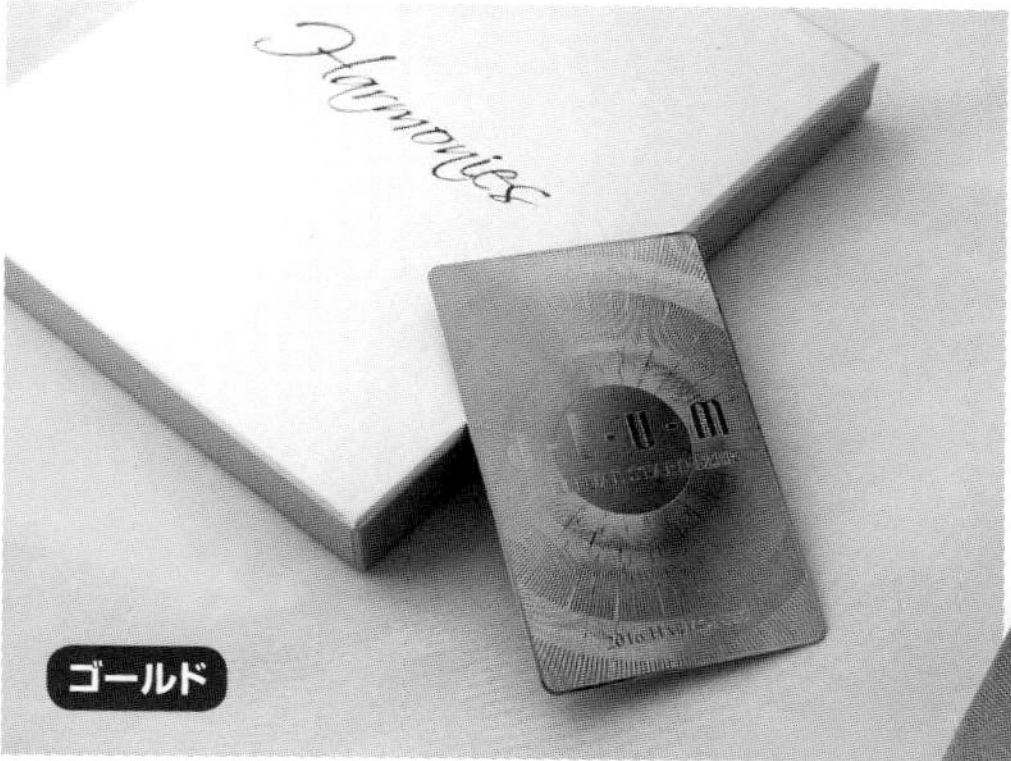

太陽のカード

■ゴールド　10,000円（税込）

■ピンクゴールド　10,000円（税込）

●カードサイズ：85㎜×54㎜×厚さ0.5㎜（クレジットカードサイズ）

●素材：黄銅（真鍮）に18Kメッキ後、量子加工

※天気の良い日に時々日光に当てることでエネルギーの充電になり、パワーが増加します。

人工地震や人工台風など、闇の政府の陰謀によって繰り広げられるさまざまな自然災害。それらを地球の遥か上空から見守り、制止を試みるなど、無償の愛で地球への救済活動を行っているハーモニー宇宙艦隊。

そんなハーモニー宇宙艦隊からインスピレーションを受け、特殊な量子加工を施し、ハーモニー宇宙艦隊に繋がることを目的につくられたカードが「太陽のカード」です。願望をカードにインプットすると、量子の力でハーモニー宇宙艦隊に届き、これまでに多くの奇跡を愛用者にもたらしてきました。

ゴールドは定番アイテムとしてヒカルランドパークでロングセラーを続ける大人気アイテム。さらにたくさん寄せられたリクエストに応える形でピンクゴールドが誕生。どちらかお好きなカラーをお選びください。

りますので、量子という名の「財」を取り込む器として機能します。
よって現金は一切入れず、夜寝る前にこの新クォンタムリッチ財布を、普段お使いになっている通常の財布の上に重ねひと晩置き、翌朝太陽のカードを取り出し、自分のクレジットカードや銀行のカードに重ねて入れると、量子的な財をインストールします。
この場合、太陽のカードと取扱額を書いた紙を一緒に入れ設定しておきます。量子には限界はありませんので、１億円でも100億円でもかまいません。

②通常の財布として使用（現金を入れて使う方法）
太陽のカードに取扱額を設定し、クレジットカードやATMカードに重ねて入れておき、紙幣やコインを普段通りに入れて使います。
※①と②いずれかしっくりくる方法で活用してください。

■2019年、美しくよりおしゃれに、そしてパワフルに進化！
これまでにたくさんのミラクルを起こしてきたクォンタムリッチ財布が、2019年に新クォンタムリッチ財布として再登場！　財布表面はヴィヴィッドなカラーが印象的なレザーを採用し、内側も金運を高める色のフルレザー仕様に。ジッパー開閉用のハンドルもライトストーンを配したよりかわいいデザインに進化しました。財布としての基本的な機能は変わりませんが、「太陽のカード」のほかに、金運が高まると話題の「クォンタムマネーMIKUコイン」が３枚付きます。

新クォンタムリッチ財布
■ メタリックピンク　39,800円（税込）
■ メタリックゴールド　39,800円（税込）

●サイズ：100㎜×190㎜×厚さ25㎜
●素材：牛革（内装仕切り：ゴールドレザー）
●お札入れ３、コイン入れ１、カードホルダ８、オープンポケット２
太陽のカード２枚、クォンタムマネーMIKUコイン３枚、収納袋付

※この新クォンタムリッチ財布は、イタリアのボッテガヴェネタ社のイントレチャート財布によく似たデザインです。しかしこのイントレチャート（革による編み込み）デザインは、同社の専売特許ではなく、古来からあるバッグ等の製造方法のひとつです。それをお求めやすい価格で実現しました。
※この新クォンタムリッチ財布は、お使いになる方またはご家族等の収入および売上の増加、改善を保証するものではありません。

ハーモニー宇宙艦隊量子加工グッズは品切れの場合、お時間をいただくこともございます。予めご了承ください。

【お問い合わせ先】ヒカルランドパーク

＊ご案内の価格、その他情報は発行日時点のものとなります。

量子加工財布「クォンタムリッチ財布」がバージョンアップ 量子の世界を使って願いを叶えよう!

■豊かさをもたらすクォンタムリッチ財布

Quantum ＝量子の世界では、この世の物理法則が通用せず、時間の逆転が起きたり、ないものが突然出現したり、不思議な挙動を示します。これからはこの量子の世界をどのように役立てるかがポイントになります。そこで誰もが毎日使う「財布」を量子加工し製品化しました。

■お金を30日単位の時間軸から解放

お金を単なる「毎月の収入」という固定概念で見てしまうと、あなたにとってリッチな気分は給料日だけ。あとは減る一方です。これは、お金が30日単位という短い時間に縛られてしまうからです。

■「財」の複数の次元をコントロール

私たちの生活と切り離せない「財」には、多次元世界と同じように複数の次元があります。比較的短期に実現するもの、あるいは逆に何年何十年もの月日を必要とするもの、さらには人生の長さほどのベースで実現するものなど、多岐にわたります。

いついつまでに現金になるならない、それだけで判断してしまうと、将来に向かっての中長期的な財の量子的活動が停滞します。新クォンタムリッチ財布は、量子の世界で財のエネルギーを上手にコントロールする目的で製作されています。

■財布の使い方

①超次元財布として使用（現金を入れない方法）
この財布は全体を量子加工し、カード入れには太陽のカードを２枚セットしてあ

し、財布の中には「クォンタムマネーMIKUコイン」を3個同梱。量子加工されたコインは、家族など大切な人にお渡しください。分身のような役割を持って財のエネルギーを共有できます。

金運の女神MIKUさんのレリーフがトレードマーク

プレミアム・クォンタムウォレット「MIKU」の使い方

常用の財布としてお使いいただくことをオススメします。ご自身が希望する年収を記入した紙を財布に入れ、その願いを財布に対し「声」を出してインストールしてください。その際に「こんな高額は無理だろう」と自分の思考や設定額に制限をかけないようお願いします。量子の世界はこの世の物理法則が機能しない世界ですから、その可能性を信じ、財布を日々大事に使う人に豊かな財運がめぐってくるでしょう。
※小銭、領収書、レシートは金運が下がる要因になりますので、財布の中には入れないでください。

財布発売開始からさっそく驚きの報告が！

「MIKU」を購入して2日後のこと。珍しく実家の母親から渡したいものがあると連絡を受けた千葉県在住のKさん。翌週実家に帰ると、子どもの頃のお年玉などをコツコツと積み立ててきた1200万円の預金額が記された通帳を母親から託されたのです。財布購入後すぐにこのような体験をされたKさんをはじめ、営業のお仕事で大型契約が突如続き出した愛知県在住のSさんほか、開発者もびっくり仰天な体験の声が寄せられています。

プレミアム・クォンタムウォレット「MIKU」

■ 61,000円（税込）

●サイズ：200㎜×110㎜×厚さ30㎜　●素材：牛革（内装：牛革、ナイロン）　●お札入れ4、コイン入れ1、カードホルダ12、サイドポケット2　●外装・内装エンブレム：真鍮に18金メッキ　●男女兼用
※この財布を使用されることにより、個人の年収、財産、投資成績等のアップを保証するものではありません。

太陽のカード3枚、クォンタムマネーMIKUコイン3枚付

ハーモニー宇宙艦隊量子加工グッズは品切れの場合、お時間をいただくこともございます。予めご了承ください。

【お問い合わせ先】ヒカルランドパーク

＊ご案内の価格、その他情報は発行日時点のものとなります。

金運の女神のメタルレリーフが黄金に輝く ハーモニーズ史上最高ランクの財運引き寄せ財布

構想から丸１年。究極の量子加工財布が完成

愛と慈悲の心に満ちあふれ、地球の動向を温かく見守ってくれているハーモニー宇宙艦隊に願いが届くよう、量子加工を施したハーモニーズの超次元量子加工グッズ。その中でも量子の力で「財」のエネルギーをコントロールし、使用者に豊かさをもたらすことをコンセプトにした財布はヒカルランドパークでも大反響でした。そして2019年、ハーモニーズ歴代最高ランクの強力な財布が誕生。これまでの財布以上の財運（金運）を引き寄せるよう、試作を繰り返し到達した珠玉の逸品です。

「自分の年収は使っている財布の値段の200倍」という法則があるそうですが、この財布には標準でも1200万円のキャパシティ（取り込むエネルギー）があり、財布の中には最大で300万円入るよう設計しました。また、財を手に入れる人が持つのに相応しい品質を求め、牛革には最高級の手触りを持つ素材を、インナーレザーにはゴールドカラーの革を採用しました。さらに「太陽のカード」を３枚財布の中に同梱し、さらなる量子的財運キャパシティを可能にしています。

女神 MIKU が引き寄せた、みらくるな体験を皆さまにも！

財布の名前にもなっている「MIKU」とは、この財布の発案者である、みくさんにあやかってのもの。彼女はこの財布の企画を進めていく中で、「兆円」単位の財を取り扱う大手外資金融機関で年間2300億円を取り扱う仕事に就くことが決まったのです。発案者であり、財に関する量子パワーを早速体験された、みくさんを金運の女神と見立て、本人の肖像のメタルレリーフを財布前面に配

量子の光のエネルギーに魅了され、施術に活用

ホリスティックカイロ整体を営んでいるTさんは、カイロプラクティックや鍼灸の施術を行う際に、なんと「龍神の超次元クォンタムライト」を用いているそう。その結果、エネルギーが高まるのを実感されて帰られるお客さまもいらっしゃると言います。
このように量子の力を帯びた光を浴びることを活かした使い方は、アイデア次第で無限に広がります。ぜひ、あなたオリジナルの使い方を見つけて日常をエネルギーで満たしていきましょう♪

龍神の超次元クォンタムライト

■ 61,000円（税込）
●サイズ：本体直径125mm、シリコンゴム製台座直径150mm、ケーブル全長3m（中間スイッチ含む）
●本体重量：約750g
●材質：アルミダイキャスト製
● LEDライト：色温度3000K、明るさ36LED 2160lm、過熱防止・過電流防止回路装備
●100V ～240V （50Hz／60Hz） 0.55A、消費電力18W
●シリコンゴム製台座、龍神の赤ちゃんペンダント付
※本体のLEDランプは直視しないでください。
※長時間点灯では本体が40℃以上の高熱になりますのでご注意ください。

※テーブルや床などに置く際は、付属のシリコンゴム製台座をご使用ください。
※このライトを使用されることによる体感・成果には個人差があります。

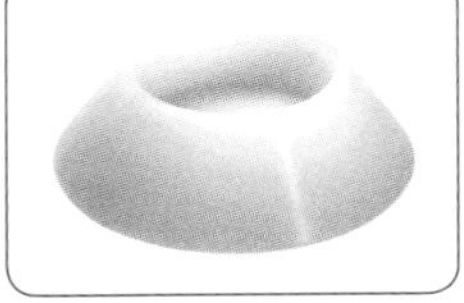

シリコン製台座

願い事を設定できる「龍神の赤ちゃんペンダント」付

ハーモニー宇宙艦隊量子加工グッズは品切れの場合、お時間をいただくこともございます。予めご了承ください。

【お問い合わせ先】ヒカルランドパーク

＊ご案内の価格、その他情報は発行日時点のものとなります。

量子の光を空間に照らし出す！
ハーモニー宇宙艦隊超次元グッズのスーパーアイテム

2つの守護の力が量子エネルギーをバックアップ

量子加工によって生じる、目に見えない次元を超えた力によって願い事をハーモニー宇宙艦隊まで届け、それを達成させることを目的とした「ハーモニー宇宙艦隊超次元グッズ」。これまでに財布、カード、アクセサリーなどさまざまなアイテムが人気を集めましたが、新たにパワフルな量子ライトの登場です。

このライト、台座から備品にいたるすべてが量子加工され、ひとたび点灯すれば周囲を量子の光で照らし出し、エネルギーを拡散させるのです。

また、半球を2つ合わせたような特徴的なデザインが目を惹きますが、これには2つの理由があります。ひとつはハーモニー宇宙艦隊をイメージ。もうひとつは、本来龍体である日本列島の力を呼び覚ますために、小さな龍神を育む「卵」としての役割を担うためです。

龍神とハーモニー宇宙艦隊。これまで日本を守ってきた両者のパワーが量子エネルギーと融合された時、その光は時空・次元を超えて、願い事の達成はもちろん、お部屋の浄化や不調の改善、その他想像できなかったことまで、お部屋の守り神として、さまざまな現象を私たちにもたらしてくれるでしょう。

龍神の超次元クォンタムライト　使用例

- ◆通常照明としてお部屋のエネルギーアップや浄化に。
- ◆身体の気になる部位に光をあてて不調の癒やしに。（目には直接あてないようご注意ください）
- ◆座禅のポーズをとり、ライトを頭頂部に両手で掲げて瞑想に。
- ◆水など飲み物に照射してエネルギーを注入。
- ◆付属の「龍神の赤ちゃんペンダント」を身につけて、ライトを点灯しながら声を出して願い事を設定。

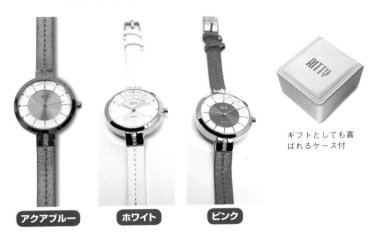

本といっしょに楽しむ ハピハピ♥ Goods&Life ヒカルランド

ハーモニー宇宙艦隊超次元グッズの発展形
身につけるなどさまざまな方法で願望成就をサポート

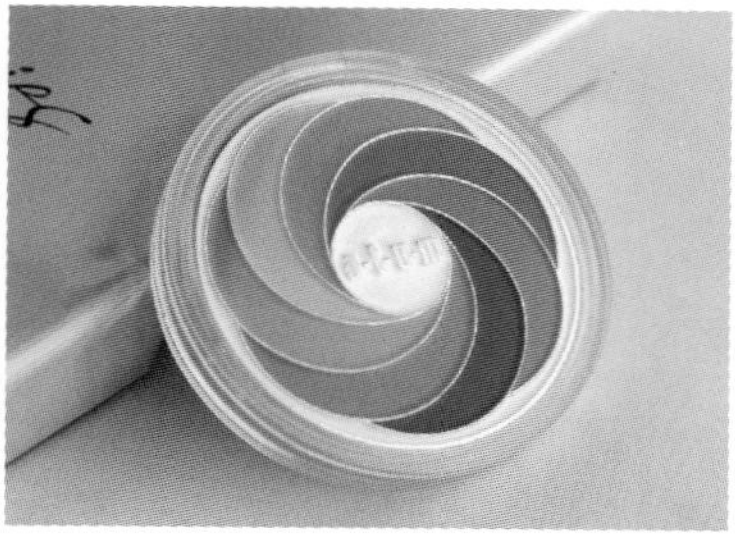

ドリームレインボーメダル
■ 14,050円（税込）
●サイズ：直径50㎜×厚さ４㎜　●重量：76ｇ（ケース込み）　●素材：黄銅（真鍮）に金メッキ／エナメル塗装後、独自の量子加工を施して完成（プレアデス用紙もクリアケースもすべて量子加工済み）　●付属品：記入用プレアデス用紙15枚、クリアプラスチックケース２個
※体感・成果には個人差があります。

七つ星のプレアデスの用紙に願いを書いてメダルに入れることで、夢を現実化させる量子加工メダルです。自分やご家族のことなど４枚程度の願望を同時に入れることができますが、ひとつ達成したら、また次の夢のステップへと着実に現実化していくのがベストです。

クォンタムリッチ・ネクタイ
「MOTE-TIE（モテタイ）」
diamond breeze
■レッドスクエアドット
　7,944円（税込）
■ブラックストライプ
　7,944円（税込）
●サイズ：全長150㎝、剣先幅８㎝（小剣幅3.8㎝）　●素材：シルク100%
※現品限りで販売終了予定となりますので、お早目にお買い求めください。
※体感・成果には個人差があります。

48時間量子加工をかけたネクタイは、見た目や健康度の向上、仕事の効率アップなどに働きかけ、男としての魅力を引き出し「モテ」る理想的な自分へと近づけていきます。素材やデザインにもこだわり、量子加工効果を発揮しやすい繊維であるシルクを採用。ご主人や彼氏へのプレゼントにもどうぞ。

ハーモニー宇宙艦隊量子加工グッズは品切れの場合、お時間をいただくこともございます。予めご了承ください。

【お問い合わせ先】ヒカルランドパーク

＊ご案内の価格、その他情報は発行日時点のものとなります。

本といっしょに楽しむ ハピハピ♥ Goods&Life ヒカルランド

2020年も超次元量子加工グッズから目が離せない 注目の新アイテムについて先取り情報!

太陽のカードに始まり、財布、ライト、アパレル、アクセサリーなど飛ぶ鳥を落とす勢いでさまざまなアイテムが登場している超次元量子加工グッズ。願いを叶えるのが目的でも、折角なら自分の好きなデザインのものを使いたい。選択肢が増えてきたのは私たち使う側からしてみたら、実にありがたいことです。そして、アイテムを企画・販売しているハーモニーズでは近年、才能あふれる若いスタッフを次々と迎え入れ、デザインもますます洗練されたものに進化しています。量子加工のパワーは、プレミアム・クォンタムウォレット「MIKU」での逸話の通り、企画やデザインを担当した彼ら彼女らにも金運を引き寄せています。

2020年もどんなアイテムが登場するのか目が離せません。一部ですが新アイテムの情報が入手できましたのでご紹介します。

大好評「MIKU」のコインケースがお目見え

過去最高の金運の引き寄せができることから人気を呼んだ「MIKU」のコインケース版。ちょっとしたお買い物など、気楽に普段使いができるので、従来の財布との併用で金運アップはさらに高まる!?

新たな女神「SAKI」の財布が登場

プレミアム・クォンタムウォレット「MIKU」の姉妹版として、白とゴールドの組み合わせが実にゴージャスな財布の登場です。咲く＝幸先がいい・先んじる・先手必勝などの意味を込め、金運アップへと働きかけます。